Henning Schmidgen

Horn

Henning Schmidgen

Horn
oder
Die Gegenseite der Medien

Matthes & Seitz Berlin

Das neue Universum ist weder vorstellbar, noch begreifbar, sondern nur noch ertastbar, und die Handlungsweise, die ihm entspricht, ist der Druck mit den Fingerspitzen auf die Tasten.

Vilém Flusser

Ich hatte damals so eine Idee, dass der Eindruck des Farbauftrags entschieden dicker sein sollte, und mir deshalb die Dicke der Haut eines Nashorns zum Beispiel helfen würde, mir über die Beschaffenheit der menschlichen Haut klarer zu werden.

Francis Bacon

Wagt niemals, das Horn anzugreifen!

Thomas Pynchon

Einleitung

Zuerst war es nur bei Telefonen so, dann bei Fernsehern mit Fernbedienung und schließlich bei Computern, heute vor allem bei Smartphones, Tablets und Uhren: Unser täglicher Umgang mit Medien wird durch eine bemerkenswerte Konjunktur des Taktilen geprägt. Spätestens seit der massenhaften Verbreitung von tragbaren Touchscreens ist das Festhalten, Drücken und Tippen wenn nicht zum vorherrschenden, so doch zu einem neben dem Hören und Sehen weitgehend gleichberechtigten Modus medialer Interaktion geworden. Fast überall und nahezu immerfort berühren und betasten wir *media devices*, halten sie fest, schnallen sie an oder bringen sie sonst wie in Körpernähe, wischen behutsam über ihre Oberflächen oder sind umgekehrt aufmerksam für ihre Vibrationen.

Doch nicht nur wir sind es, die die medientechnischen Geräte in zunehmendem Maße berühren. Im Gegenzug sind es auch diese Geräte, die uns berühren und uns abtasten – und zwar ebenfalls in erheblich zunehmendem Maße. An Drucksensoren in Autositzen und an Bewegungsmelder vor automatischen Türen oder in dunklen Treppenhäusern haben wir uns ebenso gewöhnt wie an stationäre und mobile Körperscanner in Flughäfen, Gerichten und anderen öffentlichen Einrichtungen. Gegenwärtig treten wir allerdings in eine Gesellschaft von fahrbaren und tragbaren Medien ein, die mit Sensoren geradezu gespickt sind: von Autos und Fahrrädern über Fitnessarmbänder bis hin zu Brillen und Schuhen. Fortwährend kleiner und leichter werdende *devices* rücken uns buchstäblich auf den Leib, und je mehr sie dies tun und je stärker sie dabei vernetzt werden, desto intensiver scannen sie uns und unsere Umgebung ab, *tracken* und *tracen* unsere Bewegungen durch wirkliche und virtuelle Räume.

Momentan ist zwar noch nicht absehbar, wohin die Zusammenführung, Auswertung und Verwendung der beträchtlichen Datenmengen führen wird, die durch den expandierenden Tastsinn der Medien generiert werden. An kritischen Stimmen hat es aber schon in der Vergangenheit nicht gefehlt. So hat Gilles Deleuze lange vor dem Aufstieg des Internets zum neuen Massenmedium die düstere Vision einer *Kontrollgesellschaft* entworfen, in der »elektronische Halsbänder« mit zentralisierten Computern zusammenwirken. In jedem Augenblick, prognostizierte er, könne dann die genaue Position einer jeden Person festgestellt werden, um ihr auf dieser Grundlage den Zugang zu bestimmten Bereichen des öffentlichen Raums zu erlauben oder zu verbieten.[1]

Heutige Kommentatoren lassen sich, wie kaum anders zu erwarten, durch solche Szenarien nicht beeindrucken. Sie schildern die neueren Entwicklungen der Medientechnik als Auftakt zu einem *Age of Context*, das voller Verheißungen ist. In diesem Zeitalter brauchen Unternehmen ihre potenziellen Kunden nicht mehr mit unerwünschter Werbung behelligen, weil sie ihnen mithilfe von Eyetrackern die Wünsche buchstäblich von den Augen ablesen können. Patienten sollen schneller und besser versorgt werden können, weil sie durch Armbänder, Schuhe und andere *wearables* physiologische Daten wie Schrittzahl, Herzschlag oder Atemfrequenz direkt an Krankenhäuser, Versicherungen und Pharmakonzerne übermitteln. Und eine zunehmende Anzahl von Lebewesen, die als gefährdet oder unzuverlässig eingestuft werden (Krabben, Vögel, Kinder ...), soll mit Sensoren ausgestattet werden, die es erlauben, Aufenthaltsorte zu bestimmen und Laufwege zu verfolgen, um sich dann auf dieser Grundlage besser um sie zu »kümmern«.[2]

Medientheorie kann dieses Missverhältnis von Perspektiven – hier die bedrohliche Kontrollgesellschaft, dort das vielversprechende Zeitalter des Kontexts – nicht einfach beseitigen. Sie kann jedoch dazu beitragen, ein neues Bild dessen zu entwerfen, was Medien sind oder gerade im Begriff stehen zu werden. Die Konjunktur des Taktilen eröffnet dafür aufschlussreiche Perspektiven. Vor allem erinnert sie daran, dass der Umgang mit Medien nie auf einzelne Sinnesorgane beschränkt ist, sondern stets den ganzen Körper betrifft. Klassische Medien wie Radio und Fernsehen mögen sich noch vordringlich an das Ohr und/oder das Auge wenden. Heutige *media devices* machen dagegen deutlich, dass sie ihre Nutzer und

Nutzerinnen mit »Haut und Haaren« einbeziehen, vom Kopf bis zu den Füßen, von Händen und Handgelenken über die Brust bis hin zu Hals und Stirn.

Entsprechend vervielfacht erscheint die Oberfläche der Medien. Sie ist nicht länger auf Lautsprecher, Leinwände und Bildschirme begrenzt, sondern setzt sich in Kleidern und Sitzen, in Glasplatten und Gummibändern, in Wänden und Fußböden fort und beginnt, ganze Wohnungen und Städte zu umfassen. Zum konkreten Ansatzpunkt für die Arbeit der Medientheorie werden damit *situierte Verhältnisse von technischen und körperlichen Oberflächen* – also das, was Vilém Flusser einmal das Aufeinandertreffen der »entgegengesetzten Häute« von Technik und Körper, von Maschine und Organismus genannt hat.[3]

Wie produktiv das Vorhaben ist, den Medienbegriff ausgehend vom Tastsinn erneut zu durchdenken, zeichnet sich an einer Vielzahl neuerer Untersuchungen ab. Sie reichen von theoretischen Arbeiten zum Einfluss von Fernbedienungen auf den TV-Konsum über historische Studien zu Tastatur und Maus als den wesentlichen Schnittstellen des Computers bis hin zu kulturwissenschaftlichen Beiträgen zur Geschichte des Tastsinns, in denen auch dessen Technisierung behandelt wird.[4] Fallstudien zum Einsatz von Scanning- und Sensor-Technologien bei Sicherheitskontrollen, zur automatischen Identifizierung und Lokalisierung von Objekten mithilfe von Funkwellen (RFID) oder zur Entstehung und Entwicklung des haptischen Feedbacks an Spielekonsolen und Smartphones tragen ebenfalls dazu bei, den Gegenstand der Medientheorie unter dem Vorzeichen des Taktilen neu zu betrachten. Unlängst wurde sogar der Vorschlag gemacht, die aktuelle Konfiguration der mobilen und vernetzten Medientechnik unter dem Stichwort der »Abtastgesellschaft« (*sensor society*) zusammenzufassen.[5]

Vor diesem Hintergrund wird im Folgenden das Ziel verfolgt, eine – wie man mit Latour sagen könnte – *symmetrische Theorie des Taktilen* zu entwerfen.[6] Diese Theorie unternimmt es, den Tastsinn nicht mehr allein auf der Seite der »humanen Akteure« zu verorten, sondern ihn ebenso auf der der »non-humanen Akteure« anzusiedeln, also eben jener technischen

Objekte, die wir »Medien« nennen. Tasten wäre demzufolge keine vordringlich oder ausschließlich menschliche Fähigkeit, sondern zugleich eine Funktion, die in zunehmenden Maße von Scannern, Trackern und ähnlichen Endgeräten übernommen wird.

Dabei ist es wichtig zu betonen, dass Symmetrie nicht Identität heißt. Trotz aller Fortschritte im Bereich der »weichen Robotik« tasten technische Objekte ihr Gegenüber in der Regel immer noch anders ab als humane Subjekte dies tun. Während der Tastsinn von Scannern und Sensoren zumeist auf Licht- und Röntgenstrahlen sowie elektromagnetischen Wellen basiert, bleibt menschliches Anfassen vergleichsweise gängigen Vorstellungen des Körperlichen und Materiellen verpflichtet. Ebenso deutlich ist das Ungleichgewicht zwischen den wirtschaftlichen, politischen und administrativen Interessen, die im Hintergrund der Abtastung durch unterschiedliche *media devices* stehen, und den Motiven, die einzelne Subjekte dazu bringen, die Oberflächen der Medien zu betrachten und zu berühren.

Diese Beobachtungen ändern aber nichts Grundsätzliches an dem ins Auge gefassten Sachverhalt. »Medien bestimmen unsere Lage.« Das war vor langer Zeit die programmatische Floskel der Medienwissenschaft. Erst im Zeitalter von GPS und Internet kann ihr ein konkreter Sinn zugewiesen werden. Tatsächlich sind es heute medientechnische Geräte und Infrastrukturen, die uns positionieren, die uns ungefragt und ohne unser Zutun verorten und verfolgen – und genau damit ihre taktile Handlungsträgerschaft unter Beweis stellen. Es ist an der Zeit, diese Gegenseite der Medien auch in der Theorie abzubilden.

Dieses Ziel soll hier im Rahmen eines explorativen, ebenso theoretisch reflektierten wie historisch informierten Traktats erreicht werden. Der besondere Ehrgeiz dieser Abhandlung besteht darin, die Symmetrie des Taktilen im skizzierten Sinn durch mehrfache Brückenschläge zwischen Medientheorie und Medienkunst zu erkunden und zu entwickeln. Im Vordergrund stehen also nicht die technischen, sozialen und ökonomischen Bedingungen des *Age of Context*. Ausgehend von der skizzierten Phänomenologie dieses berührungsintensiven Zeitalters soll es vielmehr darum gehen, ein zugleich reflexives und imaginatives Potenzial für die Auseinandersetzung mit einer aktuellen Konstellation zu gewinnen, in der uns die medialen Dinge immer weiter auf den Leib rücken.

Zu diesem Zweck werden im Folgenden etablierte Medientheorien daraufhin befragt, ob und inwiefern sie Begriffe bereitstellen, die eine genauere Erschließung medialer Taktilität unterstützen. Es ist bekannt, dass die Frage des Tastsinns von den medientheoretischen Klassikern eingehend behandelt wurde. Walter Benjamin hat bereits in den 1920er-Jahren auf die Zunahme der »Gebärden des Schaltens, Einwerfens, Abdrückens« hingewiesen und dabei, teilweise im Anschluss an die Psychoanalyse, die durch die Moderne bewirkte Veränderung aller »haptischen Erfahrungen« herausgestellt.[7] Einige Jahrzehnte später war es Marshall McLuhan, der in anderem, aber doch ähnlichem Kontext den besonders durch das Fernsehen hervorgebrachten »taktilen Menschentypus« eingehend beschrieben und zugleich suggeriert hat, dass eine innige Verbindung zwischen Taktilisierung und Digitalisierung besteht.[8]

Weitgehend unbeachtet ist demgegenüber geblieben, dass Benjamin *und* McLuhan auch die taktile *agency* der Medien thematisieren. Das gilt bei Benjamin etwa für die schockartigen Effekte des Films, die das Publikum nur abfangen kann, indem es seine Augenmuskeln als »Stoßdämpfer« einsetzt, und für die Fotomontagen des Dadaismus, die wie ein »Geschoss« auf Betrachterinnen und Betrachter wirken. In durchaus vergleichbaren Begriffen beschreibt McLuhan die Wirkung von Fernsehbildern. Im heimischen Wohnzimmer »beschießt« das durchscheinende Licht dieser Bilder die Zuschauerinnen und Zuschauer, sodass sie selbst zu Bildschirmen werden. Nach McLuhan sind es aber schon die Kameras im Fernsehstudio, die ihre Bilder mithilfe eines Abtastmechanismus aufnehmen: einem *scanning finger*. Auch insofern erscheint das Taktile nicht mehr als ausschließlich an den menschlichen Körper gebunden.[9]

Parallel zu dieser Auseinandersetzung mit den Klassikern der Medientheorie werden im Folgenden künstlerische und literarische Praktiken untersucht, die auf ihre Weise die Symmetrie des Taktilen thematisiert haben. Angesichts der »Flachheit« von Bildmedien wie Fotografie und Film hat sich die moderne Kunst wiederholt auf die bis in die Antike zurückreichende Vorstellung besonnen, dass das Tasten im Gefüge der Sinne dem Sehen vorgeschaltet und/oder übergeordnet ist. Das gilt im späten 19. Jahrhundert für einen Bildhauer wie Adolf von Hildebrand, der seine breit rezipierte Auffassung des »Schauens« als »wirkliches Abtasten« nicht zuletzt aus einer Kritik an der vorgeblich falschen Tiefe der damaligen Massenmedien (Fotografie, Stereoskopie, Panorama usw.) entwickelte. Wenig später verwandelte sich bei Wassily Kandinsky der Künstler insgesamt zu einer Hand, die durch das Anschlagen einzelner Tasten des Farbklaviers »die menschliche Seele in Vibration« bringt. Anfang der 1920er-Jahre propagierte der Futurist Filippo Marinetti in seinem »Manifest des Taktilismus« sogar eine neue Kunstform, in deren Mittelpunkt das Ertasten unterschiedlicher Materialien stehen sollte (»Metalle, Bürsten, leicht elektrisierte Drähte«).[10]

Im Folgenden wird gezeigt, dass auch nach 1945 diejenigen Formen avancierter Kunst und Literatur, die sich auf eine Auseinandersetzung mit den jeweils neuen Medien eingelassen haben, das Verhältnis von Sehen und Tasten intensiv reflektiert haben. Das gilt für Salvador Dalí ebenso wie für Rebecca Horn oder etwa William Kentridge. Die frühen Aktionen und Installationen von Rebecca Horn sind dabei für uns von besonderem Interesse, denn zum einen setzen sie McLuhans These, Medien seien *extensions of man*, in die konkrete Praxis einer Herstellung von Objekten und Instrumenten um, die den menschlichen Körper und seine Funktionen »erweitern« und »steigern« sollen. Beispiele dafür sind Arbeiten wie *Arm-Extensionen* (1968) oder *Kopf-Extension* (1972). Zum anderen thematisieren diese Werke die teils schützenden, teils beengenden, teils regelrecht einschnürenden Aspekte der so entstehenden medialen Welten. Ähnlich aufschlussreich sind die in den 1950er-Jahren entstandenen Werke und Performances von Dalí, in denen ausgehend vom Leitmotiv des Nashorns mediale Oberflächen mit Blick auf eine Biologie der Formbildung genauer erkundet werden.

Die Engführung von Medientheorie und Medienkunst mag auf den ersten Blick willkürlich erscheinen. Sie kann sich allerdings auf eine Vielzahl von Berührungspunkten zwischen den beiden Bereichen berufen. Es überrascht vielleicht nicht, dass sich Künstlerinnen und Künstler, sobald es Medientheorie gab, auf diesen Diskurs berufen haben, zumal wenn sie selbst mit neuen Medien arbeiteten. So ist Dalís Verständnis von Bildoberflächen tatsächlich kybernetisch informiert, während Rebecca Horn mit ihrem Konzept der »interpersonellen Wahrnehmung« zumindest implizit auf die Medientheorie von Fritz Heider verweist. Dass andersherum auch die klassischen Beiträge zur Medientheorie eng an künstlerische und kunsthistorische Diskurse anschließen, darf aber durchaus frappieren. So beruft sich Benjamin, wenn er die taktile Handlungsträgerschaft von Medien beschreibt, auf den Dadaismus und den Konstruktivismus, während McLuhan in diesem Zusammenhang immer wieder den Pointillismus und das Bauhaus bemüht.

Die Kombination und Konfrontation von Theorie und Kunst ist also kein Selbstzweck. Sie reflektiert den Sachverhalt, dass Medientheorie keine »Disziplin« ist, die sich unter dem Eindruck des Poststrukturalismus aus der Germanistik, der Literaturwissenschaft oder anderen Geisteswissenschaften entwickelt hat. Vielmehr knüpft dieses Segment theoretischen Arbeitens auf substanzielle Weise an den kreativen und experimentellen Umgang mit Medien an, wie er besonders prägnant im Bereich der Kunst zu beobachten ist.[11] Die heutige Medientheorie steht damit vor der Aufgabe, nicht nur die aktuellen Entwicklungen von Medientechnik und Medienwissenschaft zu betrachten und zu verarbeiten, sondern sich auch auf die Kunst als wichtige Ressource für ihre eigenen Vorhaben einzulassen – insbesondere wenn es darum geht, in einer »Abtastgesellschaft« ein neues Bild der Medien zu zeichnen.

Als Leitmotiv für diesen Versuch wurde das Horn gewählt. Tatsächlich taucht das Horn bei den hier betrachteten Künstlerinnen und Künstlern in immer neuen Varianten und Variationen auf: beim Dalí der 1950er-Jahre im Rahmen seiner multimedialen »Nashorn-Phase«, bei der frühen Rebecca Horn, die dann natürlich zugleich mit ihrem Namen spielt, in Aktionen wie *Einhorn*, *Schwarze Hörner* oder *Cornucopia* und bei Kentridge sowohl in seinen Zeichnungen zu Dürers *Rhinocerus* als auch in seinen mit Megafonen und Blasinstrumenten gespickten Installationen.

Nicht nur die Motivgeschichte des Horns in der Kunst aber ist aufschlussreich. In einem viel weiteren Sinne lässt es sich als etwas begreifen, das exemplarisch einen Zwischenbereich markiert und in besonderer Weise geeignet ist, um das Aufeinandertreffen der »entgegengesetzten Häute« von Technik und Körper in den Blick zu nehmen.

Einerseits siedelt sich Horn nämlich zwischen der lebendigen Innenwelt und der dinglichen Außenwelt an. Am menschlichen Körper bildet sich Hornhaut bekanntlich da, wo die Beanspruchung der Oberhaut besonders groß ist, beispielsweise an den Handinnenflächen oder den Fersen. Aus Hornsubstanz, sogenanntem Keratin, bestehen aber auch Haare und Nägel. Auch Vogelfedern und -schnäbel und die Stacheln des Igels bestehen aus Keratin. Horn vermittelt durchaus taktile Empfindungen, schirmt den Organismus gleichzeitig aber gegen das Eindringen von Fremdkörpern ab. Es ist Schutzhülle und Panzer, fungiert als Zierde und Schmuck, kann allerdings auch als Werkzeug und als Waffe dienen. Und obwohl Horn fest zum lebenden Körper gehört, ist es selbst doch in keinem Sinne lebendig. Zumindest beim Menschen ist es nichts anderes als abgestorbene Haut.[12]

Andererseits steht »Horn« nicht nur für ein natürliches Material, sondern ebenso für ein künstliches Ding, ein Instrument. Die in der Natur vorkommenden Tierhörner wurden zunächst als Trophäe, als Talisman oder – zu Hornpulver gemahlen – als Medizin verwendet. (Das aus Nashorn-Hörnern gewonnene Pulver gilt noch heute in vielen Ländern als Aphrodisiakum und als Droge, und die Jagd auf Nashörner ist zu einem brutalen Geschäft geworden, das mittlerweile die Existenz ganzer Arten bedroht.) In ihrer Form zwischen männlicher Spitze und weiblicher Höhlung changierend, wurden Ochsen- und Rinderhörner auch als Trinkgefäße und Blasinstrumente benutzt.

Letztere brachten schon zu dem Zeitpunkt, als sie noch vorwiegend aus Hornsubstanz bestanden, nicht nur wohlklingende Töne, sondern auch zweckmäßige Signale hervor, so etwa bei der Jagd. Seit der Frühen Neuzeit waren es zunehmend Metallhörner, die diese Signalfunktion übernahmen, unter anderem in jenem paradigmatischen Netzwerk medialer Kommunikation, das man bis heute als Post bezeichnet. In der Moderne sind es dann Schalltrichter und Lautsprecher, aber auch gigantische Nebelhörner, die an Küsten dem Zweck der Schiffsnavigation dienten, und nicht weniger gigantische Hornstrahler, wie sie in der Radioastronomie verwendet wurden, die diese Entwicklung weiter- und fortführten. Heutzutage verfügt fast jeder Bewegungsmelder über kleine Hornstrahler.[13]

Die Fokussierung auf ein Motiv, das zugleich für ein natürliches Material und ein künstliches Objekt steht, trägt im Folgenden dazu bei, körperliche und technische Oberflächen auch in ihrer Herausbildung und Entwicklung zu betrachten. Flusser hat in seiner Auseinandersetzung mit dem Phänomen der medialen Oberflächlichkeit die schrittweise Reduktion von Skulpturen auf Bilder, von Bildern auf Texte und von Texten auf Programme exemplarisch nachgezeichnet. Aber er hat dieses »Abstraktionsspiel« vor allem für die eine Seite beschrieben, die der Medientechnik. Seine Ausführungen zu den Oberflächen des Körpers, die »Leibkarte« und der »Hautatlas«, sind dagegen fragmentarisch geblieben.[14]

An eben dieser Stelle setzt der folgende Versuch an. Aus der hier in Anschlag gebrachten Doppelperspektive auf Mensch *und* Maschine, Technik *und* Körper wird die »Phänomenologie der Kulturgeschichte«,[15] die Flusser mit Blick auf die Außenhaut der Medien geschildert hat, durch eine Darstellung der Naturgeschichte von Oberflächen ergänzt – um auch in dieser Hinsicht zu einer Symmetrisierung zu gelangen.

In diesem Punkt hat die vorliegende Untersuchung wichtige Anregungen von jüngeren Arbeiten erhalten, die explizit einer *Biologie der Medien* gewidmet sind. Sowohl Eugene Thacker wie auch Robert Mitchell haben in den letzten Jahren überzeugende Argumente dafür geliefert, dass Medientheorie unter »Körper« nicht allein »menschlicher Körper«

verstehen sollte. Aus unterschiedlichen Blickwinkeln zeigen sie, dass sowohl in den Laboratorien der Lebenswissenschaft wie auch in den Installationen der Bio-Art eine ganze Bandbreite von Organismen, Organen und organischen Substanzen als Medien fungieren – von DNA-Sequenzen über einzelne Zellen bis hin zu Muskelgewebe.[16]

Weitere Anregungen sind in dieser Hinsicht von Studien ausgegangen, die nicht oder noch nicht zum Kanon der medientheoretischen Literatur gehören. So bekräftigte Thor Hanson mit seinem wunderbaren Buch über *Federn* den Impuls, zugleich die Naturgeschichte und die Kulturgeschichte in den Blick zu nehmen. Besonders anregend war dabei, dass Hanson in seiner Darstellung ausführlich den Sachverhalt würdigt, dass Federn aus Hornsubstanz bestehen. Gestützt auf eine Fülle von Beispielen – von Dinosaurier- und Vogelfedern über Kissenfedern bis hin zu Hut- und Schreibfedern – entwirft er eine Art vergleichende, historische Keratologie. Einer solchen Lehre vom Horn fühlen sich die folgenden Ausführungen verpflichtet, auch wenn sie nicht in ähnlicher Weise ins biologische Detail gehen.[17]

Nicht weniger intensiv, aber in anderer Hinsicht stimulierend waren die Überlegungen zu Körpergrenzen, die Karen Barad in ihrem philosophischen Entwurf eines *Agentiellen Realismus* entfaltet. Barad erklärt auf überzeugende Weise, dass bei der Betrachtung der äußeren Grenzen von »Menschen« einerseits und »Apparaten« (oder Medien) andererseits visuelle Anhaltspunkte durchaus irreführend sein können. Sie hält dagegen: »Menschliche Körper sind [...], wie alle anderen Körper auch, keine Entitäten mit vorgegebenen Grenzen und Eigenschaften, sondern Phänomene, die spezifische Grenzen und Eigenschaften durch die erweiterbare Dynamik der Intraaktivität erwerben.«[18] Gerade weil diese Feststellung nicht von einer Biologin, sondern einer Physikerin getroffen wird, lässt sie sich als Bestätigung für den hier verfolgten Ansatz verstehen, körperliche *und* technische Oberflächen in ihrer Entstehung von innen heraus zu betrachten.

Die besondere Form, die die folgende Darstellung schließlich angenommen hat, ist die einer *fiktiven Ausstellung*. Damit soll nicht gesagt sein, dass von nun an das Zeigen an die Stelle des Erklärens, die Präsentation an die Stelle der Argumentation rückt. Durch die Fiktion der Ausstellung soll vielmehr unterstrichen werden, dass die anschließenden Ausführungen sich nicht auf eine Auseinandersetzung mit Texten beschränken, sondern eine Vielzahl unterschiedlicher Quellen und Materialien einbeziehen, und zwar auch und gerade da, wo es nicht um die Auseinandersetzung mit Kunst, sondern um die Erörterung theoretischer Diskurse geht: Fotografien von Nashörnern und steinzeitlichen Hornreliefs, Gemälde von Fingernägeln, Skulpturen von gehörnten Köpfen, Abbildungen aus wissenschaftlichen Handbüchern, die Hörner von Widdern und Schafen zeigen, und unveröffentlichte Manuskripte, in denen Skizzen von Posthörnern und Megafonen auftauchen ...

Die fünf Kapitel dieses Buches entsprechen den Räumen, in denen diese Texte, Bilder und Objekte in ihrer materiellen und semiotischen »Verschränkung« (Barad) vorgestellt, kommentiert und argumentativ verknüpft werden. Jeder Kapitel-Raum inszeniert eine Begegnung zwischen Wissenschaft, Kunst und Technik, wobei die Anordnung dieser Räume keiner chronologischen Ordnung folgt, sondern thematische Schwerpunkte setzt. Medienkunst und Medientheorie treten dabei abwechselnd in den Vordergrund. So antwortet das erste (Kunst-)Kapitel auf das letzte, und das zweite (Theorie-)Kapitel ist auf das vierte bezogen, während das zentral postierte dritte Kapitel eine Passage dazwischen bildet und Aspekte von Theoriebildung und künstlerischer Praxis miteinander verbindet.

Bei der Erarbeitung und der Gestaltung dieser Kapitel-Räume ist viel Wert darauf gelegt worden, die jeweiligen Quellen und Materialien in ihrer unterschiedlichen Beschaffenheit zu würdigen. Einerseits ist darin der Effekt einer Methode zu sehen, die vor allem in der neueren Wissenschaftsgeschichte dazu geführt hat, lokale Gefüge der Wissensproduktion in ihrer jeweiligen Materialität *und* Semiotizität zu erschließen. Diese Methode wird hier vielleicht zum ersten Mal auf die Bereiche der Medientheorie und der Medienkunst übertragen. Andererseits färbt an dieser Stelle sicherlich auch der Gegenstand auf die Methode ab. Tatsächlich hat die Beschäftigung mit dem Thema »Taktilität« meine Aufmerksamkeit immer wieder auf die unterschiedlichen Oberflächen von Briefen und Manuskripten, Zeichnungen und Gemälden, Fotos und Filmen gelenkt.

Das gedruckte Buch ebnet diese Unterschiede zwar ein, die Kombination von Text und Bildern macht sie allerdings immer noch wahrnehmbar. Genau dies ist das methodologische Ziel dieser fiktiven Ausstellung. Sie versucht, die semiotische und materielle Gebundenheit von Wahrnehmungen, auch und gerade in der Medientheorie, zu verdeutlichen. Sie unternimmt es, den Raum *zwischen* unterschiedlichen medialen Repräsentationen zur Geltung zu bringen, um diesen Raum als entscheidenden Ansatzpunkt für ein eingreifendes Denken zu markieren, das mit der »Abtastgesellschaft« konfrontiert ist. Auch in diesem Sinn ist im Folgenden von der Gegenseite der Medien die Rede.

Katherine Hayles hat schon vor einigen Jahren darauf hingewiesen, dass die zunehmende Verbreitung von *tagging*- und *tracing*-Technologien es erforderlich machen wird, ihren Einsatz für bestimmte wirtschaftliche oder politische Zwecke zu kritisieren. Zugleich hat Hayles aber darauf hingewiesen, dass vernetzte RFIDs, Sensoren und Aktoren die Möglichkeit eröffnen, »die Last der lange gehegten Irrtümer über unser Konzept der Wahrnehmung abzulegen und zu einer stärker prozessual und relational gefassten sowie präziseren Auffassung von verkörperlichtem menschlichen Handeln in komplexen Umgebungen zu gelangen.«[19]

Die folgenden Seiten verstehen sich als Beitrag zur Entwicklung einer solchen Auffassung. Dass es dabei nicht nur um eine bestimmte Form von Wahrnehmung, also eine Ästhetik, gehen kann, sondern eigentlich um eine ganze Epistemologie der Verkörperung, war einem Philosophen schon vollkommen klar. So heißt es bei Michel Serres über Lukrez: »Wissen [*savoir*] heißt nicht sehen [*voir*], sondern direkten Kontakt mit den Dingen aufnehmen – die sich im Übrigen uns nähern.«[20]

Kapitel 1

Das gefangene Einhorn

In diesem Raum treffen der Schriftsteller Raymond Roussel und die Künstlerin Rebecca Horn aufeinander. Erstausgaben der epochalen Romane Roussels, Eindrücke aus Afrika *und* Locus Solus, *liegen neben Objekten, Masken und Instrumenten aus dem Frühwerk der Künstlerin. Bildschirme zeigen ihre Filme und Performances, zum Beispiel* Einhorn, Kopf-Extension *und* Handschuhfinger, *während an den Wänden die Zeichnungen und Radierungen hängen, die Luc Ferry und Markus Raetz von Roussels maschinellen Anordnungen angefertigt haben. Dazwischen verteilen sich einige der Nachbauten dieser Anordnungen, die Harald Szeemann für seine Ausstellung über die »Junggesellenmaschinen« in Auftrag gab. Das Motto für diesen Raum stammt von Lukrez. Es besagt, »dass es etwas gibt, das wir Bildchen der Dinge nennen; auch als Haut oder Rinde könnte man sie bezeichnen, denn in Erscheinung und Gestalt zeigen sich diese Bildchen dem sichtbaren Ding gleich, von dem sie, was es auch sei, sich lösten und dann davonmachten.«*[1]

O Rebekka ...« schallt es aus dem kleinen Horn. Die Zuhörer erkennen die Stimme sofort. Sie gehört der Sängerin Malvina. Der Gesang kommt jedoch nicht aus dem lebendigen Körper von Malvina, sondern aus einem kleinen akustischen Apparat. Eine goldene Nadel tastet in diesem Apparat Rillen ab, die in einer Wachstafel eingezeichnet sind. Über eine Membran und einen Schalltrichter werden sie in Wohlklang verwandelt. Allerdings handelt es sich nicht einfach um einen Phonographen, der zur Aufnahme und Wiedergabe von Schallereignissen geeignet wäre. Vielmehr hat Lucius, begnadeter Künstler und wissenschaftliches Genie zugleich, die Rillen in mühevoller Handarbeit ins Wachs gezeichnet: musikalische »Ritzschrift«-Kunst anno 1914.[2]

Zunächst hat Lucius sich dabei einer Ahle (manchmal auch als Pfriem bezeichnet) bedient, eines Werkzeugs, mit dem sonst Löcher in Leder und Pappe gestochen oder letzte Korrekturen an einem Schriftsatz ausgeführt werden. Mit diesem Hilfsmittel, im Französischen *poinçon* genannt, hat er zuerst einige Markierungen im Wachs angebracht. Durch den Einsatz von intensiven, aber genau dosierten Lichtstrahlen, die die Oberfläche des Wachses zum Schmelzen bringen, hat er die so markierten Punkte dann zu einer rillenförmigen Linie verbunden.

Einmal ins Abspielgerät eingelegt, ist das erstaunliche Ergebnis ein täuschend echter menschlicher Gesang. So jedenfalls will es die Schilderung in Roussels *Locus Solus*: »Die Spitze, die auf der holprigen Bahn auf- und niederging, übertrug ihre Vibrationen auf die Membrane, und aus dem Hörnchen [*cornet*] drang, Malvinas Stimme gleich, die Stimme einer Frau und sang hell und klar die immer wieder geforderten Töne: ›O Rebekka ...‹«[3]

Roussels Figur Lucius geht es jedoch nicht allein um eine virtuose Übung, in der der menschliche Akteur (der ritzende Künstler) die Funktion eines nicht menschlichen Akteurs (des aufnehmenden Phonographen) übernimmt. Wie bei Jules Verne – und es ist bekannt mit welcher Achtung Roussel vom Autor des *Karpatenschlosses* sprach[4] – kommt der künstlichen Wiedergabe der Stimme auch in diesem Fall eine wenn nicht magische, so doch wohltuende Wirkung zu.

Das in die Länge gezogene *a* am Ende des gesungenen Stücks erinnert Lucius nämlich an die ersten Laute, die seine kleine Tochter von sich gegeben hatte, einige Zeit bevor sie unter ebenso gewaltsamen wie tragischen Umständen ums Leben kam. Lucius, der nach dem schrecklichen Ereignis dem Wahnsinn verfallen und deshalb nach Locus Solus, einem parkähnlichen Anwesen in der Nähe von Paris, gekommen war, gerät durch die Hörerfahrung am Apparat in eine »heilsame Krise«. Die unerwartete Wiederbegegnung mit den ersten Äußerungen seiner Tochter setzt in ihm einen Prozess der Genesung in Gang.

Martial Canterel, Eigentümer und Leiter von Locus Solus, zeigt sich zufrieden mit dieser eigentümlichen Form der Therapie. Durch ihren Erfolg sieht er seinen ungewöhnlichen Behandlungsgrundsatz bestätigt, »auch auf die ausgefallensten Wünsche des Kranken einzugehen«.[5] Dass Maschinen »befreiend« sind, dass sie, wie Deleuze mit Blick auf Roussel festgestellt hat, »die Differenz« – das Einmalige, Ereignishafte, Entscheidende – »nicht beseitigen, sondern im Gegenteil erobern und beglaubigen«,[6] zeigt sich hier auf exemplarische Weise, und vielleicht ist es kein Zufall, dass der Kontext dafür ein im weitesten Sinne psychiatrischer ist.

Rebecca Horn hat die Bedeutung unterstrichen, die das Werk von Raymond Roussel für ihre künstlerische Arbeit hatte und hat.[7] Damit schreibt sich die Künstlerin in eine teils dadaistische, teils surrealistische Tradition ein, in der dieser Schriftsteller als eine Art Säulenheiliger gilt, seitdem Apollinaire, Duchamp und Picabia im Théâtre Antoine eine Aufführung der Bühnenversion von *Eindrücke aus Afrika* gesehen hatten. Neben Duchamp und Max Ernst, der von Roussel sogar einmal in seinem Atelier aufgesucht wurde, hat besonders Salvador Dalí die Wichtigkeit dieses Schriftstellers für sein Schaffen betont. Mehrere Gemälde und Texte sowie der Fernsehfilm *Impressions de la Haute Mongolie* sind Dalís ausdrücklicher Auseinandersetzung mit Roussel gewidmet.[8]

Rebecca Horn unterstreicht die Bedeutung, die Roussel für ihre frühen Arbeiten gehabt hat, wenn sie erklärt, *Locus Solus* habe sie besonders zu jener Zeit gelesen und geschätzt, als sie, ganz am Anfang ihrer

Laufbahn, durch eine Lungenvergiftung zu einem längeren Krankenhausaufenthalt gezwungen gewesen war.[9] Zunächst springen zwar die Unterschiede zwischen den beiden Werken ins Auge – da gibt es das Werk eines Schriftstellers, hier das einer bildenden Künstlerin; da eine überbordende Einbildungskraft, hier die präzisen Konstruktionen; da ein weitgehend isoliertes Arbeiten abseits von jeder avantgardistischen Strömung, hier die Verwicklung in kollektive und performative Aktionen, um sich in der zeitgenössischen Kunst umso klarer zu positionieren.[10] Angeregt durch eine Roussel-Radierung von Markus Raetz lassen sich bei näherer Betrachtung jedoch eine Reihe von Gemeinsamkeiten erkennen (Abb. 1).

Da ist erstens das Thema des abgeschlossenen Ortes (bei Roussel etwa in Gestalt des Anwesens von *Locus Solus* oder in Form des »Platzes der Trophäen« in *Eindrücke aus Afrika*, bei Horn die New Yorker Wohnung in *Der Eintänzer*, die Medici-Villa in *La Ferdinanda* oder das Sanatorium in *Buster's Bedroom*); zweitens das Motiv der maschinellen Anordnungen (ebenso weit von purer Effizienz wie von reinem Selbstzweck entfernt, entstehen diese bei beiden durch das zeitweise Zusammenwirken von heterogenen Elementen, mit denen ästhetische Effekte hervorgebracht werden); und drittens der von beiden herausgestellte Wert der Metamorphosen zwischen Kunst und Natur, zwischen Sprache, Bild, Maschine einerseits und Mensch, Tier, Pflanze andererseits (so etwa bei Roussel der Wurm, der zugleich ein Armband und ein Zither-Spieler ist, die magnetischen Pflanzen und die Bilder aus Wasser und Rauch in *Eindrücke aus Afrika*; bei Horn das bemerkenswerte Spinne-, Vogel- und Schlange-Werden der *Berlin-Übungen*, die *Pfauenmaschine* sowie die Installationen mit schwarzem Wasser und Quecksilber).

Viertens wäre der von beiden scheinbar reibungslos vollzogene Wechsel zwischen unterschiedlichen Gattungen und Ausdrucksmaterien anzuführen (bei Roussel von der Schrift zum Theater und zum Film,[11] bei Horn von Geschichten und Zeichnungen über Objekte und Performances bin hin zu Super-8-Filmen, Videoarbeiten und die ortsgebundenen Installationen); fünftens schließlich eine vom Eigennamen ausgehende

Mythologisierung der eigenen Person (bei Raymond Roussel u.a. durch die Assonanz von Roussel und Rousseau, die Trennung des Nachnamens in *roue* [Speichen-, aber auch Pfauenrad] und *sel* [Salz], sowie die primordiale Doppelung R-R, die in vielfältige Polaritäten übersetzt wird, unter anderem schwarz/weiß, plus/minus, Positiv/Negativ, 1877/1933; bei Horn durch die vielfache Bezugnahme auf die als Hörner bezeichneten Gegenstände oder Wesen, so etwa in *Brusthorn* oder *Schwarze Hörner*, sowie der verbreitete Einsatz von Horn als Material in ihren Aktionen und Installationen, von der *Haarmaske* über das *Federinstrument* und die *Paradieswitwe* bis hin zum *Kuss der Nashörner*).

Angesichts solcher Konvergenzen ist es keine Überraschung, dass Roussel, im Unterschied etwa zu Franz Kafka, Oscar Wilde oder James Joyce, nicht zu den Schriftstellern zählt, denen Rebecca Horn einzelne Werke gewidmet hat (obwohl sich das Gerücht hält, sie plane einen Film über Roussel).[12] Wir haben es hier mit einer Affinität zu tun, die sehr viel tiefer reicht als irgendeine Form der ausdrücklichen Beschäftigung oder der zeitweisen Beeinflussung. Tatsächlich steht zu vermuten, dass die Verbindung zu Roussel bis an die Grundlagen ihres künstlerischen Schaffens reicht. Erinnert nicht schon die Herkunftserzählung der Künstlerin über ihre Lungenvergiftung an eine Episode in *Eindrücke aus Afrika*? Roussel beschreibt, wie sich die Chemikerin Louise Montalescot während ihrer Arbeit an einem neuen bildgebenden Verfahren durch das Einatmen von »gewissen schädlichen Gasen« ebenfalls eine Erkrankung der Atemorgane zuzieht.[13]

Die skizzierten Konvergenzen zwischen Raymond Roussel und Rebecca Horn, die in vielfacher Weise das Verhältnis von Tastsinn und Medien beleuchten, werden im Folgenden zum Anlass genommen, erneut einen Blick auf die frühen Arbeiten der Künstlerin zu werfen. Im Unterschied zu den kunsthistorischen Studien, die Aktionen wie *Einhorn* (1970) oder *Mit beiden Händen gleichzeitig die Wände berühren* (1974/75) in den Zusammenhang von Body Art und Videokunst gerückt haben,[14] wird die Aufmerksamkeit dabei auf ihre Verbindung zu wissenschaftlichen

Kontexten gelenkt. Auf die Resonanzen, die zwischen der Bilderwelt der frühen Rebecca Horn und der Ikonografie der medizinischen Klinik bestehen, ist oft hingewiesen worden.[15] Diese Hinweise werden im Folgenden durch die Herausstellung von Referenzen ergänzt, die die experimentelle Physiologie und Psychologie sowie die Psychiatrie betreffen.

Wie ein Laborwissenschaftler nennt Rebecca Horn die in ihren frühen Arbeiten verwendeten Objekte »Instrumente«, und wie der Physiologe Claude Bernard setzt sie ihre Instrumente ein, um mit ihnen sich und andere über das Leben zu unterrichten, also Menschen zu *instruieren*. Zugleich bezeichnet sie die Sphäre, auf die die entsprechenden Aktionen und Übungen zielen, als den Bereich der »interpersonellen Wahrnehmung« und bezieht sich damit auf die kybernetisch inspirierte (Anti-)Psychiatrie von Ronald D. Laing und die heute als Medientheorie rezipierte Psychologie von Fritz Heider.

Beide Referenzen tragen dazu bei, exemplarische Einsichten in den Prozess der medial gestützten Erfahrung und Erkenntnis zu gewinnen. Ähnlich wie bei Roussel beziehen sich diese Einsichten nicht nur allgemein auf die Relation von Körper und Kunst, sondern betreffen konkret das Verhältnis von Kommunikation und Isolation, von Offenheit und Begrenzung, von Freiheit und Gefängnis.

Tatsächlich sind die Kunstwerke von Rebecca Horn gelegentlich als »Fallen« beschrieben worden. Dadurch, dass sie mithilfe bestimmter Instrumente oder Dinge (Stäbe, Hörner, Fächer) in bestimmten Situationen bestimmte Medien (Licht, Luft usw.) wahrnehmbar machen, nehmen sie ihre Betrachterinnen und Betrachter tatsächlich gefangen. Wie an den oft hypnotisch wirkenden *devices* des digitalen Zeitalters schlägt sich damit auch an den zunehmend komplexer werdenden Installationen von Rebecca Horn die Einsicht nieder, dass Maschinen nicht nur genau umschriebenen Zwecken dienen, sondern immer auch Einrichtungen der Verwirrung, der Verblüffung und der List sind.[16]

Ihre frühen Arbeiten zeigen aber auch, dass Kunst insgesamt auf Strategien des Einfangens und Festsetzens basiert, um neuartige Effekte überhaupt freisetzen zu können. »Restraint can liberate you« (Einschränkung kann Dich befreien): Das ist die von Rebecca Horn selbst geprägte Formel, die auf ihr Vorgehen ebenso zutrifft wie auf das berühmte Verfahren Raymond Roussels.

Rüssel, Horn und Kegel

Eine der frühen Arbeiten von Rebecca Horn ist geeignet, die Annahme einer tief reichenden Verbindung zu Roussel zu stützen. *Rüssel* heißt das Werk, mit dem sie sich 1970 an einer Ausstellung in Hamburg beteiligte. Der entsprechende Katalog enthält ein Foto, auf dem die Künstlerin – breitbeinig aufrecht stehend, die Arme am Körper angelegt – von vorne zu sehen ist, wie sie eine Nase und Mund verdeckende Maske aus Stoff trägt. Die Maske verlängert sich in eine Art Schlauch, der am Körper entlang auf den Boden reicht und sich auf einer Länge von etwa drei Metern nach vorne erstreckt (Abb. 2).

Der Titel dieser Arbeit, *Rüssel*, lässt sich als deutliche Anspielung auf den Namen »Roussel« lesen. Zugleich kann »Rüssel«, ins Französische übersetzt, aber auch als *»trompe«* begriffen werden, womit nicht nur der Rüssel des Elefanten bezeichnet wird, sondern ebenso Blasinstrumente wie etwa das Jagdhorn. Was die Künstlerin mithilfe ihres Maskenobjekts in Szene setzt, wäre somit nichts anderes als eine objektorientierte Identifizierung mit Raymond Roussel, die sich auf der individual-mythologischen Ebene der Eigennamen vollzieht: (Rebecca) Horn – *Rüssel* – (Raymond) Roussel/*trompe* – (Elefanten-)Rüssel/(Jagd-)Horn.

Geht man einen Schritt weiter, dann lässt sich sagen, dass *Rüssel* eine Art Umkehrung jener Konstellation aus *Locus Solus* ist, in der aus einem kleinen Horn das gesungene »O Rebekka ...« erklingt. Die Rüsselmaske wäre dann ihrerseits als ein Horn zu betrachten, bei dem an der Stelle, an der sonst der Schall austritt, wenn nicht hineingesungen wird, so doch zumindest ein taktiler Kontakt zu Nase und Mund entsteht. An die Stelle eines Namens, der erklingt, tritt der Körper einer Person, die tatsächlich (fast) Rebekka heißt.

Nahezu analog zu dieser Umkehrung findet sich am Anfang von *Locus Solus* eine Szene, in der eine Katze »ihr Gesicht bis an die Ohren« in ein Horn (*cornet*) aus Metall steckt, um auf diese Weise das Unterwasserspektakel in dem mit einer speziellen Flüssigkeit, sogenanntem »Aqua-Micans«, gefüllten Riesendiamant-Behälter in Gang zu setzen.[17]

Die Katze ist »völlig enthaart« (*épilé*) und wird durch die Einnahme »knallroter Pillen« (*pilules*) in eine »lebende Batterie« (*pile vivante*) verwandelt. Wenn sie nun mit der Spitze des aufgesetzten Horns das ebenfalls in dem Diamant-Behälter schwimmende Hirnpräparat des enthaupteten Danton berührt, beginnen sich die mit diesem Präparat verbundenen Lippenmuskeln zu bewegen und geben »unzusammenhängende Bruchstücke von Reden voll bebendem Patriotismus« von sich – ein weiteres Beispiel für die fantastischen Wiederholungsmaschinen von Roussel.[18]

Auch bei Roussel wird das Horn also zur Maske – selbst wenn diese nicht aus Stoff, sondern aus Metall besteht. Welche Bedeutung der Schriftsteller diesen Motiven zugemessen hat, ist bekannt. Als ob er den Maschinencharakter seines eigenen Sprachkunstwerks unterstreichen wollte, werden sie am Schluss von *Locus Solus* in verwandelter Form wiederaufgegriffen. Dort begegnet uns nicht nur die enthaarte Katze (*chat épilé*) in Gestalt eines Rosenkranzes (*chapelet*) wieder. Auch das Horn (*cornet*) wird erneut in Szene gesetzt, diesmal allerdings in Form eines Kegels (*cône*), genauer gesagt in Form von »zwei kaum wahrnehmbaren Lichtkegeln«,[19] die sich oberhalb eines als Tarotkarte getarnten, extrem flachen Uhrwerks abzeichnen (Abb. 3).

Der Versuchung, dieses handliche, leuchtende Kartengerät mit einem tragbaren Touchscreen von heute zu vergleichen, kann man vielleicht nicht widerstehen. Anders als bei den Smartphones und Tablets unserer Gegenwart haben die von Roussel beschriebenen Lichtkegel über der Tarotkarte allerdings die bemerkenswerte Eigenschaft, mit ihrer oberen Spitze »ohne jeden Schmerz«[20] in menschliche Körperteile einzudringen, die man über ihnen in Stellung bringt. Canterel versucht, dieses Mittel zur Herstellung von »kegelförmigen Vertiefungen«[21] in der Haut dafür zu nutzen, um die angeblich bereits von Paracelsus beschriebenen »roten Kügelchen«[22] zu gewinnen – die ihrerseits möglicherweise den »knallroten Pillen« entsprechen, mit denen die Katze am Anfang des Romans in eine lebende Batterie verwandelt wurde …

Das Horn wird so zum Kegel – eine Form, die sich im Übrigen auch immer wieder bei Rebecca Horn findet, die sie nicht nur als Pigmentbehälter (*A Rather Wild Flirtation*, *Missing Full Moon*), sondern auch als Schalltrichter (*Schildkrötenseufzerbaum*) einsetzt. Bei Roussel verweist die Assoziation von *cornet* und *cône* weiter auf die Tätigkeit des Erzählers (*conter/compter*), um schließlich sogar auf den Namen der Hauptfigur von *Locus Solus* abzufärben (*Canterel*).

Doch so geschlossen das Sprachsystem von *Locus Solus* auch erscheint, beim Gleiten dieser Anspielungen geht es nicht allein um implizite Bezüge. Tatsächlich lässt sich die Engführung von Horn und Kegel auch als Anspielung auf ein Modell der Erinnerung verstehen, das sich bei einem von Roussel sehr geschätzten Philosophen findet.

Henri Bergson hat sich in *Materie und Gedächtnis* bekanntlich auf das Bild des Kegels bezogen, um sein Verständnis des Verhältnisses von Körperbewusstsein und Erinnerung zu veranschaulichen. Die Skizze, die seine Darstellung an dieser Stelle begleitet, scheint reine Geometrie zu sein (Abb. 4). Doch die Erklärungen, mit denen der zugehörige Text aufwartet, legen nahe, dass es sich auch um die vereinfachte Darstellung eines technischen Objekts handeln kann: einer Abtastvorrichtung oder eines Schreibgerätes.

Jedenfalls war die Welt der »Telephonzentralen«, auf die sich Bergson am Beginn seiner Abhandlung bezieht, um die verzögernde Funktion des Gehirns zu veranschaulichen,[23] auch eine Welt der Phonographen, Kymografen und Sphygmografen. Ebenso wie Roussel kannte sich Bergson mit dieser Welt der grafischen Technologien bestens aus – ersterer durch seine aufmerksame Lektüre von Wissenschaftszeitschriften wie

La nature, letzterer durch seine zeitweilige Arbeit in den Laboratorien der Experimentalpsychologie.

Dass Bergson die lebendige Gegenwärtigkeit des Subjekts durch eine »Spitze S« markiert, die »unaufhörlich« die bewegliche Ebene P »berührt«, während sich die Gesamtheit der Erinnerungen an der Kegelbasis AB befindet, fügt sich jedenfalls in den Kontext dieser Technologien ein. Wie bei Roussel macht sich der Sachverhalt der Lebendigkeit an einer Kegelspitze fest, die über eine feststehende oder bewegliche Fläche streicht oder auf sie aufsetzt. Dass Malvinas Stimme ganz »hell und klar« aus dem akustischen Apparat erklingt, ist den von Lucius mithilfe der Ahle kunstvoll ins Wachs gezeichneten Rillen zu verdanken, aber auch ihrer Abtastung durch eine goldene Nadel, während die Katze mit der Spitze des metallischen Horns die Dura mater von Dantons Gehirn berührt, damit dessen Haupt zum Leben erweckt wird und so den damit verbundenen Mund zum Sprechen bringt.

Auch wenn es in beiden Fällen um bemerkenswert künstliche Formen von lebendiger Gegenwart geht, so stimmt dazu doch die Beschreibung des Gedächtnis-Kegels bei Bergson. Bei dem Kegel geht von der Gegenwart der »Spitze S« jeweils »der Ruf« aus, »auf den die Erinnerung antwortet«. Analog dazu wird in Roussels Roman Lucius durch die Erinnerung an die ersten Äußerungen seiner verstorbenen Tochter geantwortet und der Katze durch die Hervorbringung der letzten Reden von Danton. So betrachtet ist es nicht allein der sich auf einer geometrischen Ebene bewegende Kegel, sondern auch das eine Oberfläche abtastende oder berührende Horn, das bei Roussel als Modell für den Zusammenhang von Körper, Bewusstsein und Gedächtnis fungiert. Selbst die Lichtkegel der Tarotkarte, die sich in die Haut bohren, fügen sich in dieses Modell ein.

Extensionen und Instrumente

Rebecca Horns Arbeit von 1970, *Rüssel*, beschränkt sich allerdings nicht darauf, die Verbindung zu Roussel als solche zu inszenieren. Zugleich und vor allem zielt diese Arbeit darauf ab, die möglichen Verzweigungen dieser Assoziation, sozusagen deren Vektoren, für die weitere künstlerische Tätigkeit zu erkunden.

In dieser Hinsicht ist es der Zusammenhang von »*trompe*«, also »Rüssel« oder »Horn«, und »*tromper*«, d. h. »irren«, »trügen« oder »täuschen«, der in den Vordergrund tritt. Roussel beschreibt in *Locus Solus* immer wieder täuschend echte Kunsteffekte. Das weitreichendste Beispiel dafür stellt Canterels Versuch dar, durch die chemische Behandlung von Leichen diese auferstehen zu lassen, um so eine »vollständige Illusion des Lebens« zu erzeugen.[24] Auf dem Weg durch seinen Park ist aber auch wiederholt vom *trompe l'œil* die Rede, so etwa in Bezug auf ein weiteres Detail des mit Aqua-Micans gefüllten Riesendiamanten, wo Wörter aus Eisenstaub geformt werden, die ihre Lesbarkeit »nur durch eine Augentäuschung mit Hilfe schlängelnder Rillen« gewinnen,[25] oder bei einer späteren Station des Parkrundgangs, dem Hotel de l'Europe, dessen Fenster im Unterschied zur Markise »nur zum Augentrug hingemalt« sind.[26]

An keiner Stelle ihres Werkes hat Rebecca Horn es auf eine illusionistische Malerei abgesehen. Was sie von Anfang an interessiert, sind vielmehr die organischen und materiellen Voraussetzungen dafür, dass Täuschungen wie die Malerei überhaupt entstehen können. Tatsächlich ist ihr Frühwerk von einer intensiven Erkundung der Übergänge geprägt, die vom Körper zur Kunst oder, anders gesagt, von der Haut zum Bildnis führen.[27] Daher erklärt sich ihr ausgeprägtes Interesse für Körperbemalungen, Kleider und unterschiedliche Arten von Haaren und Gefieder; daher auch die anfängliche Diskussion ihrer Arbeiten im Sinne einer »Einholung« und »Rückführung« von Mode und Kosmetik in den Bereich der Kunst.[28]

Der Begleittext zu *Rüssel* scheint ebenfalls in diese Richtung zu weisen: »Bei gewissen Südseeinsulanern findet sich ein Schmuckbedürfnis, das sich besonders auf die Geschlechtsorgane bezieht. Das Bedürfnis habe ich auch.«[29] Es ist aber bemerkenswert, dass damit nicht einfach die sexuellen Konnotationen des länglichen Maskenobjekts explizit gemacht werden (der Rüssel als Phallus etc.). Leicht versetzt dazu ruft dieser kurze Text vielmehr anthropologische, ethnografische und psychoanalytische Diskurse auf, die sich seit der Jahrhundertwende mit den Anfängen der Kunst beschäftigten.

Konkret ist dabei etwa an eine Abhandlung von Ernst Grosse zu denken, in der die Kosmetik als eine Vorstufe zur Ornamentik und Bildnerei begriffen und »die primitive Körperbemalung« ausdrücklich als Schmuck und nicht als Kleidung oder Hülle beschrieben wird,[30] oder an die Studie Eckart von Sydows über *Primitive Kunst und Psychoanalyse*, in der die Entstehung der Kunst in ihrer autoerotischen Anwendung auf die Körpergestalt thematisiert wird. Von Sydow beobachtet dabei unter anderem, wie das »Weitertreiben des Schmuckbedürfnisses aus der Bemalung und Tätowierung« einen eigenen »Bereich der ornamentalen Verzierung erschafft«.[31]

Wie stark die frühen Arbeiten von Rebecca Horn um die Frage nach den Anfängen der Kunst kreisen, verdeutlicht sich an dem 1971 entstandenen Film *Körperfarbe*, der Malaktionen dokumentiert, bei denen Farbe direkt auf nackte Haut aufgebracht wird. Der Kommentar zu *Rüssel* pointiert dieses Interesse, denn er formuliert eine konkrete – und, wenn man so will: feministische – Gegenposition zu der von traditionellen Südsee-Anthropologen vertretenen These, dass in der Kunst, die dieser Region entstammt, »das Weib selbst und alles, was an ihr Geschlecht erinnern könnte, [...] vollkommen fehlt«.[32] Der Kurztext von Rebecca Horn weist ausdrücklich auf das weibliche Geschlecht hin und legt so, zusammen mit dem abgebildeten Maskenobjekt, die Annahme nahe, dass es tatsächlich Frauen sind, die am Beginn der Kunst stehen.

Rüssel erschließt den Übergang vom Körper zur Kunst jedoch noch auf andere Weise. Das verdeutlicht die genauere Betrachtung dieses Maskenobjekts. Anatomisch gesehen ist der Elefantenrüssel nämlich nichts anderes als eine Verlängerung der Nase. Der Rüssel ist also buchstäblich als eine *Extension* dieses Sinnesorgans zu begreifen – ein Ausdruck, den die Künstlerin oft benutzt, um ihre frühen Arbeiten zu beschreiben. Physiologisch betrachtet verweist diese Verlängerung allerdings nicht allein auf den Geruchssinn, sondern ebenso auf den Tastsinn. In der Tat ist der Elefantenrüssel vor allem ein Tast- und Greifwerkzeug (was durch die wie unbeteiligt herabhängenden Arme der Maskenträgerin unterstrichen wird), und es hat nicht an Versuchen gefehlt, in der enormen Vielseitigkeit dieses kombinierten Fühl- und Packorgans den objektiven Grund für die sprichwörtlich gewordene Weisheit des Elefanten zu sehen.[33]

Durch die Verknüpfung dieser beiden Aspekte – Extension und Taktilität – wirkt *Rüssel* wie die Pointierung einer Programmatik, die die künstlerische Arbeit von Rebecca Horn zumindest in den Jahren von 1968 bis 1972 bestimmt. Die meisten der in dieser Schaffensperiode entstandenen Werke lassen sich in der Tat primär als taktile Extensionen begreifen.

Einige dieser Arbeiten zeigen dies direkt durch ihre Titel an, wie *Arm-Extensionen* (1968) und *Kopf-Extension* (1972), andere versteckt, wie etwa *Bewegliche Schulterstäbe* (1971), ein Werk, das als »*Movable Shoulder-Extensions*« ins Englische übersetzt wurde, oder *Handschuhfinger* (1972), eine Bezeichnung, die im englischen Untertitel als »*instrument to extend the manual sensibility*« erläutert wird (Abb. 5).[34] Der Sache nach lassen sich aber auch Arbeiten wie *Überströmer* (1970) und *Messkasten* (1970) als Darstellungen von Körper-Extensionen begreifen, erstere etwa als Veräußerung des Blutkreislaufs, letztere als Objektivierung und Multiplizierung der Hand.

Es ist unklar, ob Rebecca Horn mit ihrer Wortwahl an McLuhan anschließt, der Medien, insofern sie technische Objekte sind, bekanntlich als »*extensions of man*« definierte (und damit seinerseits eine Denkfigur aufgriff, die seit Ernst Kapp, Sigmund Freud und Henri Bergson enorm verbreitet war).[35] Wäre dies der Fall, dann hätten wir es bei den frühen Werken von Rebecca Horn nicht nur insofern mit Medienkunst zu tun, als die Künstlerin sich frühzeitig auf Medien wie den Super-8-Film und

Video eingelassen hat, um ihre Aktionen zu dokumentieren. Medienkunst wären diese Werke bereits deswegen, weil die dabei geschaffenen Objekte (Masken, Handschuhe, Hörner usw.) selbst als rudimentäre oder archaische Körpermedien zu betrachten sind – als Medien im Entstehen.

Das ist allerdings nicht die einzige Terminologie, die Rebecca Horn verwendet, um die von ihr angefertigten Objekte zu beschreiben. Noch häufiger als von »Extensionen« spricht sie von »Instrumenten«. Damit greift sie hinter McLuhan und sogar Kapp zurück, nämlich auf Laborwissenschaftler wie den bereits zitierten Physiologen Claude Bernard, für die es Mitte des 19. Jahrhunderts auf der Hand lag, dass die Leistungen der menschlichen Sinnesorgane unzureichend waren und deswegen mithilfe von wissenschaftlichen Instrumenten verstärkt werden mussten. So schreibt Bernard 1865 gleich am Anfang seiner *Einführung in das Studium der experimentellen Medizin*: »Der Mensch kann die ihn umgebenden Erscheinungen nur in sehr beschränkten Grenzen beobachten [...]. Um seine Kenntnisse zu erweitern, mußte er mit Hilfe besonderer Apparate die Fähigkeiten seiner Organe vervollkommnen, während er sich zugleich mit besonderen Instrumenten ausrüstete, die ihm dazu dienten, in das Innere des Körpers einzudringen, um ihn zu zerlegen und seine verborgenen Teile zu untersuchen.«[36]

Wie wir noch genauer sehen werden, lassen sich immer wieder Zusammenhänge zwischen der Ikonografie der experimentellen Lebenswissenschaften und den Arbeiten von Rebecca Horn aufweisen. Gelegentlich spricht die Künstlerin sogar selbst von »Aktions-Experimenten«,[37] und ähnlich wie bei Bernard geht es in diesen Aktionen nicht einfach darum zu *zeigen*, sondern darum, die Teilnehmer ihrer Aktionen und sich selbst darüber zu *instruieren*,[38] welche Wahrnehmungen in einer bestimmten Konstellation möglich werden. Instrument wäre demzufolge nicht einfach als Werkzeug zu verstehen, sondern, in einem starken Sinn, als Mittel der Unterrichtung durch die Sinne.

Das gemeinsame Merkmal der von Rebecca Horn entwickelten Instrumente ist es nun, direkt an der Körperoberfläche anzusetzen. Insofern verfügen diese Instrumente mit der Hornbildung, wie sie am lebendigen Körper etwa beim Wachsen eines Fingernagels oder einer Feder zu beobachten ist, über ein natürliches Vorbild. Auch deswegen überrascht es nicht, dass der Konvergenzpunkt der frühen Arbeiten in einer Erkundung des Tastsinns liegt. In den bereits erwähnten *Handschuhfingern*, die durch ihre Hebelwirkung den »Tastsinn der Hand« intensivieren,[39] manifestiert sich das ganz offensichtlich, ebenso wie bei den *Federfingern*, wo die Hand durch die Anbringung von einzelnen Gänsefedern an den Fingern zu einem neuartigen, »lebenden Instrument« wird.[40]

Auch in der Übung *Mit beiden Händen gleichzeitig die Wände berühren*, in der die röhrenartigen Fingerextensionen dazu benutzt werden, die Wände eines Raums abzutasten, ist die Rolle des Tastsinns zentral. Taktil ausgerichtet sind auch weitere Instrumente und Aktionen aus dieser Schaffensperiode, etwa die bereits erwähnten *Arm-Extensionen*, bei denen die Arme des Akteurs bis zum Boden verlängert werden, um diesen zu berühren, oder die *Kopf-Extension* (Abb. 6), bei der die Augen des Akteurs verdeckt sind, sodass dieser dazu gebracht wird, sich nur »langsam tastend vorwärts bewegen«[41] zu können – ähnlich wie der Physiologe Bernard, der nur durch »tastende Versuche«[42] zu einem Voranschreiten im Wissen gelangt.

Eine kybernetische Ontologie

Doch selbst hier – in der übergreifenden Tendenz, die Hervorbringung von Kunst an die Oberfläche des Körpers buchstäblich zurückzubinden – wird ein Leitmotiv von Roussel aufgegriffen. Auch wenn viele von Roussels Maschinen darauf abzielen, die menschliche Hand (des Künstlers, der Musikerin) zu ersetzen, also körperliche Berührung möglichst zu vermeiden,[43] preist *Locus Solus* die Haut doch als »prophetische Entität«, und auf weite Strecken entfaltet dieser Roman Themen und Motive, die die spezifische Form *seiner* Kunst, also den Akt des Schreibens, mit Blick auf entsprechende Oberflächenverhältnisse ins Licht setzen.[44]

Die Virtuosität von Lucius, der mithilfe einer Ahle Spuren ins Wachs zeichnen kann, die sich beim Abspielen mit einem akustischen Apparat als Aufzeichnungen von Gesang erweisen, ist dafür nur *ein* Beispiel. In *Locus Solus* wird auch direkt *auf* oder *in* die menschliche Haut geschrieben. So schlägt gegen Ende der Romanhandlung ein Dichter namens Lelutour dem Jungen Luc mit einem Strauß Brennnesseln auf die Unterarme. Auf Lucs Haut erscheinen alsbald Rötungen, die sich als entzifferbare Großbuchstaben entpuppen. Und an anderer Stelle wird geschildert, wie einem mittelalterlichen Helden mithilfe von magnetischen Nadeln ein »dunkelgraues Sternenmonogramm« unter die Epidermis tätowiert wird, das einer geheimnisvollen Anziehung nach Norden unterliegt.[45]

Roussel bleibt bei diesen extravaganten »Textträgern« (*porte-texte*) nicht stehen.[46] Zum einen entfaltet er ein ganzes Spektrum unterschiedlichster Schreiboberflächen, das von Knochen und Wachs über Schiefertafel, Seide, Pergament und Papier bis hin zu Metall- und Goldplatten reicht. Zum anderen bringt er in seiner Schilderung der einzelnen Etappen des Parkrundgangs noch andere, mit der Haut verwandte Oberflächenmaterialien ins Spiel, um die ästhetischen Effekte von Canterels maschinellen Anordnungen zu erklären – beispielsweise Fingernägel, die durch die Applizierung einer Folie aus Zinn zu funkelnden Spiegeln werden, oder Haare, die, ähnlich wie die Saiten eines Streichinstruments, in Schwingung versetzt werden und Musik erzeugen.[47] Auch die kegelförmigen Vertiefungen, die in der Schlusspassage durch die Licht- und Lufteinwirkung der Tarotkarten in die Haut gebohrt werden, um auf diese Weise explosive Kügelchen zu gewinnen, gehören in diesen Zusammenhang.[48]

Es sind solche Schilderungen, an die Rebecca Horn anschließt, wenn sie die Hervorbringung von Kunst an die Oberfläche des lebendigen Körpers zurückbindet. Dieser Anschluss ist allerdings kein ungebrochener, glatter. Roussel spricht nicht von Extensionen und widmet dem menschlichen Tastsinn, von kurzen Passagen abgesehen, keine besondere Aufmerksamkeit. Zudem bleiben seine Maschinen fiktive Objekte der

Literatur, während Rebecca Horn mit faktischen Instrumenten arbeitet, die aus Holz, Stoff und anderen Materialien gefertigt sind.

Vielleicht ist das der Grund, warum ihre frühen Arbeiten immer wieder wie Ausschnitte oder Momentaufnahmen der komplexen Anordnungen wirken, die in *Locus Solus* beschrieben werden. Selbst wenn es sich – wie beim *Überströmer* – um »Objekt-Maschinen« handelt, sind diese Arbeiten außerhalb der extremen Dimensionen angesiedelt, die für Roussels Maschinen typisch sind. Während diese nahezu ungebunden zwischen Mikro- und Makrokosmos changieren, bewegen sich die Instrumente und Objekte von Rebecca Horn fast durchgängig auf dem Niveau mittlerer Größe. Anders als spätere Werke verzichten diese Arbeiten auch auf jeden Einsatz von elektromagnetischen und chemischen Effekten, die in *Locus Solus* dagegen eine entscheidende Rolle spielen. Insgesamt ist die Zusammensetzung der frühen Maschinen Rebecca Horns auch deutlich weniger heterogen als bei Roussel.

Genau diese Beschränkungen sind es aber, die es der Künstlerin umgekehrt erlauben, ihre Instrumente und Aktionen auf eine noch radikalere Weise zu kontextualisieren, als dies bei Roussel der Fall ist. Während dieser nämlich mit einer Sprache arbeitet, die einen vergleichsweise anonymen und zeitlosen Raum darstellt, setzt Rebecca Horn in ihren Aktionen bestimmte Personen (Akteurinnen und Akteure) ein, die mit den von ihr angefertigten Objekten in einer genau umschriebenen Landschaft und oft auch zu genau bestimmten Tageszeiten agieren.

Zwar hat auch Roussel seine maschinellen Anordnungen mit externen Faktoren wie dem Wetter verbunden (die schwebende Démoiselle in *Locus Solus*, das Gewitter und Djizmés Bett in *Eindrücke aus Afrika*). Rebecca Horn versetzt die Komponenten im inneren Milieu ihrer Aktionen aber in derart intensive Interaktion, dass sich bei ihr auch die Wechselwirkungen mit dem äußeren Milieu vervielfachen. Der Übergang vom Körper zur Kunst wird damit zu einem kollektiven »intraaktiven« Prozess, der zugleich unumkehrbar und ergebnisoffen ist.[49] Wir haben es tatsächlich mit »Aktions-Experimenten« zu tun.

Das liegt auch daran, dass Rebecca Horn in den späten 1960er-Jahren über den Zugang zu einer Programmatik verfügt, die für Roussel noch nicht erreichbar war. Ihre Werke weisen, kurz gesagt, spezifische Aspekte der *Kybernetik* auf – wenn man darunter einmal nicht die von Nobert Wiener begründete Wissenschaft des *command and control* versteht, sondern jene Tradition einer performativen, nicht modernen Ontologie, die sich vor allem im Großbritannien der Nachkriegszeit herausbildete.[50]

Tatsächlich ist nicht ausgeschlossen, dass die Künstlerin 1971/72 während ihres Aufenthalts in London die Arbeit des unter anderem von Gregory Bateson inspirierten (Anti-)Psychiaters Ronald D. Laing näher kennenlernte. Schon Mitte der 1960er-Jahre hatte Laing Vorträge am Institute of Contemporary Art in London gehalten und in seinen ohnehin populären Büchern hatte er die Erfahrung der Psychose mit dem Kreativ-Werden von Künstlern in Verbindung gebracht.

In seiner *Phänomenologie der Erfahrung* schildert Laing zum Beispiel die psychotische Phase des Bildhauers Jesse Watkins, die neben einer ungewöhnlichen Kreativität auch die außerordentliche Erfahrung eines Nashorn-Werdens beinhaltete. Anfang der 1970er-Jahre war zudem der autobiografische Bericht einer früheren Patientin Laings erschienen. Mary Barnes schildert darin, wie sie über eine »Reise durch den Wahnsinn« zur Kunst gefunden hatte.[51]

1972, im Kontext der legendären, von Harald Szeemann organisierten *documenta 5*, weist Rebecca Horn auf ihre Verbindungen zu dieser Art von Kybernetik hin, wenn sie über ihre künstlerische Tätigkeit schreibt: »Erfahrungen im Bereich der interpersonellen Wahrnehmung sind die Grundlage meiner Arbeit.«[52] Mit diesem Statement bezieht sie sich zumindest implizit auf Laing, der den Begriff der interpersonellen Wahrnehmung prägte, um Perzeptionen nicht länger als einfache, irgendwie direkte psychologische Phänomene zu beschreiben, die sich wie von selbst zwischen einem frei stehenden Subjekt und der ihm gegenüberliegenden Objektwelt einstellen, sondern als Konstruktionen eines komplexen, im weitesten Sinne sozialen Prozesses zu fassen suchte.

Vereinfacht gesagt setzt Laing dabei die Wahrnehmungen, die ein Selbst vom Verhalten einer anderen Person hat, in Beziehung zu den Wahrnehmungen, die diese andere Person vom Verhalten des Selbst hat. Im Anschluss an die Untersuchungen von Bateson zur zirkulären Kausalität von Kommunikation stellt er die Wahrnehmung des Selbst in ein Rückkopplungsverhältnis zur Wahrnehmung des anderen.

In seinem Buch *Interpersonelle Wahrnehmung* erläutert Laing sein Grundkonzept wie folgt: »Vielleicht bin ich nicht einmal imstande, mich selbst so zu sehen, wie andere mich sehen, aber ich nehme von ihnen beharrlich an, daß sie mich in dieser oder jener Weise sehen, und mein Handeln geschieht stets im Lichte der tatsächlichen oder eingebildeten Haltungen, Meinungen, Ansprüche usw., die andere in bezug auf mich haben.«[53]

Genau solche *feedback loop*-Aspekte von Wahrnehmung sind es, die Rebecca Horn in ihren Aktionen mithilfe der von ihr konstruierten Instrumente erkundet. Das Grundprinzip dieser experimentellen Performances lautet: »Jede Aktion hat eine zentrale Figur, auf die sich alle Handlungen beziehen. Sie trägt das Instrument, durch das die anderen Teilnehmer mit ihr kommunizieren.«[54] An dieser wechselseitigen medialen Kommunikation macht sich der Prozess der Wahrnehmung fest.

Interperzeptionen

Exemplarisch eingelöst wird dieses Prinzip durch die vielleicht bekannteste ihrer frühen Arbeiten. *Einhorn* lautet der Titel des zwölfminütigen Super-8-Films von 1970, der die gleichnamige Aktion dokumentiert. Über den Titel wird zunächst die Verbindung zur individuellen Mythologie der Künstlerin bekräftigt. Außerdem wird suggeriert, dass es sich um eine Variation über das alte Thema des flüchtigen Fabelwesens handelt. Tatsächlich zeigt die rudimentäre Handlung des Films das unvermittelte Erscheinen eines Einhorns auf einem Waldweg, sein Hin- und Herstreifen auf einem Kornfeld und sein ebenso unvermitteltes Verschwinden.

Aber die Suggestion ist nicht von Dauer. Schnell erweist sich, dass das Einhorn hier nicht als Märchenfigur, sondern als hybrides Wesen in Szene gesetzt wird, das aus humanen und nonhumanen Komponenten besteht (Abb. 7) – halb Frau, halb Instrument, fast schon eine mythologische Cyborg-Göttin im Sinne Haraways.[55]

Zum Einhorn wird die ins Bewegungsbild tretende Akteurin nämlich dadurch, dass mithilfe von weißen Körperbandagen eine stabförmige »Extension« auf ihrem Kopf angebracht wurde, die im doppelten Sinne als Antenne erscheint: einmal technologisch, als Vorrichtung zum Senden und Empfangen von Signalen; einmal biologisch, als Körperglied, das dem Abtasten und Erfühlen der Umgebung dient. Dementsprechend sind es auch nicht die traditionellen Ideen der Flüchtigkeit, des Guten oder der Jungfräulichkeit, die durch diesen Auftritt des Einhorns aufgerufen werden. Das Einhorn von Rebecca Horn steht vielmehr für die konkrete, nicht zuletzt durch Rilke in die Vorstellungswelt der Moderne eingebrachte Verbindung zwischen dem Fabelwesen und dem Tastsinn. Fast möchte man sagen, dass das hybride Wesen, das im Zentrum dieser gefilmten Aktion steht, durch eine Verkopplung von Körper und Technik jene bekannte mittelalterliche Darstellung kondensiert und aktualisiert, in der die *dame à la licorne* mit ihrer Hand das Horn des Einhorns berührt (Abb. 8).[56]

Im zugehörigen Text erläutert die Künstlerin, dass es sich bei dem »Instrument« für diese Aktion um einen Stab aus Holz handelt. Der Zweck dieses Instruments bestehe darin, so erklärt sie in einer an die Medienkunst der 1920er-Jahre erinnernden Terminologie, die Gehbewegungen der Akteurin zu *»steigern«*.[57] Die Gehbewegungen von »Angelika« zeichneten sich nämlich dadurch aus, dass diese Akteurin anscheinend genau wisse, wie man beim Gehen »ausschließlich nur die Beine« bewege, während der Rest des Körpers wie »eingefroren« sei.[58] Dieses implizite Wissen wird durch die Rückkopplung des eigens angefertigten Instruments zur Wahrnehmung gebracht, und zwar in doppelter Hinsicht.

Zum einen bringt die Künstlerin durch die Anpassung und Erprobung des Instruments, also das gemeinsame Festlegen von »Proportionen,

Schwere und Höhe«, der Akteurin die Besonderheit ihrer Gehbewegungen selbst zu Bewusstsein. Der Stab auf dem Kopf, das künstliche Horn verändert in diesem Sinne die Wahrnehmung seiner Trägerin. Zugleich werden damit die Wahrnehmungen, die die übrigen Teilnehmer dieser Aktion (die Künstlerin selbst, der Kameramann usw.) von »Angelika« haben, transformiert, und diese Wahrnehmungen wirken dann wiederum – interpersonell – auf die Akteurin zurück.

Zum anderen dient das stabförmige Objekt im Film dazu, die Aufmerksamkeit des Betrachters oder der Betrachterin auf die Besonderheiten der Gehbewegungen zu lenken. Dies geschieht vor allem dadurch, dass das weiße Horn die sonst kaum erkennbaren Aufwärts- und Abwärtsbewegungen des Körpers während des Gehens wiederholt vor einem schwarzen Hintergrund sichtbar macht, vor den Schatten auf dem Waldweg ebenso wie vor dem dunklen Wald am Rand des Kornfelds (Abb. 9).

Die Hervorbringung dieses Effekts kann mit einem Verfahren verglichen werden, das bereits in den klassischen Bewegungsstudien des Experimentalphysiologen Etienne-Jules Marey zum Zuge kam. Auch bei Marey trugen die Testpersonen helle Hüte oder weiße, am Rücken befestigte Stäbe, um, während sie an einem schwarzen Hintergrund vorbeiliefen, deutliche Markierungen auf den chronophotografischen Platten zu hinterlassen (Abb. 10). Andere Physiologen fertigten auf der Grundlage solcher Aufnahmen dreidimensionale Modelle der menschlichen Gehbewegungen an, in denen die Aufwärts- und Abwärtsbewegungen des Körpers mit Kopfstangen verdeutlicht wurden (Abb. 11). Auf vergleichbare Weise »steigert« die Kopfextension des *Einhorns* von Rebecca Horn die Wahrnehmung der Betrachterin oder des Betrachters.

Der gezielte Einsatz von Rückkopplungen zur Intensivierung von Wahrnehmung zeigt sich noch an weiteren Arbeiten mit Körperextensionen. So wird durch das umgekehrt geschwungene Doppelhorn von *Cornucopia*, das Mund und Brüste miteinander verbindet, »das eigene Wahrnehmungsvermögen [...] zu einem Dreieck ausgedehnt «,[59] d. h. einer Extension unterworfen, um den eigenen Körper auf neuartige Weise zu erfahren (Abb. 12). Konkret auf das Taktile ausgerichtet wird dieses Vorgehen in der Aktion *Handschuhfinger*, bei der lange, leichte Holzröhren auf die Finger gesetzt werden, um die Beweglichkeit der Hände »durch eine neue modale Praxis« wahrnehmen zu können: »Ich fühle, wie ich berühre, sehe, wie ich greife, und kontrolliere die Entfernungen zwischen den Objekten und mir.«[60] Die interpersonelle Wahrnehmung wird hier zu einer Verknüpfung zwischen den unterschiedlichen Sinnesmodalitäten einer Person. Sie gewinnt synästhetische Qualität.

Bei der Übung *Mit beiden Händen gleichzeitig die Wände berühren* (Abb. 13) werden Fingerextensionen dazu benutzt, um einen Raum von innen abzutasten. Auch in diesem Fall wird nicht nur dem durch Hebelwirkung gesteigerten Tastgefühl *zugesehen*, es wird ihm ebenso *zugehört*. Wie der entsprechende Tonfilm verdeutlicht, erzeugen die an den Wänden entlang geführten Handschuhfinger ein akustisches Kratzen, das, zusammen mit den Gehgeräuschen, die die Schuhabsätze der Akteurin (eine Extension des Fußes) auf dem Parkett erzeugen, den fraglichen Raum in diesem zusätzlichen Register der Sinneswahrnehmung erschließt. Auch hier geht die interpersonelle Wahrnehmung in eine intermodale Wahrnehmung über, in eine Interperzeption.

Vor diesem Hintergrund wird verständlich, warum die Künstlerin in den Statements, die ihre frühen Arbeiten begleiten, nicht nur allgemein von Empfindungen und Vorstellungen oder von Wünschen, Projektionen und Identifikationen spricht, die mit den von ihr gebauten Instrumenten verbunden sind.[61] Deutlich spezifischer, nämlich in einer an Laing (und Bateson) orientierten Terminologie adressiert sie »Erlebnisfelder«, »neue Formen von Interaktionsritualen« und das »Gefühl einer Initiation«.[62] Tatsächlich ist es Bateson gewesen, der früher als Laing von einer *initiation ceremony* gesprochen hat, um die angemessene therapeutische Begleitung der psychotischen Erfahrung zu beschreiben.[63]

Umgekehrt ist aber die Terminologie von Laing geeignet, einige weitere Aspekte von Rebecca Horns frühen Arbeiten zu beleuchten. So beispielsweise, wenn er sagt, dass »personale Erfahrung« die jeweilige

Umgebung »in ein Intentions- und Aktionsfeld« transformiert,[64] was als Beschreibung der besonderen Erfahrungsform dienen kann, die die »Personal Art« von Rebecca Horn ausbilden soll; oder wenn Laing betont, dass »das Innere« nichts anderes ist als »unser persönliches Idiom beim Erfahren unserer Körper, anderer Leute, der belebten und unbelebten Welt«,[65] was eine Erklärung für das Arbeiten der Künstlerin mit eigens hergestellten Instrumenten bietet; oder wenn es bei Laing heißt: »Meine Erfahrung ist nicht in meinem Kopf. Meine Erfahrung von diesem Zimmer ist draußen im Zimmer«,[66] was die besondere Aufmerksamkeit beschreibt, die Rebecca Horn ihren Atelier-Wohnungen in Berlin und New York oder, in *La Ferdinanda* (1981), einer Medici-Villa gewidmet hat.

Aus medientheoretischer Sicht ist es aufschlussreich, diese Engführung mit Blick auf einen anderen Pionier der interpersonellen Psychologie etwas weiter zu vertiefen, der von Laing mehrfach zitiert wird. Fritz Heider kommt in seinem umfassenden Werk *Die Psychologie interpersonaler Beziehungen* auf die Unterscheidung zwischen Ding und Medium zurück, die er in einem folgenreichen Aufsatz aus den 1920er-Jahren getroffen hatte.[67]

In seiner Abhandlung von 1958 erklärt Heider erneut, dass als *Dinge* jene »realen festen Objekte« zu verstehen sind, die Eigenschaften wie Form und Farbe aufweisen und sich in bestimmten Positionen eines echten Raums befinden.[68] Als *Medien* definiert er demgegenüber jene Muster von Licht- oder Schallwellen, die wir üblicherweise zwar nicht als solche wahrnehmen, die uns die Wahrnehmung von Dingen aber erst ermöglichen.[69]

In diese Terminologie übersetzt könnte man sagen, dass Rebecca Horn in ihrer künstlerischen Arbeit *Dinge* einsetzt, um mit ihrer Hilfe *Medien* erfahrbar zu machen. So lenkt der Holzstab von *Einhorn* die Aufmerksamkeit auf Lichtverhältnisse und Körperbewegungen; der *Körperfächer* setzt den Wind ins Bild, der die Performance begleitet; und die röhrenartigen Fingerverlängerungen aus der Übung *Mit zwei Händen gleichzeitig die Wände berühren* lassen die besondere Akustik des Raumes deutlich werden, in dem die Übung stattfindet.

Die Rolle des Tastsinns würde sich damit zusätzlich verdeutlichen. An ihm setzt Rebecca Horn deswegen an, weil dieser Sinn nach Heider mit einem Minimum an Mediatisierung auskommt, ähnlich wie der Geschmackssinn.[70] Eben deswegen eignet er sich dazu, die anderen Sinnesmodalitäten von Grund auf zu erschließen.

Aus Heiders Perspektive lässt sich sogar die besondere Wirkungsweise dieser Kunst besser erfassen: Wie bei den Vexierbildern der Gestaltpsychologie ist für die Werke der Künstlerin das plötzliche »Umkippen« einer Fokussierung zentral, die von der Ebene der Dinge auf die der Medien wechselt. Insofern ginge es der Medienkunst von Rebecca Horn nicht einfach nur darum, durch Extensionen eine Steigerung der Wahrnehmung zu erreichen. Vielmehr zielte sie darauf, *Wahrnehmen wahrzunehmen*.[71]

Eben darin erweist sich diese Kunst als eine eminent kybernetische, und vielleicht ist es nicht übertrieben, in ihr die Umsetzung jener innovativen, ergebnisoffenen Praxis der wechselseitig performativen Anpassung von Personen und Dingen zu erkennen, die, folgt man Andrew Pickering, in Kingsley Hall *nicht* realisiert wurde. Nach Pickering agierte Laing zwar insofern stärker im Sinne der britischen Kybernetik, als er sich – anders als etwa Grey Walter und Ross Ashby – voll und ganz den Idealen einer »symmetrischen, offenen und wechselseitigen Interaktion« verpflichtet sah. Insofern sich »Interaktion« in Kingsley Hall aber nahezu ausschließlich auf das Zusammenwirken von humanen Akteuren bezog, blieb er deutlich hinter Walter und Ashby zurück, die in ihre Arbeit auch technische Objekte miteinbezogen.[72]

Produktive Blockaden

Es sind aber nicht nur Körper-, Kopf- und Hand*bewegungen*, die Rebecca Horn durch ihre kybernetischen Experimente erkundet. Wie *Einhorn* andeutet, wird auch die Bewegungslosigkeit des Körpers, von der starren Haltung (dem »Eingefrorensein« der Gehenden) über die willkürliche

Behinderung bis hin zur erzwungenen Festsetzung, in diese Versuche einbezogen. Die Strategien des *feedbacks* setzen sich damit in einer Art Dialektik fort: Der Tastsinn wird jetzt nicht mehr nur als aktiver Botschafter der Berührung betrachtet, sondern ebenso als passive Instanz der Abschirmung und Isolation.

Zwar führen die Extensionen deshalb vom Körper zur Kunst, weil sie für eine Vergrößerung von Ausdrucksbewegungen und eine Erweiterung des Wahrnehmungsprozesses stehen. Zugleich ermöglichen sie aber eine Praxis des Festhaltens und Stillstellens, die für diese Kunst nicht weniger charakteristisch ist.

Besonders eindrücklich führen dies die *Arm-Extensionen* vor Augen (Abb. 14). Körper, Beine und Arme der Akteurin dieser Performance sind kreuzweise mit roten, verbandsähnlichen Bandagen verschnürt. Das ist schon die erste Ebene der Extension, einerseits insofern die Bandagen die Haut der Akteurin erweitern, andererseits und besonders aber insoweit die Verbände, die üblicherweise Blutungen stillen sollen, hier wie von Blut durchtränkt sind. Ihre Farbe ist nicht weiß, sondern rot. Sie tragen das Innere des Körpers nach außen.

Die besondere Form dieser Extension – die Bandagierung – macht die Akteurin bewegungslos »wie eine Mumie«. Sie kann keinen Schritt mehr gehen, sich kaum vor- oder zurückbeugen. Zudem stecken ihre Arme in ebenfalls rot bandagierten, »dick wattierten Armstümpfen«, die bis auf den Boden hinabreichen.[73]

Das wäre der zweite Aspekt der Extension. Ähnlich wie Krücken oder Gehstöcke verlängern die wattierten Stümpfe die Arme der Akteurin. Doch statt ihr wie einem Verletzten oder Versehrten dabei zu helfen, sich erneut bewegen zu können, stellen sie für die Akteurin ein echtes Hindernis dar: »Jegliche Bewegung wird unmöglich.«[74]

Die *Arm-Extensionen* machen damit eine wesentliche Errungenschaft des aufrechten Gangs – die freie Bewegung von Armen und Händen – wieder rückgängig. Die Arme dienen hier nur noch als »Gleichgewichtsstützen« für den gefesselten Körper.[75] Gerade darin liegt umgekehrt allerdings ihr taktiles Potenzial. Weil die Arme den Boden berühren, können sie eine Fläche erkunden, die sonst nur zum Stehen dient und als solche kaum wahrgenommen wird. Die willkürlich gesetzte und in Kauf genommene Behinderung erschließt neue Erfahrungen.

Auch der *Überströmer* (Abb. 15) nutzt eine Extension des Körpers, um eine Figur der Bewegungslosigkeit zu inszenieren. Allerdings ist es hier kein umschriebenes Körperglied, das verlängert oder vergrößert wird, und auch der Tastsinn spielt keine entscheidende Rolle. Diese »Objekt-Maschine« verlagert vielmehr das gesamte System der Blutgefäße vom Körperinneren nach außen.[76] Sie sperrt den Akteur in einem aus durchsichtigen Schläuchen gebildeten Käfig ein, in dem rote Flüssigkeit zirkuliert.

Wiederum ist dies nur ein erster Aspekt der Extension. Denn ähnlich wie bei den *Arm-Extensionen* soll auch hier entstehen, was man buchstäblich als »Blutbild« bezeichnen könnte. Das ist der zweite extensive Aspekt: Durch das »pulsierende Ader-Gewand« wird die Blutzirkulation auf dem Körper sichtbar.[77]

Voraussetzung für diese neuartige Form von Bild ist aber erneut eine Stillstellung, eine Festsetzung. Der *Überströmer* ist zugleich ein Überwältiger. Er »zwingt« die »bewegungslose Person« in sein kontinuierliches Funktionieren hinein, nimmt sie gefangen, setzt sie fest wie in einem Käfig.[78]

Auch diese Arbeit greift übrigens auf die Ikonografie der biomedizinischen Wissenschaften des 19. Jahrhunderts zurück. Tatsächlich wurden in den 1880er-Jahren Kühlhauben und -decken aus Kautschukschläuchen für den medizinischen Gebrauch angeboten, die den Kopf oder den ganzen Körper in vergleichbarer Weise verhüllten und stillstellten (Abb. 16).

Das dritte und aus heutiger Sicht meistsagende Beispiel in dieser frühen Reihe ist der *Messkasten* (Abb. 17). Dieser setzt eine ähnliche Zwangssituation wie der *Überströmer* in Szene. Zugleich suggeriert der Titel eine Verwandtschaft zu den Methoden der Anthropometrie des 19. Jahrhunderts, in der menschliche Körper durch eine Vielfalt von Instrumenten abgetastet und vermessen wurden.[79]

Im *Messkasten* ist die Akteurin in einem hochkant stehenden, viereckigen Metallgestell eingeschlossen, in dessen vertikale Streben eine Vielzahl von silbernen, in regelmäßigen Abständen horizontal angebrachten Metallstäben montiert sind. Diese Stäbe lassen sich zugleich als Objektivierung und als Multiplizierung von tastenden Fingern verstehen (erster Aspekt der Extension). Sie sind mit stempelförmigen, abgeflachten Endungen versehen und können im Rahmen auf präzise Weise vor- und zurückgeschoben werden.

Sobald die Akteurin nun im Inneren des Gestells steht, werden die Stäbe dazu benutzt, ihren Körperumriss von den vier Ecken aus zu fixieren. Während Plinius die Entstehung der Malerei bekanntlich auf das Nachzeichnen eines Schattens auf der Wand zurückgeführt hatte, legt der *Messkasten* eine andere Genealogie der Kunst nahe. Er ermöglicht es, die Silhouette des Körpers zu einer bestimmten Stellung der Stäbe zu *veräußern*, was hier aber zugleich abbilden *und* vermessen heißt (zweiter Aspekt der Extension). Mit der Kunst ist schon die Wissenschaft da – und umgekehrt.

Im gleichen Atemzug wird die Akteurin im Inneren des Gestells aber gefangen. In überaus prägnanter Weise wird damit wahrnehmbar gemacht, dass das, was Wissenschaftler üblicherweise als *data* bezeichnen, eigentlich *capta* heißen müsste, wie Laing einmal bemerkt hat.[80] Das Gegebene ist demzufolge immer auch das Gefangene, das Festgesetzte. Messstäbe, so könnte man dies pointieren, fungieren immer auch als Gitterstäbe. Oder: Messungen reduzieren sich nicht auf das sachliche Sammeln von »bloßen« Daten, sondern sind stets das Resultat eines vorgängigen Einfangens und Festsetzens von Phänomenen.

Selbst hier ist aber noch eine Wendung möglich. Die Einschließung ist bei Rebecca Horn nämlich keine ultimative Sackgasse, keine ausweglose Fixierung. Sie markiert auch eine höchste Konzentration, einen Ruhe- und Schutzpunkt für den erneuten Aufbruch zu neuen Aktionen, neuen Kommunikationen, neuen Perzeptionen und Interperzeptionen. Das deuten Arbeiten wie *Körperfächer* oder *Die sanfte Gefangene* an, und die *Kakadu-Maske* (Abb. 18) zeigt es ganz ausdrücklich.

Diese Maske verdeckt das Gesicht der Künstlerin in vollständiger Weise durch zwei ineinandergreifende, geschlossene Flügel aus weißen Federn. Eine davor stehende Person kann die ineinandergreifenden Federn aber teilen, dadurch die Maske öffnen, ihren eigenen Kopf ebenfalls hineinstecken und die Kopfhaut der Künstlerin berühren: »Die Federhülle isoliert uns von unserer Umgebung und zwingt uns zu einer gemeinsamen vertrauten Isolation.«[81] Die Extensionen erscheinen hier nicht länger als Gefängnis, sondern als Schutzraum, der eine neue Gemeinsamkeit des Tastens, der Mitteilung und der Kunst möglich macht.

Einschränkung und Befreiung

Im Rückblick auf ihre Werke aus den 1970er-Jahren hat Rebecca Horn den Aspekt der Abschirmung, des taktilen Schutzes, hervorgehoben. So erklärt die Künstlerin im Gespräch mit Germano Clement: »Wenn man sich meine frühen Arbeiten ansieht, entdeckt man immer eine Art Kokon, durch den ich mich selbst zu schützen versuchte.« Als Beispiel verweist sie auf die Fächer zurück, in denen sie sich einschließen und isolieren konnte, die zugleich aber auch wieder geöffnet werden konnten, um andere Personen in vertrauliche Rituale einzubeziehen. »Diese Intimität des Fühlens und Sich-Mitteilens war ein ganz zentrales Element meiner Performances.«[82]

Die Akzentuierung lässt sich als eine erneute, sozusagen über den Umweg der Kybernetik erfolgende Rückkehr zu Roussel verstehen, sind doch fast alle Figuren in dessen Romanen zumindest zeitweise auch Eingeschlossene oder Gefangene. Das gilt für die lebendigen Toten, die in dem gekühlten Glaskasten von *Locus Solus* untergebracht sind, genauso wie für die Schiffbrüchigen in *Eindrücke aus Afrika*, die sich in der Gewalt von König Talou befinden. Es gilt für Lucius, der, dem Wahnsinn verfallen, in Locus Solus weilt, und es gilt für Naïr, der, bei Talou in Ungnade gefallen, als lebende Statue auf einen Sockel gefesselt wird, dazu verurteilt, seinerseits Fesseln anzufertigen.

Auch wenn es nicht allen diesen Gefangenen gelingt, sich aus ihrer Lage zu befreien, so schaffen sie doch erstaunliche Räume der Empfindung und Vermittlung. Lucius gelingt es, mithilfe von Ahle und Lichtstrahlen Rillen in eine Wachstafel zu zeichnen, die durch einen akustischen Apparat in heilsamen Gesang verwandelt werden. Naïr gewinnt aus Obstschalen, die Insektenkokons ähneln, hauchdünne Fäden, aus denen er an seinem Webstuhl Moskitonetze fertigt, während er seine komplizierte Arbeit durch tonlos rezitierte Sätze reguliert. So betrachtet dienen auch Roussels Maschinen der Abschirmung und dem Schutz.

Lange bevor es Sensoren, Tracker und Tracer gibt, thematisieren Raymond Roussel und Rebecca Horn also das, was wir den Tastsinn der Medien genannt haben. Roussel ersinnt eine Vielzahl von maschinellen Anordnungen, die die menschlichen Tätigkeiten des Tastens und Berührens übernehmen – von der mechanischen Tarotkarte in *Locus Solus*, deren Lichtkegel sich in die Haut bohren, bis hin zu der bemerkenswerten Malmaschine in *Eindrücke aus Afrika*, die Lichtsignale in Farbtupfer verwandelt.

Rebecca Horn folgt ihm darin, wenn sie mit ihren frühen Objekten und Aktionen nicht nur die Aktivität, sondern auch die Passivität des Tastsinns erkundet, die ambulatorische Offenheit des *Einhorns* ebenso wie die Einschließung und Stillstellung des *Messkastens*. Mit den kinetischen Skulpturen, die im Anschluss entstehen, materialisiert sich eine Vielzahl von maschinellen Berührungen: Löffel schlagen aneinander, Schuhe treten auf den Boden und Rhinozeroshörner treffen aufeinander (*Der Löffelschlaf*, *American Waltz*, *Kuss der Nashörner*).

Es ist offenkundig, dass diese literarischen und künstlerischen Darstellungen taktiler *agency* nicht auf eine Auseinandersetzung mit dem »medientechnischen Apriori« der Gegenwart zielen. Tatsächlich kennen Raymond Roussel und Rebecca Horn gar nicht den Begriff eines solchen Aprioris. Ihre Auseinandersetzung mit dem Tastsinn der Medien entstammt vielmehr einem fest im Aposteriori verankerten, weitgehend selbstbestimmten und ergebnisoffenen Prozess, in dem sich Körper und Kunst, Personen und Dinge, Menschen und Maschinen wechselseitig und performativ aufeinander beziehen, um Erfahrungen des Neuen hervorzubringen.

Genau auf diesen Prozess bezieht sich Deleuze, wenn er sagt, dass die maschinellen Anordnungen von Roussel die Differenz »erobern und beglaubigen«. Und genau dieser Prozess ist die Grundlage für die »Aktions-Experimente« von Rebecca Horn, in denen uns der vitale Nutzen, der ästhetische Gewinn und der geradezu therapeutische Effekt des Umgangs mit technischen Objekten vor Augen geführt werden. László Moholy-Nagy prägte die Formel: *»nicht gegen die technik, sondern mit ihr.«*[83] Dieser klassischen Devise einer auf das Leben zielenden Medienkunst sind beide, der Schriftsteller wie die Künstlerin, verpflichtet.

Aus dieser Perspektive erscheint das Auf-den-Leib-Rücken der heutigen Medientechnik nicht *per se* als feindlicher Akt. Vielmehr ist in dieser Annäherung zunächst einmal eine, wenn auch verzerrte Erinnerung an den Sachverhalt zu erkennen, dass Medien nichts anderes sind als buchstäbliche Extensionen des menschlichen Körpers. Sie sind in ihrer Entstehung – davon geht Raymond Roussel ebenso aus wie Rebecca Horn – an die Haut zurückgebunden. Aus dieser Warte unterscheiden sich Smartphones und Tablets nicht *wesentlich* von Armbanduhren und Brillen oder von Kleidern und Make-up.

Damit verschiebt sich der Fokus der theoretischen Aufmerksamkeit. Die Frage nach den Medien wird zu der Frage nach ihrem Gebrauch. Tatsächlich ist der Gebrauch, der in einer konkreten Situation von einer bestimmten Maschine oder einem bestimmten Instrument gemacht wird, für den Schriftsteller ebenso zentral wie für die Künstlerin. Am Gebrauch entscheidet sich, ob die jeweiligen Tätigkeiten befreiend oder beschränkend wirken – oder aber durch die Beschränkung hindurch zur Befreiung finden.

Michel Foucault hat über Roussels Maschinen gesagt, dass sie »auf mehr oder weniger deutliche Weise, mit mehr oder weniger großer Intensität nicht nur Wiederholungen von verborgenen Silben, [...] sondern auch ein Abbild des Verfahrens selbst« sind.[84] Das bestätigt sich mit Blick auf die Arbeit der Eingeschlossenen und Gefangenen von *Locus Solus* und *Eindrücke aus Afrika*. Wie Roussel selbst folgen Lucius, Naïr und all die anderen nämlich nicht einfach ihrer Fantasie oder ihrer Einbildungskraft. Stattdessen unterwerfen sie sich einer bestimmten Regel, deren Befolgung sie zu einer anderen und möglicherweise größeren Freiheit führt. Ritualisierung und Formalisierung bedeuten bei Roussel in der Tat zumeist Öffnung und Ausweg.

Rebecca Horn geht in ihren frühen Arbeiten aber kaum anders vor. Während sie leise den Mythos ihres Eigennamens rezitiert, verwebt sie das willkürliche Aufeinandertreffen eines Akteurs und eines Instruments, einer Person und eines Dings, um die Wahrnehmungseffekte zu erkunden, die daraus innerhalb einer gegebenen Gruppe oder in Bezug auf die jeweilige Umwelt resultieren. Mithilfe origineller maschineller Anordnungen, in denen Hörner, Kegel und Spitzen immer wieder auf Oberflächen treffen, schränken also beide, der Schriftsteller und die Künstlerin, ihre jeweilige Kreativität ein, um damit auf umso eigenständigere Weise vom Körper zur Kunst zu gelangen. Sie fangen das Einhorn ein. Genau dadurch aber steigern sie ihre Einbildungskraft.

Beide, so ist zu schließen, befolgen damit den schon zitierten Ratschlag des Schlangen-Psychiaters aus *Buster's Bedroom*, dass Beschränkung befreiend wirken kann: »You probably think of restraint as a loss of freedom. But if you take that notion and turn it inside-out, upside-down, restraint can liberate you.«[85] Demzufolge wäre auch der Ausweg aus einer Abtastgesellschaft in keinem Fall gegen die Technik, sondern immer nur mit ihr zu finden.

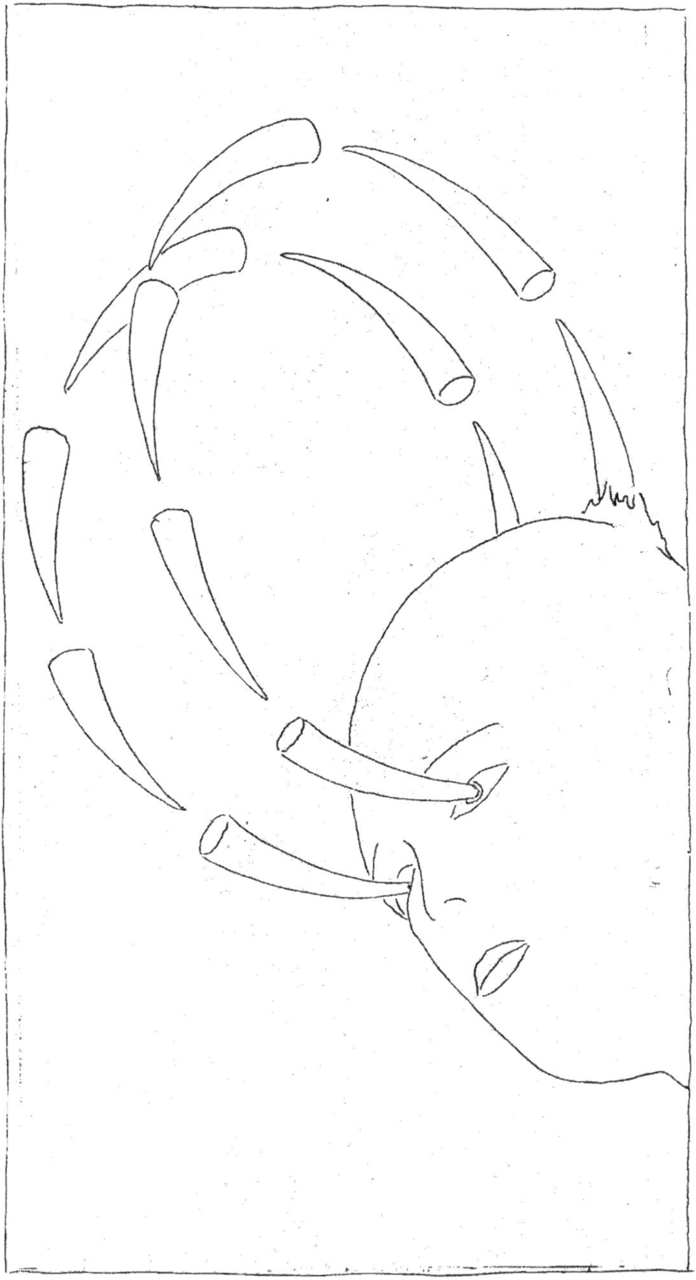

Abbildung 1
Markus Raetz, *Ohne Titel* (1980)
Radierung zu Raymond Roussel, *Eindrücke aus Afrika*

Abbildung 2
Rebecca Horn, *Rüssel* (1970)

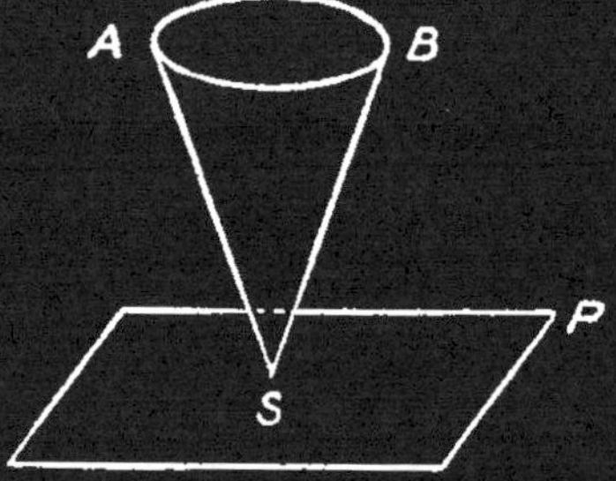

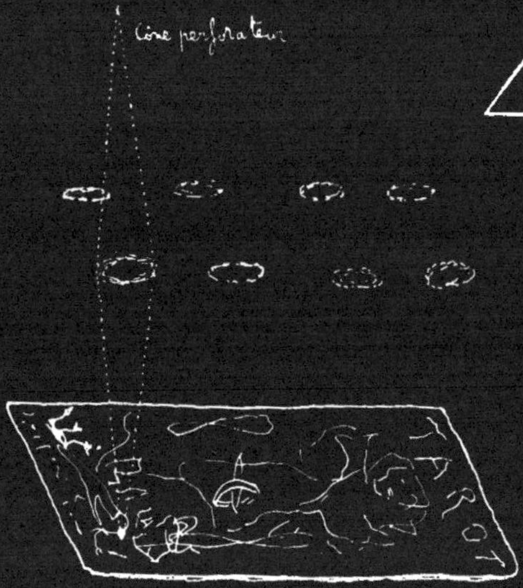

Abbildung 3
Jean Ferry, Einer der doppelten Lichtkegel
oberhalb der Tarotkarte (1960)
Zeichnung zu Raymond Roussel, *Locus Solus*

Abbildung 4
Henri Bergson, Das Modell des Kegels
aus *Materie und Gedächtnis* (1896)

Abbildung 5
Rebecca Horn, *Handschuhfinger, ein Instrument zur Erweiterung der manuellen Sensibilität* (1972)

Abbildung 6
Rebecca Horn, *Kopf-Extension* (1972)

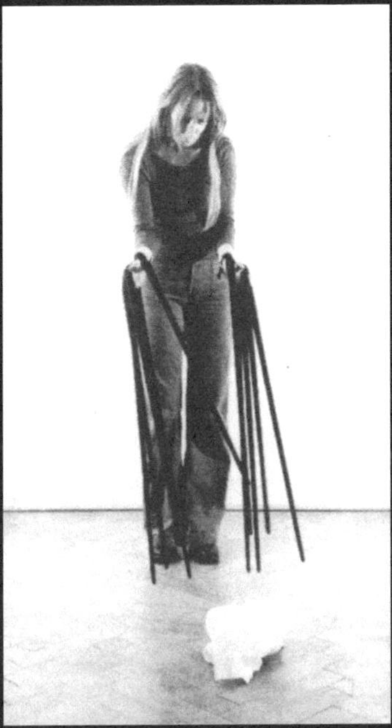

Abbildung 7
Rebecca Horn, *Einhorn* (1970–1972)
©VG Bild-Kunst, Bonn 2017

Abbildung 8
Die Dame mit dem Einhorn
Der Tastsinn (ca. 1484–1538)

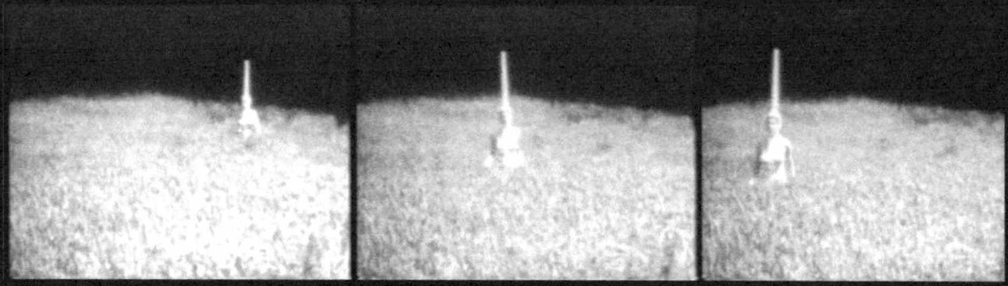

Abbildung 9
Standbilder aus Rebecca Horns Film *Einhorn* (1970)

Abbildung 10
Etienne-Jules Marey, Chronophotografie
eines rennenden Mannes (ca. 1885)

Abbildung 11
Räumliches Modell (nach Otto Fischer)
zur Veranschaulichung der Bewegungen
beim Gang des Menschen (ca. 1895)

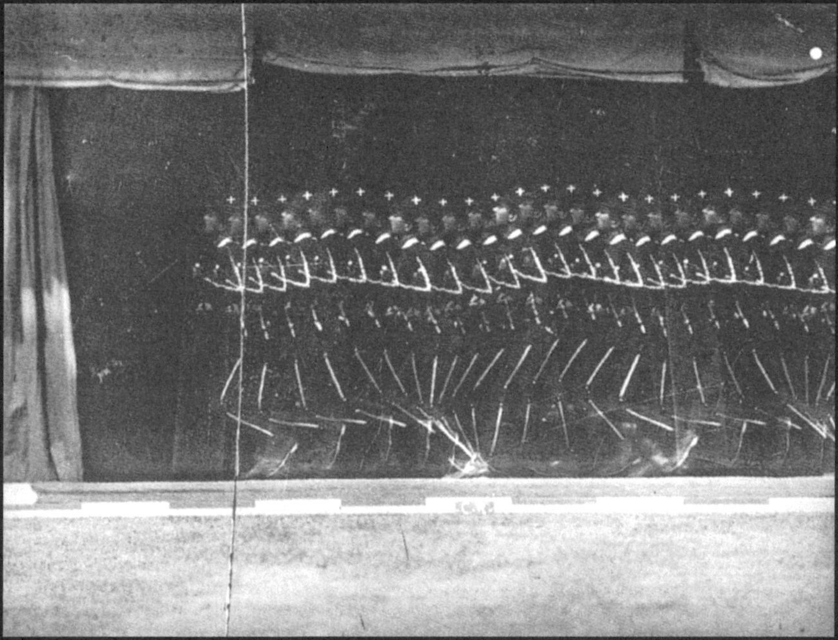

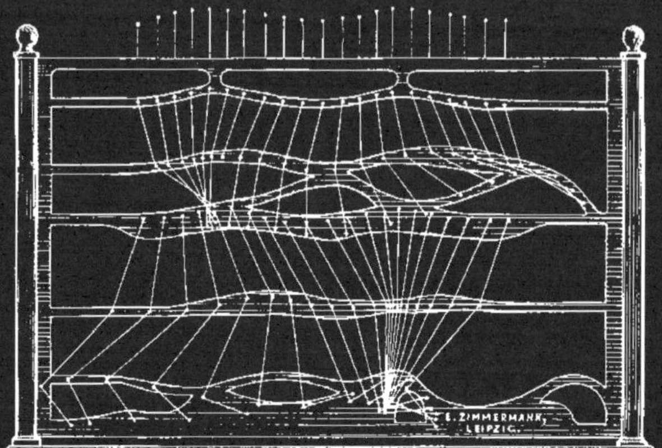
E. ZIMMERMANN,
LEIPZIG.

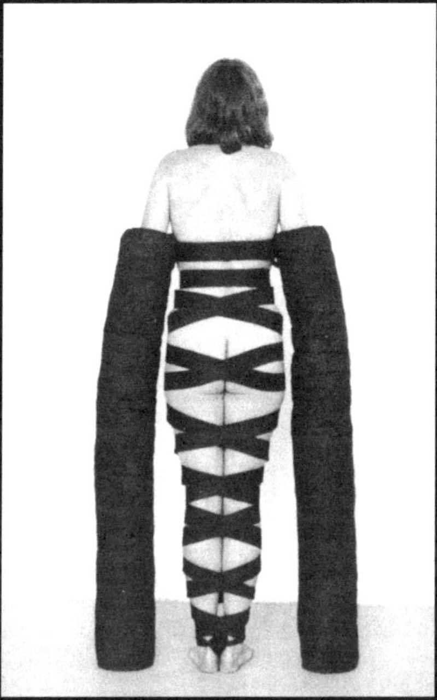

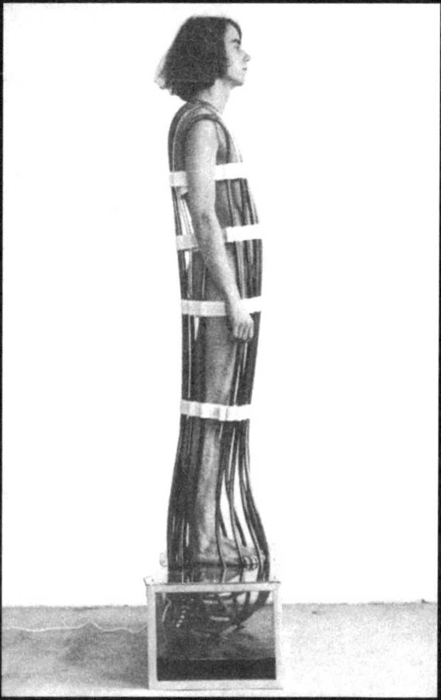

Abbildung 12
Rebecca Horn, *Cornucopia Séance für zwei Brüste* (1970)

Abbildung 13
Rebecca Horn, *Mit beiden Händen gleichzeitig die Wände berühren* (1974–1975)

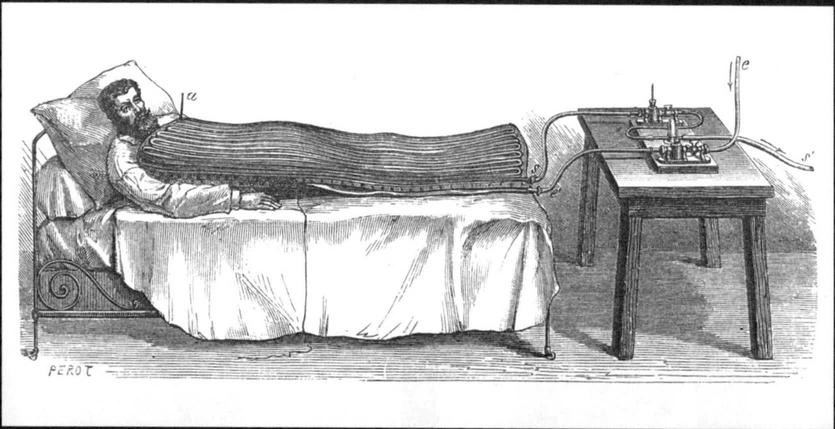

Abbildung 16
Kühldecke von Dumontpallier und Galante (1880)

Abbildung 17
Rebecca Horn, *Messkasten* (1970)

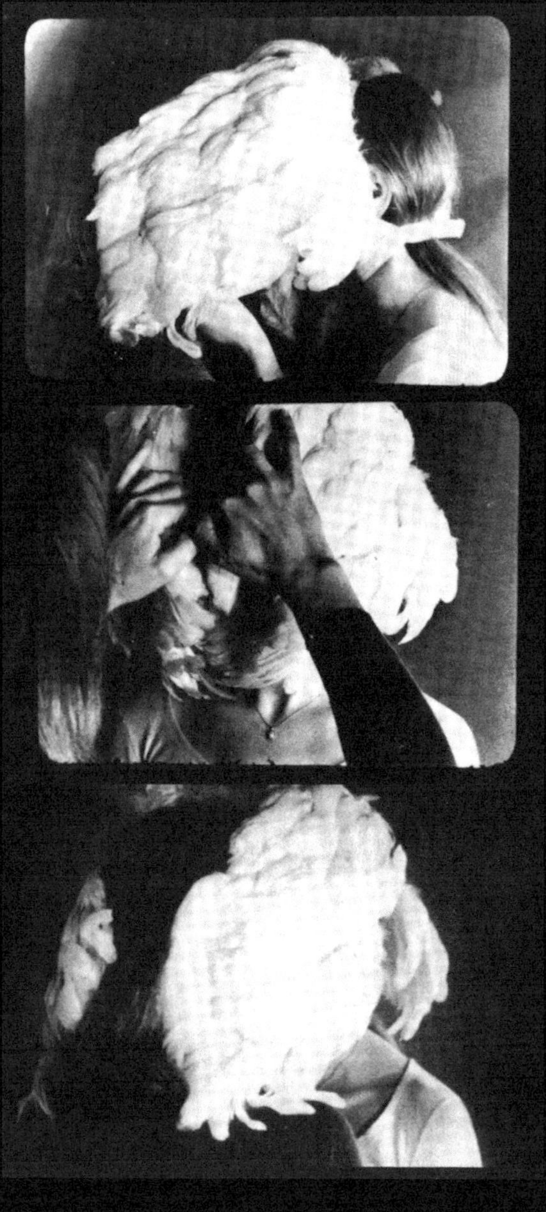

Abbildung 18
Rebecca Horn, *Kakadu-Maske* (1973)

Kapitel 2

Impressionen der Moderne

In diesem Raum begegnen sich Sigmund Freud und Walter Benjamin. Der Raum wird dominiert durch einen Gipsabguss der Moses-Statue von Michelangelo. Um den gehörnten Moses sind die Zeichnungen, Fotografien und Bücher angeordnet, auf die Freud seine Auseinandersetzung mit dieser Statue stützte. Neben seinen Manuskripten und Briefen liegen die von Benjamin erstellten Exzerpte, Notizen und Entwürfe aus dem Umfeld des Kunstwerk-Aufsatzes. Eine von Benjamin abgeschickte Postkarte zeigt die Nashorn-Skulptur am Trocadéro vor der Kulisse des Eiffelturms. An den Wänden hängen Fotografien von Sigfried Giedion und László Moholy-Nagy. Sie zeigen Eisenbauten wie die Bibliothèque Nationale in Paris und die Schwebefähre in Marseille. In einer Glasvitrine liegt Benjamins Brief an Giedion, daneben Auszüge aus dem Briefwechsel zwischen Giedion und Moholy. Das Motto zu diesem Raum stammt von diesem Letzteren. Es lautet: »Die Arbeit des Druckers ist Teil des Fundamentes, auf dem die neue Welt aufgerichtet wird.«[1]

Der am nächsten liegenden Gelegenheit, sich mit dem Horn zu beschäftigen, ging der Entdecker der Psychoanalyse aus dem Weg. Im September 1912 besucht Sigmund Freud während eines längeren Aufenthalts in Rom nahezu täglich die Kirche San Pietro in Vincolo, in der sich das von Michelangelo Buonarroti gestaltete Grabmal für Papst Julius II. befindet. Freuds ganze Aufmerksamkeit gilt dabei der Moses-Statue aus Marmor, die ein zentraler Bestandteil des zwischen 1500 und 1550 entstandenen Grabmals ist. Sie zeigt einen gehörnten Moses (Abb. 1).

Freud kennt die Statue bereits von früheren Rom-Besuchen. Im Herbst 1912 intensiviert er seine Beschäftigung mit der für ihn ebenso anziehenden wie lange Zeit rätselhaft gebliebenen Skulptur. Er besucht sie nicht nur, um sie wieder und wieder zu betrachten, sondern fertigt auch Zeichnungen von ihr an, nimmt sogar Messungen an ihr vor.[2] Darauf basierend verfasst er in den folgenden Wochen und Monaten den Aufsatz »Der Moses des Michelangelo«. 1914 wird der etwa zwanzig Druckseiten umfassende Text in der Zeitschrift *Imago* veröffentlicht – zunächst anonym. Erst 1924, in der ersten Ausgabe der *Gesammelten Schriften*, erscheint er unter dem Autornamen Freuds.[3]

Der Text ist aus mehreren Gründen bemerkenswert. Zum einen enthält er die Analyse derjenigen Körperbewegung, von der Freud überzeugt war, dass sie die eigentümliche Pose und Gestik der von Michelangelo dargestellten Moses-Figur erklärt. Mit drei Zeichnungen, die jeweils eine Phase dieser Körperbewegung illustrieren, erinnert diese Analyse an experimentalphysiologische Studien (Weber, Marey usw.), in denen Körperbewegungen ebenfalls in Sequenzen von »kinematographischen« Einzelbildern aufgegliedert werden.[4]

Zum anderen ist es dieser Aufsatz, in dem sich Freud explizit auf die kunsthistorischen Schriften von Ivan Lermolieff alias Giovanni Morelli bezieht, in dessen besonderer Methode – der Fokussierung auf scheinbar nebensächliche Details (z. B. Ohren, Augen oder Fingernägel) – er ein Verfahren erkennt, das der psychoanalytischen Deutungsarbeit verwandt ist. Carlo Ginzburg hat in einem berühmten Aufsatz die weitreichenden Perspektiven dieser Bezugnahme verdeutlicht. Ginzburg zufolge ist es eine ganze Epistemologie des Einzelfalls, Beispiels und Details, die den ärztlichen und den kunsthistorischen Blick miteinander verbindet.[5]

Darüber hinaus lässt sich der Moses-Aufsatz, der im selben Jahr veröffentlicht wurde wie Freuds programmatische Darstellung »Zur Geschichte der psychoanalytischen Bewegung«, als Reaktion auf die damals in der psychoanalytischen Bewegung schwelenden Konflikte mit Alfred Adler und C. G. Jung lesen. Und schließlich bereitet dieser Aufsatz die ausführliche religionspsychologische Auseinandersetzung mit der Moses-Figur vor, die sich im Spätwerk von Freud findet.[6]

Unser Ausgangspunkt für eine erneute Lektüre dieses ebenso beziehungsreichen wie enorm verdichteten Texts ist etwas anderes. Es ist der bemerkenswerte Sachverhalt, dass Michelangelo die Figur des Moses zwar mit zwei deutlich erkennbaren Hörnern auf dem Kopf darstellt, Freud in seiner Studie darauf jedoch an keiner Stelle eingeht. Zwar werden andere Autoren zitiert, die vom »panköpfigen Moses« und von der »Tierähnlichkeit« des dargestellten Kopfes sprechen,[7] und auch auf den Zeichnungen der Statue, die den Text begleiten, sind die Hörner auf dem Moses-Haupt deutlich zu erkennen. Obwohl aber diese Kopffortsätze den Personen, die sie betrachten, schnell als phallische Objekte imponieren, widmet Freud ihnen kein einziges analytisches Wort.

Aus Sicht der Psychoanalyse erscheint diese Leerstelle umso bemerkenswerter, als das Motiv des gehörnten Moses nach verbreiteter Auffassung auf einen Übersetzungsirrtum oder einen Kopierfehler, also eine Fehlleistung zurückgeht. In der Bibelstelle, auf die sich Michelangelos Darstellung des gehörnten Moses bezieht, wird geschildert, dass nach den Unterredungen mit Gott, die Moses auf dem Berg Sinai hatte, »die Haut seines Angesichts strahlte« (Ex 34, 29) – wie es in heute gängigen deutschsprachigen Übersetzungen heißt.[8]

In der hebräischen Bibel lautet die fragliche Stelle: »ki karan or panaw«. Diese Passage, so eine geläufige Erklärung, sei in der durch den Kirchenvater Hieronymus erstellten lateinischen Bibel-Fassung, der *Vulgata*, die seit dem 8. Jahrhundert zunehmend Verbreitung fand (und vermutlich auch Michelangelo vertraut war), fälschlicherweise als »cornuta esset facies sua« (»sein Antlitz ist gehörnt«) wiedergegeben worden. Eigentlich hätte diese Passage aber mit »coronata esset facies sua« (»sein Antlitz strahlte«) übersetzt werden müssen. Demzufolge wären Michelangelos Moses-Hörner das Ergebnis eines veritablen Lapsus: aus *coronata* wurde *cornuta*.

Gegen diese Herleitung der Hörner ist darauf hingewiesen worden – und zwar frühzeitig auch von psychoanalytischer Seite –, dass der entscheidende hebräische Ausdruck, *karan*, tatsächlich beides bedeute, sowohl »gehörnt sein« als auch »strahlen«. Insofern könne die Rede vom gehörnten Moses nicht als Resultat einer Fehlleistung betrachtet werden, sondern wäre als dezidierter Eingriff des Hieronymus zugunsten einer der beiden möglichen Bedeutungen des doppelsinnigen Worts *karan* aufzufassen.[9]

In der Tat ist aus Hieronymus-Kommentaren zu anderen Bibelstellen zu entnehmen, dass der Übersetzer mit beiden Bedeutungen dieses Ausdrucks vertraut war, sich also im fraglichen Fall allem Anschein nach bewusst für *cornuta* entschied. Allerdings hat Hieronymus dabei wohl nicht an körperlich ausgeprägte Hörner auf dem Kopf von Moses gedacht, sondern in Übereinstimmung mit der in der Bibel verbreiteten Hornmetaphorik an einen nicht näher bestimmten Ausdruck von Stärke, Macht und Würde.

Folgt man dieser Erklärung, wird begreiflich, warum die ersten Darstellungen von gehörnten Moses-Köpfen erst im 11. Jahrhundert in der bildenden Kunst auftauchen, also mit einem Abstand von rund zwei Jahrhunderten, nachdem die *Vulgata* zunehmend Verbreitung gefunden hatte. Kunsthistoriker haben gezeigt, dass erst die Verbindung der *Vulgata*-Rezeption mit der traditionellen Ikonografie des Horns im angelsächsischen und skandinavischen Raum zum Aufkommen entsprechender Moses-Darstellungen führte (Abb. 2). Im Mittelalter breiteten sich diese

Darstellungen über den Norden Europas aus und gelangten von dort aus im 15. und 16. Jahrhundert nach Italien. Der Moses, den Freud in der kleinen Kirche in Rom immer wieder besuchte, ist demnach eine Figur mit deutlich nordischem Einschlag gewesen.[10]

Zwei intensive mediale Szenen

Freuds Aussparung der Hörner ist allerdings nicht nur aus Sicht der Psychoanalyse bemerkenswert. Sie ist es auch in medienwissenschaftlicher Perspektive. Denn Moses' Hörner sind wichtige Elemente eines archaischen Berichts, in dem sich schon fast alles um Kommunikation dreht. Die Faszinationskraft des Götzenbildes, das aus dem gesammelten Schmuck der Israeliten zur Form eines Kalbs zusammengeschmolzen wird, ist dafür nur ein Anhaltspunkt. So vordringlich dieses Götzenbild in der fraglichen Erzählung ist, um das von Gott ausgesprochene Bilderverbot zu verdeutlichen (»Aber mein Angesicht darf man nicht schauen«, Ex 33, 23), es lenkt von einer narrativen Struktur ab, mit der das unwahrscheinliche Moment jeder Kommunikation hervorgehoben wird.[11]

Die Episode, über die berichtet wird, ist nämlich in grundsätzlicher Weise durch ein Moment der Wiederholung geprägt: Moses besteigt *zweimal* den Berg Sinai und er steigt *zweimal* mit Gesetzestafeln von ihm hinab. In der Tat scheitert die Kommunikation, die Moses als personifizierter Vermittler zwischen Gott und Volk hervorzubringen und im selben Atemzug zu regulieren versucht, im ersten Anlauf. Nachdem er die ersten steinernen Gesetzestafeln, die vorne und hinten »von Gottes Finger beschrieben waren« (Ex 31, 18), aus Zorn über jenes Fehlverhalten seines Volkes, das im Tanz um das goldene Kalb zum Ausdruck kommt, zerstört hat, gelingt es ihm erst mit den zweiten, in knapperer Form beschrifteten Steintafeln, den angestrebten Bund zu schließen.

Die Hörner oder Strahlen, ebenso übrigens wie die Decke, mit der Moses sie zeitweise verhüllt (bei der Figur von Michelangelo ist sie über die Knie des sitzenden Moses gelegt), fungieren in dieser Reprise als visuelle Verstärker von Akten mündlicher und schriftlicher Kommunikation. Sie entstehen in der direkten Unterredung mit Gott, fungieren also nicht einfach nur als Platzhalter für ein abstraktes Leuchten, sondern stehen für eine Art Abglanz. Es ist dieses, wie man sagen könnte, reaktive Strahlen, das nach Moses' Rückkehr seinem teils »halsstarrigen« (Ex 33, 5), teils verängstigten Volk dessen Rolle als machtvoller Bote buchstäblich vor Augen führt.

Das Bilderverbot gilt also nicht umfassend. Das Antlitz Gottes darf zwar nicht gesehen und erst recht nicht dargestellt werden, aber visuelle Hilfsmittel wie Lichtstrahlen oder auch Wolkensäulen (Ex 33, 9), die auf anderen Kanälen den medialen Kontakt zu Gott intensivieren, sind durchaus erlaubt.[12]

Freud begreift Michelangelos Statue nun als eine künstlerische Darstellung, die die beiden Teile des biblischen Berichts übergreift. Für ihn ist das Moment der Wiederholung, das in Moses' zweimaligem Aufstieg auf den Berg Sinai enthalten ist, sozusagen der Statue eingeschrieben. Diese vereint für ihn Elemente des ersten Teils (den zornigen Blick) mit Elementen des zweiten (den Hörnern).[13] Die Reaktion des Psychoanalytikers auf diese »gewaltige Gestalt« besteht nun darin, seinerseits eine intensive mediale Szene zu entwerfen – und zwar zunächst in einem ganz praktischen Sinn.

Freud sucht zwar immer wieder die körperliche Nähe zur Moses-Statue in der Kirche San Pietro in Vincoli. Mit Benjamin könnte man sagen, dass er insofern durchaus vom *Kultwert* dieser Statue, ihrem »Hier und Jetzt«, ihrem »einmaligen Dasein an dem Orte«, an dem sie sich befindet, ausgeht.[14] Im Folgenden bettet Freud dieses Kunstwerk aber in ein ganzes Geflecht aus unterschiedlich beschaffenen Reproduktionen ein: von den Zeichnungen, die er in Rom teils mit eigener Hand anfertigt, teils bei einem Künstler in Auftrag gibt, über die Postkarten mit entsprechenden Motiven, die er an Freunde und Kollegen verschickt (Abb. 3), aber auch mit nach Hause nimmt, über die genau geplanten Detailfotografien, die er zu einem späteren Zeitpunkt von Ernest Jones aufnehmen lässt, bis hin zu den im heimischen Wien konsultierten Zeitschriften und Büchern über Michelangelo, die ihrerseits Reproduktionen der Statue enthalten, sowie schließlich dem Gipsabguss der Moses-Statue in der Wiener Kunstakademie, den Freud ebenfalls eingehend betrachtet.[15]

Der Autor der *Traumdeutung* verlässt sich also nicht *nur* auf die »auratische Daseinsweise des Kunstwerks« in Rom. In der weiteren Auseinandersetzung mit der Statue setzt er auch auf ihren *Ausstellungswert*, mobilisiert er doch unterschiedlichste Instanzen ihrer technischen Reproduzierbarkeit. Fast hat man den Eindruck, Freud wolle Benjamins spätere Einsicht bestätigen, dass »ein Bild, vor allem aber eine Plastik« sich im Durchgang durch entsprechende Reproduktionen viel »leichter« erfassen lässt »als in der Wirklichkeit«.[16]

Nicht allein auf der Ebene des Verfahrens, auch inhaltlich bettet Freud die Moses-Statue in eine intensive mediale Szene ein. Die Besonderheit dieser Szene, die er in seinem Aufsatz entwirft, besteht darin, nicht länger vom Seh-, sondern vom Tastsinn dominiert zu werden. Die Abwesenheit der auffälligen, in Blickrichtung ausgerichteten Kopfhörner von Moses wird sozusagen durch die Anwesenheit des mit den Hörnern assoziierten Wahrnehmungsvermögens der gesamten Körperperipherie wettgemacht.

Nicht, dass Freud die Statue tatsächlich mit seinen Händen berührt hätte. Er bleibt durchaus auf Distanz zu ihr. Er steht und sitzt ihr gegenüber, schreitet vor ihr auf und ab, tritt an sie heran und wieder zurück, und betrachtet sie immer wieder von der Seite, die der Blickrichtung von Moses gegenüberliegt. Freud setzt manuelles und visuelles Abtasten auch nicht analog, wie es der Bildhauer Adolf von Hildebrand einige Jahre zuvor in seiner folgenreichen Abhandlung *Das Problem der Form in der bildenden Kunst* getan hatte. Freud betrachtet die Moses-Statue *nicht* mit einem taktilen Blick.[17] Vielmehr ist es die Moses-Statue selbst, die in seiner Darstellung zum Medium der Taktilität wird. Sie ist es, die den Betrachter und die Betrachterin in vielfältiger Weise berührt und bedrängt und eben dadurch ihre einzigartige Wirkung entfaltet.

Das zeigt sich an einer Vielzahl von Formulierungen im Freud'schen Text. Dessen Autor steht nicht nur einfach unter dem »gewaltigen

Eindruck« der Statue, sondern fühlt sich auch von ihr »ergriffen« und »gepackt«, als ob das Kunstwerk geradezu handgreiflich auf seinen Körper einwirken würde. In diesem Sinne spürt Freud auch, dass von der Moses-Statue eine »fast erdrückende« Wirkung ausgeht. Er sieht sich dieser »unterlegen« und schließlich sogar von ihr »bezwungen«.[18]

Diese Formulierungen bilden nicht allein die Eigenschaft des Erhabenen im ästhetischen Empfinden ab, das im vorliegenden Fall nicht zuletzt an der wuchtigen Materialität und der schieren Größe der Statue festzumachen ist. An der von Freud gewählten Terminologie wird auch nicht bloß jenes drückende »Übergewicht« des objektiven Geistes kenntlich, das Georg Simmel einige Jahre zuvor in Bezug auf das moderne Geistesleben beschrieben hatte.[19] Vielmehr *ist* die Moses-Statue für Freud ein Druck, und zwar in doppeltem Sinn. Zum einen stellt sie für ihn den »wirksamen Ausdruck« der Absichten und Regungen des Künstlers dar; zum anderen fungiert sie für ihn als eine »Schrift«, die der Künstler »in den Stein geschrieben« hat.[20]

Die Moses-Statue *enthält* also nicht nur das Motiv der aus Ton geformten Tafeln, in die mit bloßem Finger Gesetze eingeschrieben worden sind. In gewisser Weise ist die Statue selbst, als Ganze, ein Träger von Schrift, ein Druck-Werk, in das der Künstler seine Botschaft von Hand eingeprägt hat – und die es dementsprechend zu entziffern und zu lesen gilt.

Ein lebendes Archiv

Freud unterstreicht die taktilen Qualitäten der Moses-Statue dadurch, dass er den Mechanismus ihrer Verfertigung und Wirkung im Kunstwerk selbst aufspürt. Seine Deutung konzentriert sich eben nicht auf den zornigen Blick, den Moses, den Kopf nach links gewendet, seinem fehlgeleiteten Volk entgegenwirft. Freud entzieht sich diesem Blick, indem er die Statue vorrangig von der anderen Seite aus betrachtet, von ihm aus gesehen also nicht von rechts, sondern von links.

Was in dieser Perspektive vordringlich wird, sind die vielfältigen (Selbst-)Berührungen des von Michelangelo dargestellten Körpers – so etwa der simple, aber doch grundlegende Sachverhalt, dass Moses sitzt; oder dass seine linke Hand im Schoß liegt; oder dass der rechte Fuß ganz auf dem Boden ruht, während es beim linken Fuß nur der Zeh ist, der den Sockel berührt.

Auch das Motiv, das Freud ins Zentrum seiner Untersuchung rückt, ist ein taktiles. Tatsächlich avanciert der Zeigefinger an der rechten Hand von Moses zur Hauptfigur seiner Untersuchung – was angesichts einer anderen prominenten Zeigefingerdarstellung von Michelangelo (der *Erschaffung Adams* im Deckengemälde der Sixtinischen Kapelle) aber vielleicht keine Überraschung ist.

In der Tat legt Freud enormen Wert darauf, dass Michelangelo in seiner Statue zeigt, wie Moses mit dem Zeigefinger der rechten Hand die linke Seite seines Bartes berührt. Viele Kunsthistoriker, so fügt er erläuternd hinzu, hätten die Auffassung vertreten, die Bedeutung dieser Geste gehe darin auf, dass Moses mit seinen Barthaaren spiele »wie der zivilisierte Mensch in der Aufregung mit der Uhrkette«. Dem widerspricht der Psychoanalytiker entschieden. Von Spiel kann für Freud keine Rede sein: In seiner Sichtweise haben wir es hier mit einem »gewalttätigen Finger« zu tun, der massiven Druck auf den eigenen Körper ausübt.[21]

Der Aspekt der Überwältigung kehrt hier wieder. Der Finger prägt sich Freud zufolge »so tief in die weichen Haarmassen ein, daß sie ober und unter ihm (kopfwärts und bauchwärts vom drückenden Finger) über sein Niveau hervorquellen«.[22] Die Fotografie, die der ersten Veröffentlichung von Freuds Text beigegeben war (sie entstammt einem der von Freud benutzten Michelangelo-Bücher),[23] setzt dieses Hervorquellen anschaulich in Szene. Sie zeigt deutlich, wie der »lastende Zeigefinger« von Moses im fülligen Barthaar geradezu versinkt (Abb. 4).[24]

Freud erscheint dieses Verhältnis so wichtig, dass seine Darstellung an dieser Stelle den Gestus des Insistierens annimmt. In einer einzigen Passage ist die Rede vom »Druck des Zeigefingers«, vom »Druck des einen

Fingers«, vom »Druck des rechten Zeigefingers« und, etwas später, vom »Druck des einen, längsten und obersten Fingers«. Das ist aber nicht alles. Freud zufolge »drückt« der Finger nämlich nicht nur, er »greift« auch nach dem Bart und in den Bart, er »komprimiert« ihn nicht bloß, sondern »preßt ihn mit eisernem Griffe« – als ob im Barthaar eine Markierung hinterlassen werden sollte.[25]

Als Gegenstück zum Zeigefinger, der ja auch im fraglichen Bibelbericht als Schreibinstrument fungiert, wird der Bart für Freud in der Tat zu einer Art von Aufzeichnungsfläche. Moses' Finger hinterlässt nämlich keinen einfachen, eng umschriebenen Abdruck im Bart. Hier kommt die These vom Bewegungsablauf ins Spiel, der nach Freud die bemerkenswerte Haltung des Moses von Michelangelo erklärt. Der rechte Zeigefinger hat demzufolge die linke Hälfte des Bartes auf die rechte Körperseite herübergezogen. Der Bart wird damit zu einer »Spur des von [der rechten] Hand zurückgelegten Weges«. Freud spricht tatsächlich von einer »Bartspur«, die für ihn zugleich eine »Wegspur« ist.[26]

Angesichts der Aufmerksamkeit, die der Bartträger Freud bereits früher, an anderer Stelle der Symbolik dieser Gesichtshaare gewidmet hat,[27] lag es nahe, an dieser Stelle das Phänomen einer körperlich fundierten Zeichenhaftigkeit hervorzuheben. In der Tat handelt es sich bei der mit Blick auf Moses beschriebenen Spur um einen Abdruck, um ein Zeichen, das durch die körperliche Berührung von Bezeichnetem und Bezeichnendem entstanden ist. Aufgrund der enormen Bedeutung, die den Konzepten von »Spur« und »Bahnung« in der psychoanalytischen Theorie zukommt, verfügt Freuds Begriffswahl im Moses-Aufsatz über einen erheblichen Resonanzraum.[28]

Zunächst halten wir fest, dass wir es mit einer Art Umleitung, einer Verlagerung des Motives der Taktilität zu tun haben: Das Drücken des Kunstwerks auf jene, die es betrachten, wird als Geste im Kunstwerk selbst aufgewiesen. Eben diese Konstruktion ist es, die es Freud im Weiteren erlaubt, den Moses von Michelangelo auf überraschende Weise neu zu erschließen. Tatsächlich bildet der Druck, den Moses auf den eigenen

Körper ausübt, das Leitmotiv für diese Erschließung. Mithilfe des drückenden Fingers »vermittelt« die Hand von Moses nämlich in, wie Freud sagt, »sehr eigentümlicher Weise« zwischen den Tafeln und dem Bart.[29]

Die Hand fungiert als Vermittler zwischen Schrift und Körper, und zwar nicht nur in einer Hinsicht. Moses drückt den Zeigefinger in den Bart, während er mit seiner Handfläche von oben auf die Schrifttafeln drückt, die ihrerseits die Abdrücke schreibender Finger enthalten – was Michelangelo allerdings nicht eigens darstellt, wie Jones auf Rückfrage von Freud berichtet.[30]

Dabei ist es nicht nur die Hand, die eine taktile Vermittlung zwischen der Schrift und dem Körper zustande bringt. Auch der rechte Arm von Moses übt Druck auf seinen Körper aus. Dieser Arm soll nämlich die vom Herunterfallen bedrohten Tafeln »an die Brustwand pressen« und so verhüten, dass sie auf den Boden gleiten und zerschellen.[31]

Bekanntlich ist das der eigentliche Kern der Freud'schen Deutung von Michelangelos Kunstwerk. Moses wird nicht aufspringen und er wird die Tafeln nicht von sich schleudern: »Er wollte es in einem Anfall von Zorn, aufspringen, Rache nehmen, an die Tafeln vergessen, aber er hat die Versuchung *überwunden*, er wird jetzt so sitzen bleiben in gebändigter Wut, in mit Verachtung gemischtem Schmerz.« Und weiter: »Er wird auch die Tafeln nicht wegwerfen, daß sie am Stein zerschellen, denn gerade ihretwegen hat er seinen Zorn bezwungen, zu ihrer Rettung seine Leidenschaft beherrscht.«[32]

Das wäre nun allerdings das Gegenteil eines kinematografischen Affektbildes, das Moses – zornig, aber noch zögernd – kurz vor dem Aufspringen und dem Zerbrechen der Tafeln zeigen würde. *Diesen* Moses sieht Freud nicht. Vielmehr hat er ein durch und durch stabiles, ein buchstäblich in sich komprimiertes Kunstwerk vor sich. Letztlich sagt es nichts anderes, als dass dieser Moses »ewig so dasitzen« wird.[33]

Das beharrliche Dasitzen ist aber kein Selbstzweck. Es dient dem Schutz der Tafeln, also der Erhaltung von Schrift. Das Motiv der zerbrochenen Gesetzestafeln hat Michelangelo demnach erheblich modifiziert:

»[E]r läßt sie [die Tafeln] nicht durch den Zorn des Moses' zerbrechen, sondern diesen Zorn durch die Drohung, daß sie zerbrechen könnten, beschwichtigen«.[34]

Freud spart an dieser Stelle nicht mit Pathos. Für ihn kommt in dieser von Michelangelo inszenierten Überwindung des Zorns, die zugleich zur Bewahrung der Gesetzestafeln führt, eine »höchste psychische Leistung« zum Ausdruck: »das Niederringen der eigenen Leidenschaft zugunsten und im Auftrag einer Bestimmung, der man sich geweiht hat.«[35] Moses erscheint in dieser Sichtweise als eine schriftbewahrende Figur, als eine Person, die zugleich Körper und Korpus ist, ein lebendes Archiv.[36]

Die Verschiebung der Hörner

Nun liegt es nahe, die soeben skizzierte Deutung vor dem Hintergrund der polemischen Auseinandersetzungen zu verstehen, die in der fraglichen Zeit die psychoanalytische Bewegung prägten. Ist es nicht Freud selbst, der in den frühen 1910er-Jahren durchaus zornig auf Adler und Jung war, während er sozusagen seine Gesetzestafeln – die Annahme der infantilen Sexualität, die Prinzipien der *Traumdeutung* usw. – vor dem Zerbrechen zu schützen versuchte?[37]

Umso bemerkenswerter ist, dass der Aufsatz von Freud nicht bei der Ausarbeitung dieser Allegorie stehen bleibt. Als ob er sich der Medialität des eigenen Schreibens in hohem Maße bewusst wäre, widmet sich Freud im Weiteren eingehend den Tafeln, die Teil von Michelangelos Statue sind – und kommt in diesem Zusammenhang doch noch auf Hörner zu sprechen.

Zunächst scheinen die Tafeln durchaus trivial zu sein: »Man sieht [...] ohneweiters die beiden rechteckigen, aneinander gelegten Tafeln auf der Kante stehen.« Dann die Überraschung: »Schaut man näher zu, so findet man, daß der untere Rand der Tafeln anders gebildet ist als der obere«. Während der obere Rand nämlich geradlinig begrenzt ist, zeigt der untere »in seinem vordern Anteil einen Vorsprung *wie ein Horn*, und gerade mit diesem Vorsprung berühren die Tafeln den Steinsitz.«[38]

Dieses Horn ist das eigentliche Morelli-Element der Freud'schen Deutung. Am Gipsabguss der Moses-Statue, den er wiederholt in der Akademie der bildenden Künste in Wien betrachtet, findet sich dieses Detail nämlich nicht – jedenfalls nicht in hinreichender Deutlichkeit. Die Unterkante der Tafeln ist dort, wie Freud fast schon pikiert vermerkt, »ganz unrichtig wiedergegeben.«[39] Legt man den heutigen Zustand des Gipsabgusses in der Wiener Glyptothek zugrunde, lässt sich das zumindest insoweit nachvollziehen, als die entsprechende Stelle an den Tafeln deutlich runder ausfällt als am Original in Rom (Abb. 5).[40]

Entsprechend fasziniert ist Freud, als er in Rom den fraglichen Vorsprung an der Statue entdeckt. In der kunsthistorischen Literatur findet er keine näheren Erläuterungen zu *diesem* Horn. Noch vor Ort fertigt er also Zeichnungen davon an. Wieder zurück in Wien, gibt er Anweisung an Jones, der sich im Dezember 1912 in Rom aufhält, die auffällige Stelle zu fotografieren. Jones gibt sein Bestes und schickt zwei Aufnahmen an Freud, teilt diesem aber gleichzeitig mit, dass der »hervorspringende Sims die Ansicht der Tafeln auf unvermeidliche Weise behindert«.[41]

Tatsächlich hält Freud die beiden Fotografien für nicht gelungen. In einem weiteren Brief an Jones schickt er eine Kopie seiner eigenen Zeichnung des Horns an der Tafelunterkante nach Rom und fordert neue Bilder an: Fotografien, zur Not auch weitere Zeichnungen (Abb. 6). Jones tut erneut sein Bestes und kündigt an, eine Zeichnung zu schicken. Leider scheinen aber weder die Fotografien noch die Zeichnungen von Jones erhalten zu sein. Wahrscheinlich ist an diesem Punkt nur, dass die »Künstlerhand«, aus der Freud die von ihm in Auftrag gegebenen Zeichnungen erhielt, niemand anderem als seinem englischen Freund und Schüler gehörte.[42]

Wie dem auch sei, die technische Reproduzierbarkeit, die Freud bislang so intensiv für seine Studien genutzt hat – vom Gipsabdruck der Statue bis hin zur Wiedergabe entsprechender Fotografien in Büchern –, scheint bei der Darstellung des Horns an der Kante der Tafeln an ihre

Grenzen zu stoßen. Der Grund dafür wird von Jones klar benannt: Die fragliche Stelle kann aufgrund ihrer seitlichen Lage und der räumlichen Gegebenheiten des die Statue einbettenden Grabdenkmals kaum in den fotografischen Blick genommen werden.

Ironischerweise ist diese Schwierigkeit ihrerseits das Resultat einer baulichen Veränderung, die erst in den 1810er-Jahren am Julius-Grabmal vorgenommen worden war. Tatsächlich wurde die fragliche Stelle nur dadurch für die Besucher sichtbar, dass die Moses-Statue ein Stück weit nach vorne versetzt worden war.[43]

Vor dem Hintergrund dieser Schwierigkeit nimmt Freud in die schließlich veröffentlichte Fassung seines Textes außer den drei Bewegungsbildern noch eine weitere Zeichnung auf. Als »Figur D« gilt sie dem Detail, das zum entscheidenden Element seiner Auseinandersetzung mit der Moses-Statue wird. Neben den Tafeln samt Unterkante zeigt diese Zeichnung auch die rechte Hand und den Bart von Moses, also genau den in Gegenrichtung zum zornigen Blick liegenden Ausschnitt, auf den sich Freuds Deutung konzentriert (Abb. 7).

Die Pointe ist, dass diese Zeichnung allem Anschein nach nicht vor dem Original der Statue in Rom und auch nicht aus dem Gedächtnis angefertigt wurde. Offenbar ist sie unter Zugrundelegung einer weiteren Fotografie zustande gekommen.

Für die Erstveröffentlichung seines Aufsatzes hatte Freud eine Fotografie der Michelangelo-Statue verwendet, auf der besonders deutlich wird, wie Moses mit seinem rechten Zeigefinger auf seinen Bart drückt. Diese Fotografie entstammt dem 1911 von Max Sauerlandt veröffentlichten Buch über Michelangelo (siehe oben, Abb. 4).

Gegenüber dieser Abbildung findet sich in Sauerlandts Buch aber eine weitere Fotografie der Statue von Michelangelo. Diese zeigt das Kunstwerk nicht wie sonst üblich in einer Ansicht, die der Blickrichtung des dargestellten Moses entsprechen würde. Wie Freud selbst betrachtet diese Fotografie die Moses-Statue vielmehr aus der Gegenrichtung, sodass das Horn an der Unterkante der Tafeln zumindest ansatzweise sichtbar wird (Abb. 8).

Die Detailskizze »D«, die Freud in seinen Aufsatz aufnimmt, ist jedoch nichts anderes als eine Kopie des entscheidenden Ausschnitts dieser Aufnahme, eine mit Hand ausgeführte Vergrößerung des Morelli-Details (Abb. 9). Da sie vermutlich durch Abpausen zustande gekommen ist, könnte man allerdings auch hier von einem Abdruck sprechen.[44]

Kein Zweifel, für Freud war das Horn an der Unterkante der Tafeln einer jener »geringgeschätzten und nicht beachteten Züge« von Michelangelos Kunstwerk, aus dem sich etwas »Geheimes und Verborgenes« erraten ließ. Aber was genau lässt sich erraten? Freud beantwortet diese Frage auf eine Weise, die das Horn an den Tafeln mit den Hörnern am Kopf in enge Verbindung treten lässt. Zunächst konstatiert er: »Es ist kaum zweifelhaft, daß dieses Horn den der Schrift nach oberen Rand der Tafeln auszeichnen soll.« Nur der obere Rand solcher Tafeln pflege abgerundet oder geschweift zu sein. Dann fügt er hinzu: »Die Tafeln stehen hier also *auf dem Kopf*.«[45]

In der kalkulierten Ökonomie der Moses-Studie bereitet sich damit die Auseinandersetzung mit dem Bewegungsablauf vor, von dem Freud annimmt, dass er der Darstellung von Michelangelo zugrunde liegt: Moses habe die Tafeln zunächst so getragen, wie es am einfachsten war; er habe die Tafeln verkehrt herum getragen, weil seine Hand an dem nach vorn gerichteten Vorsprung einfacher Halt fand.

Die Kehrseite dieser Überleitung ist aber ein (Wieder-)Auftauchen desjenigen Elements der Statue, das, obwohl in die Augen springend, von Freud so souverän übergangen worden war. Die Hörner von Moses' Kopf begegnen uns am Kopf der Tafeln wieder. Da es zwei Tafeln gibt, sind es auch hier zwei Hörner.

Durch diese Verlagerung der Hörner vom Kopf zu den Tafeln unterstreicht Freud ein weiteres Mal die Bedeutung der Schrift. In seiner Interpretation ist es nicht entscheidend, dass die Person Moses durch ihre Unterredungen mit Gott gehörnt oder strahlend erscheint. Es sind die Tafeln selbst, mit den in sie eingeritzten Zeichen, es ist die Schrift in ihrer Materialität, die im Freud'schen Text als gehörnte erscheint und insofern auch mit einem Strahlen, einem Abglanz versehen wird.

Der Schriftdruck der Stadt

Für Sigmund Freud waren die buchstäblich eindrucksvollen Besuche der Moses-Statue von Michelangelo Erlebnisse in aller Abgeschiedenheit. Im Rom der 1910er-Jahre war er froh, wenn er den »unschönen Corso Cavour« verlassen konnte, um sich dem »einsamen Platz« zu nähern, auf dem »die verlassene Kirche« steht.[46]

Für Walter Benjamin wurden solche impressiven Erfahrungen im Paris der 1930er-Jahre zu einer Alltagsangelegenheit. Dem Allegoriker der kapitalistischen Gesellschaft trat die französische Metropole insgesamt unter dem Vorzeichen des Drucks entgegen. Zum einen sind es die Druckwerke, die seit Jahrzehnten und Jahrhunderten in der Miniaturstadt der Bibliothèque Nationale in der Rue de Richelieu gesammelt wurden, mit denen Benjamin die »Hauptstadt des XIX. Jahrhunderts« erschließt. Das Quellenverzeichnis des *Passagen-Werks* macht auf einen Blick den erheblichen Umfang deutlich, in dem Benjamin Paris mithilfe von Druckwerken erkundet hat.[47] Zum anderen erweist sich auch die restliche Stadt als eine Bibliothek, als ein lebendes Archiv, als eine in Stein gepresste Schrift oder, um mit dem von Benjamin so geschätzten Charles Péguy zu sprechen, als eine »Inskription«, die zugleich eine »Inkorporation«, eine Verkörperung ist.[48]

Dass »man das Wirkliche wie einen Text lesen kann« ist in der Tat eine der entscheidenden Leitlinien des *Passagen-Werks*.[49] Mit ihr knüpft Benjamin einerseits an die traditionelle Rede vom »Buch der Natur« an, um, ähnlich wie Louis Aragon in seinem *Pariser Bauer*, die große Stadt als eine mythologische Landschaft betrachten zu können, deren vom Verschwinden bedrohten Geheimnissen ein letztes Mal nachzuspüren ist. Andererseits wird so zumindest implizit auf Marx verwiesen, für den die Gegenständlichkeit der Industrie und ihrer Geschichte bekanntlich »das *aufgeschlagne* Buch der *menschlichen Wesenskräfte*« gewesen ist.[50]

Um das Buch geht es in Benjamins Auseinandersetzung mit der französischen Hauptstadt allerdings nicht bloß im übertragenen Sinne.

Was die Pariser Wirklichkeit zu einem ausgedehnten Leseraum werden lässt, sind nicht allein die abstrakten Wesenskräfte der Menschen, die sich qua Vergegenständlichung wie von selbst notieren. Es ist die spezifische Form der kapitalistischen Warenproduktion, die die Stadt in Lektürestoff verwandelt. Die Herstellung von Gütern für einen massenhaften, anonymen Markt bringt nämlich die Notwendigkeit mit sich, für diese Dinge zu werben. Und diese Notwendigkeit führt zu einer bemerkenswerten Entbettung der Typografien: »Die Schrift, die im gedruckten Buche ein Asyl gefunden hatte, wo sie ihr autonomes Dasein führte, wird unerbittlich von Reklamen auf die Straße hinausgezerrt«.[51]

Auf Plakaten und Häuserwänden wechselt sie von der Horizontalen der Schreibtische in die Vertikale der Häuserwände und erobert sich damit einen neuen Platz im Oberflächengefüge der Stadt (Abb. 10), zwischen Straßenschildern, Verkehrssignalen und Kinoleinwänden, auf denen die Texttafeln der Stummfilme erscheinen. Gleichsam im Gegenzug finden die freigesetzten Druckschriften aber auch wieder zurück ins Buch, bei Mallarmé ebenso wie bei Aragon: als der zeilenunabhängig gewordene, in Spalten gesetzte oder in Rahmen gefasste Schriftkörper der Aushänge, Zeitungsartikel und Plakate, der das bis dahin gewohnte Gewebe der gedruckten Texte mit auffälligen Unterbrechungen versieht.

Den Druckverfahren, die diese Neuverteilung von Schrift ermöglichen und begünstigen, hat Benjamin große Aufmerksamkeit gewidmet, besonders in seinem Kunstwerk-Aufsatz. Gleich am Anfang dieses Aufsatzes schildert er dort ihre Entwicklung von den antiken Techniken des Gießens und Prägens über die klassischen Verfahren von Holzschnitt, Kupferstich und Radierung bis hin zur Lithografie, die besonders mit dem Plakatdruck verbunden ist, und von da aus weiter zu den avancierteren, aber ebenfalls noch als Umsetzung von Schriften begreifbaren Reproduktionstechniken der Fotografie, Phonographie und Kinematografie.[52]

Während die Verbreitung von Beschriftungen und Bildern im öffentlichen Raum von anderen zeitgenössischen Kommentatoren als eine zunehmende »Optisierung« der Großstadt verstanden wurde,[53] betont

Benjamin die taktilen Aspekte dieser neuen Wahrnehmungswelt. So wie die Michelangelo-Statue bei Freud werden Zeitung, Werbung und Film bei Benjamin zu effektiven Medien der Impression. Für den Leser des Anzeigenteils einer Zeitung wird diese Lektüre zu einer »Folge von Chocks und von Kollisionen«. Der Wechsel der Schauplätze und Einstellungen im Film führt dazu, dass die Bewegungsbilder »stossweise« [sic] auf die Kinobesucher eindringen, denen nichts anderes bleibt, als ihre Augenmuskeln wie »Stoßdämpfer« einzusetzen. Schon im Dadaismus, so Benjamin, war das Kunstwerk zu einem regelrechten »Geschoss« geworden: »Es stiess [sic] dem Betrachter zu. Es gewann eine taktile Qualität.«[54]

Diese Akzentuierung der taktilen Aspekte moderner Kultur schließt explizit an Kunsthistoriker wie Alois Riegl an, die nicht zuletzt im Gefolge von Adolf von Hildebrand immer wieder auf den Anteil des Tastsinns an der visuellen Wahrnehmung verwiesen hatten.[55] Implizit greifen Benjamins Ausführungen aber auf eine avantgardistische Ästhetik des Taktilen zurück, die ihm seit Mitte der 1920er-Jahre durch seine persönlichen Kontakte zur Bewegung des Konstruktivismus vertraut war. Vor allem durch seine Begegnung mit László Moholy-Nagy und seinen Austausch mit Sigfried Giedion kam Benjamin mit einer Auffassung konstruktivistischer Kreativität in Berührung, die nicht nur versprach, den Übergang von neuartigen Materialien zu einer neuartigen Architektur unter dem Vorzeichen von Tastübungen zu vollziehen, sondern die gleichzeitig auch beabsichtigte, das ästhetische Potenzial von Fotografie, Phonographie und Kinematografie auszuschöpfen.

Tatsächlich sind eben jene Schriften Benjamins, die heutzutage als seine Beiträge zur Medientheorie gelesen werden, der Bauhaus-Ästhetik von Moholy *und* Giedion auf eminente Weise verpflichtet.[56] Das gilt für die *Kleine Geschichte der Photographie*, in der Benjamin zweimal aus den Schriften von Moholy zitiert (einmal allerdings ohne den Namen des Autors und die *Bauhaus*-Zeitschrift als Quelle zu nennen) und in den Grundzügen seiner historischen Darstellung auch einer von diesem kuratierten Ausstellung zur Geschichte der Fotografie folgt.[57] Es gilt ebenso für das im

Kunstwerk-Aufsatz so vordringliche Thema der »Reproduktion«, das Moholy schon in *Malerei – Fotografie – Film* prominent verhandelt hatte, und zwar durchaus auch unter Bezugnahme auf den Buchdruck, die Lithografie und andere Reproduktionsverfahren. Bereits an dieser Stelle wird im Übrigen das thematisiert, was Benjamin als den Verfall der Aura beschreiben wird. So erklärt Moholy etwa, dass die heutige Kultur sich durch den Sachverhalt der Reproduzierbarkeit »von der Vorherrschaft des manuell hergestellten Einzelstücks« frei machen kann.[58]

Selbst das Motiv der Passage nimmt bereits in Giedions Abhandlung *Bauen in Frankreich*, für die Moholy übrigens den Umschlag gestaltete (Abb. 11),[59] einen zentralen Stellenwert ein. Wenn Giedion in dieser Abhandlung zur Architektur von Le Corbusier bemerkt: »Zwischen Innen und Außen fallen die Schalen«, dann konvergiert sein taktil geprägtes Bild präzise mit Benjamins Darstellung des Verfalls der Aura als einer »Entschälung des Gegenstandes aus seiner Hülle«.[60]

Vor diesem Hintergrund kontextualisiert Benjamin die Vorstellung des »tastenden Sehens« in neuartiger Weise, wenn er sie auf das Einebnen aller Entfernungen bezieht, das für ihn ein entscheidendes Charakteristikum der durch den Kapitalismus dominierten Kultur ist. Demzufolge ist die Moderne insgesamt durch den Versuch gekennzeichnet, sich die Dinge »räumlich und menschlich« näherzubringen: »Tagtäglich macht sich unabweisbarer das Bedürfnis geltend, des Gegenstands aus nächster Nähe im Bild, vielmehr im Abbild, in der Reproduktion, habhaft zu werden.«[61]

Das Konstatieren des Sachverhalts, dass »die taktische [sic] Dominante in der Optik selbst sich geltend macht«,[62] wird so zur Diagnose für eine Gegenwart, die im möglichst unmittelbaren *Zugreifen auf* und im möglichst unmittelbaren *Verfügen über* Personen und Dinge ihr Ideal verwirklicht. So wie das Universalmedium Geld eine ständige Erreichbarkeit und beliebige Besitzbarkeit von Personen und Dingen suggeriert, stehen Reklame und Kino für die ebenso eindringliche wie aufdringliche Nähe aller Gegenstände im kommerzialisierten Raum der Stadt: »Sie [die Reklame] reißt den freien Spielraum der Betrachtung nieder und rückt die

Dinge so gefährlich nah uns vor die Stirn, wie aus dem Kinorahmen ein Auto, riesig anwachsend, auf uns zu zittert.«[63]

Neben Filmen wie *L'arrivée d'un train en gare de La Ciotat* oder *Berlin – Die Sinfonie der Großstadt* sind es tatsächliche Bewegungen im großstädtischen Verkehr, auf die hier abgehoben wird. In der Tat stellt für Benjamin das geschäftige Treiben auf den Straßen der Kapitalen die »matrix« für das Einebnen der Distanzen und das Dominantwerden des Taktilen dar. Der urbane Verkehr bringt umfassend zum Ausdruck, was durch Werbung, Zeitung und Kino nur punktuell vermittelt wird. Im Kern sind es nämlich die Berührungen und Stöße, die »Püffe«, die jeder Großstädter in der Menge den anderen erteilt, in denen sich die taktile Kultur der Moderne manifestiert.[64]

Diese Berührungen stellen das anschauliche Vorbild für die von Benjamin als so zentral beschriebenen »Chock«-Erfahrung dar. »*Choc*« heißt im Französischen nichts anderes als Zusammenstoß oder Aufprall, bezeichnet also den Effekt einer körperlichen Berührung. Besonders deutlich wird die entsprechende Fassung des Schock-Begriffs in den Studien zu Baudelaire, in denen wiederholt auf den »innigen Zusammenhang« hingewiesen wird, der »zwischen der Figur des Chocks und der Berührung mit den großstädtischen Massen besteht«. Demzufolge wäre es also nicht so sehr die temporale Figur der Plötzlichkeit, sondern die räumlich geprägte Form eines materiellen Kontakts, die für die Erfahrung der Moderne ausschlaggebend ist.[65]

Benjamins Betrachtung der großstädtischen Taktilität ist allerdings durchaus pointiert. Sein Interesse für die Erfahrungsfigur des Chocks lässt andere Formen des körperlichen Berührens und Aneinanderstoßens im urbanen Raum in den Hintergrund treten. *En passant* erwähnt Benjamin zwar die Jahrmarktattraktion der »Wackeltöpfe«,[66] aber die von Schriftstellern und Schriftstellerinnen, Künstlerinnen und Künstlern seit der Jahrhundertwende immer wieder beschriebenen Erscheinungen des Vibrierens, Brummens und Dröhnens von großstädtischem Verkehr bleiben weitgehend außer acht.

»Eine Stadt zittert wohl immer, um es aber zu fühlen, muss man geschärfte Nerven haben«, notiert August Strindberg 1896 noch vergleichsweise unbeeindruckt vom Fahrzeugverkehr auf den Brücken von Paris.[67] Nur wenige Jahre später begeistern sich die italienischen Futuristen für aufheulende Autos und röhrende Flugzeuge und rufen neben einer neuen Geräuschkunst, die dazu bestimmt sein sollte, die »unregelmäßigen Vibrationen« der Großstadt zu harmonisieren, auch einen »Taktilismus« ins Leben, der die fühlende Hand ins Zentrum der Kunstproduktion und -rezeption stellen sollte.

In seiner Abhandlung *von material zu architektur* hatte sich Moholy noch durchaus zustimmend auf Marinettis Manifest bezogen.[68] Wie skeptisch Benjamin kurze Zeit später solchen Bezugnahmen gegenüberstand, verdeutlicht das Nachwort zur letzten Fassung seines Kunstwerk-Aufsatzes.

Die taktile Moderne und ihr Gegenbild

Ähnlich wie in Freuds Studie über den Moses des Michelangelo wird in Benjamins Arbeiten aus dem Umfeld des *Passagen-Werks* die Aktivität des Tastens nicht einseitig auf der Seite des Subjekts, sondern ebenso und vielleicht noch stärker auf der des Objekts verortet. Einige der Reproduktionstechniken, die eigentlich im optischen Register operieren, unterliegen nach Benjamin schon von sich aus der Dominanz des Tastsinns – so etwa der Fotoapparat, der dem Augenblick »sozusagen einen posthumen Chock« erteilt, oder die Filmkamera, die, ähnlich wie das Skalpell eines Chirurgen, »tief ins Gewebe der Gegebenheit« eindringt. Auch Kunstwerke, wie die Schallplatte etwa oder die Fotografie, erlangen durch technische Reproduktionen die Fähigkeit, *»dem Aufnehmenden in seiner eigenen Situation entgegenzukommen«*.[69]

In einer solchen Konstellation, von Moholy als »Haus-Pinakothek« beschrieben, ist es nicht länger erforderlich, sich auf den Weg nach Rom zu machen, um eine Statue in einer Kirche zu betrachten. Durch einen griffbereiten Bildband drehen sich die Verhältnisse um: »Die Kathedrale verlässt ihren Platz, um in dem Studio eines Kunstfreundes Aufnahme zu finden«.[70]

Die Folgen dieser objektorientierten Taktilisierung beschreibt Benjamin als weitreichende Transformation dessen, was üblicherweise als Kultur bezeichnet wird. Horizontal oder synchronisch betrachtet ist die Kultur der Moderne für ihn wesentlich durch die von Marx beschriebene »phantasmagorische Form« der Warenproduktion bestimmt, also durch jene »Verbrüderung der Unmöglichkeiten«, die eine heutige Soziologie als »Symmetrisierung« aller humanen und nonhumanen Akteure beschreibt. Unter kapitalistischen Produktionsbedingungen verwandeln sich Personen – Arbeiter und Arbeiterinnen, Prostituierte, aber auch Schriftsteller und Schriftstellerinnen, Künstlerinnen und Künstler – in Dinge, nämlich Waren, während Waren zu sinnlich-übersinnlichen Wesen werden, die »voll metaphysischer Spitzfindigkeit und theologischer Mucken« sind.[71] Folgerichtig werden Schriften zu Bildern, und Bilder werden zu Dingen, die jenen, die sie betrachten, buchstäblich auf den Leib rücken. Zeitungsleser steigen scheinbar mühelos zu Reportern auf, bloße Passanten werden ebenso leicht zu Filmdarstellern. Umgekehrt sehen sich Schauspieler in Kinofilmen zu Requisiten degradiert, während Requisiten – eine Uhr etwa – im Kino als authentische Akteure wahrgenommen werden.[72]

Vertikal oder diachronisch betrachtet ist die moderne Kultur für Benjamin zunächst Emanzipationsmittel und Herrschaftsinstrument der bürgerlichen Klasse, besonders insofern sie Kultur als Tradition von Erfahrung, Wissen und Können begreift. Die taktile Moderne verwandelt diese Form der Überlieferung in Strategien der Habitualisierung: Überliefert werden nicht mehr *Dinge*, die – wie die Moses-Statue bei Freud – Erzählungen genauso konservieren wie die Spuren des erzählenden Künstlers, sondern Situationen oder Räume, in denen Reize und Reaktionen, Suggestionen und Assoziationen dominieren. In einem wiederum taktil konnotierten Bild spricht Benjamin von einer »gewaltigen Erschütterung des Tradierten« und davon, dass Überlieferung auf diese Weise »handlich«

gemacht werde. Das Resultat ist eine »Liquidierung des Traditionswertes am Kulturerbe«, die allerdings nicht nur destruktives, sondern auch durchaus progressives Potenzial hat.[73]

In einer solchen Situation verblassen zwar die kulturellen Werte der Einmaligkeit und Echtheit des Kunstwerks. Durch Reproduzierbarkeit entstehen aber auch neue Formen der Aneignung von Kultur. Die Versenkung und Sammlung, die vor einem traditionellen Gemälde und selbst vor frühen Fotografien noch üblich waren, werden durch die Erfahrungsformen des Erlebnisses und der Zerstreuung ersetzt. Das »gespannte Aufmerken«, das das »totale« Bild der Malerei erforderte und ermöglichte, wird in den Hintergrund gedrängt zugunsten eines »beiläufigen Bemerkens«, wie es für das »zerstückelte« Bild des Films und die Architektur charakteristisch ist.[74]

Dementsprechend wird das, was einmal kulturelles Gedächtnis hieß, zu einer Praxis des Gebrauchens und der Gewöhnung. In der taktilen Moderne wird Kultur zu einer Art Erprobung, die fortwährend der Beurteilung durch ein Publikum unterworfen wird. Benjamin resümiert diesen Befund, wenn er sagt, in einer taktilisierten Kultur weite sich das »Feld des Testierbaren« erheblich aus.[75] Man könnte auch sagen: In einer solchen Kultur wird das Tastbare zum Testbaren.

So vergleichsweise klar nun Benjamin den fundierenden Sachverhalt der taktilen Moderne – die kapitalistische Form der Produktion und die damit einhergehende Einebnung der tradierten Distanzen zwischen Personen und Dingen – geschildert hat, so unklar ist bis heute das suggestive Gegenbild geblieben, das er dazu entworfen hat. »Aura« wird im Kunstwerk-Aufsatz bekanntlich als »einmalige Erscheinung einer Ferne, so nah sie sein mag«, definiert. Der bedürfnisgesteuerten Taktilität wird damit ein Blick des Begehrens entgegengehalten. Die für die Aura charakteristische Distanz, die »Ferne«, zeigt sich nämlich vorzugsweise einem träumerischen Blick, der sich an einem Gemälde »nicht sattsehen kann«, oder sie öffnet sich in der fantasiegeladenen Betrachtung früher Fotografien, auf denen die Gesichter der Proträtierten so erscheinen, als ob »sie einen selbst sehen könnten«.[76]

Diese Zurückspiegelung des Blicks, die vom Lacan des Spiegelstadiums zweifellos als imaginär abqualifiziert, vom Lacan der Seminare aber wahrscheinlich als Bestätigung seiner eigenen Bild- und Blicktheorie begriffen worden wäre,[77] avanciert im Folgenden zum Kernbestand der Aura als visuellem Phänomen. Der Kontrast zur körperlichen Berührung wird an der einschlägigen Formulierung deutlich: »Die Aura einer Erscheinung erfahren, heißt, sie mit dem Vermögen belehnen, den Blick aufzuschlagen.«[78]

Dass in dieser Definition eine Reaktionsform, die zwischen Menschen üblich ist, auf »das Verhältnis des Unbelebten oder der Natur zum Menschen« übertragen wird,[79] bedeutet für Benjamin allerdings keine Rückkehr zu Mystizismus, Aberglauben oder Allmachtgedanken. In dieser Übertragung liegt vielmehr die phantasmagorische Pointe des Aura-Begriffs. Der Animismus, die wie im Drogenrausch erfolgende »Einfühlung in das Anorganische«,[80] ist nichts anderes als die theoretisch und historiografisch angemessene Haltung gegenüber einer Kultur, in der Menschen zu Maschinen werden und Technik sich *en revanche* als Magie entpuppt. Dass Bilder ihre Betrachterinnen und Betrachter ansehen können, ist insofern ein tief in der kapitalistischen Kultur verankertes Phänomen.

Die Innenseite der Aura

Aura ist ein primär visuelles Phänomen. Dennoch verfügt sie über taktile Dimensionen. Das zeigt eine nähere Betrachtung der unterschiedlichen Fassungen, die Benjamin, nachhaltig angeregt durch Baudelaires Prosastück *Perte de l'auréole,*[81] diesem Begriff seit 1930 gegeben hat. In den Notaten seiner Haschisch- und Meskalin-Versuche bezieht sich »Aura« zunächst auf das Verhältnis von Personen und Dingen zu ihrer jeweiligen Umgebung, ist also ein relationales Konzept. Die Grundintuition besteht dabei darin, dieses Verhältnis durch die jeweiligen Körperoberflächen nicht im Sinne scharfer Begrenzungen bestimmt zu sehen.

Die zeitgenössischen Aura-Konzeptionen, etwa die eines Rudolf Steiners oder eines Charles Leadbeaters, weist Benjamin in diesem Zusammenhang zwar als »konventionell« und »banal« zurück.[82] (Diese nahmen bekanntlich an, dass sich der menschliche Körper in einen den ganzen Körper umfassenden Lichtkranz mit charakteristischer Farbe fortsetzt.)

Dennoch schließt er später gelegentlich an verwandte Konzepte an, so etwa, wenn unter Bezugnahme auf Baudelaire die »Aureole«, also der Heiligenschein des Dichters thematisiert wird, den dieser übrigens unter den Stößen und Schüben der großstädtischen Masse verliert, oder wenn gleichsam im Gegenzug von der »Aureole der Ware« und dem »sie umgebenden Glanz« die Rede ist. Auch die etwas anders gelagerte Vorstellung von der Aura als »Hauchkreis«, als Stimmung oder Atmosphäre, die man »atmen« kann, unterscheidet sich zwar deutlich vom »Strahlenzauber« Steiners und Leadbeaters, verbleibt aber im Register der Konzeption einer unscharfen, quasi immateriellen Begrenzung von körperlichen Wesen in ihrem Verhältnis zur Außenwelt.[83]

»Erstens erscheint die echte Aura an allen Dingen.«[84] In Benjamins Haschisch-Notizen ist dies der anfängliche Schritt, um die Distanz zu den anthroposophischen und theosophischen Aura-Vorstellungen zu markieren. In diesen kommt die Aura in der Tat nur am Menschen vor. Für Benjamin dagegen findet sie sich an Personen *und* Dingen, an natürlichen ebenso wie an künstlichen Gegenständen: Bergen und Baumzweigen einerseits, Fotos und Gemälden andererseits. Und wenn Freud durch seine Verlagerung der Hörner vom Moses-Kopf an den Kopf der Gesetzestafeln auch diesen Tafeln einen Abglanz zuweist, zögert Benjamin ebenfalls nicht, der gedruckten Schrift, so nah sie auch sein mag, eine Ferne zuzugestehen: »Worte können auch ihre Aura haben«, heißt es im Kontext der Baudelaire-Studien. Das bedeutet: Worte können den Leser anblicken – und an ihrem »Gesicht« ist sogar abzulesen, ob sie den Leser erkennen oder nicht.[85]

Im nächsten Schritt ändert sich dann sozusagen die Beschaffenheit der infrage stehenden Körpergrenze. Es geht nicht länger um einen

Lichtkranz, auch nicht um einen Hauch, sondern um ein »Ornament« oder, genauer, um eine »ornamentale Umzirkung« des Körpers: eine äußere Kontur, wie sie bei einem Menschen etwa durch Falten, Rüschen oder Fransen der Kleidungsstücke gebildet wird. Vielleicht ist Benjamins ausgeprägte Faszination für Falten und Ränder, seine »Saumseligkeit«, nicht allein der Wirkung der Drogen zuzuschreiben. Zum einen erinnert seine Beschreibung nämlich nicht nur an die von Morelli propagierte Fokussierung des kunsthistorischen Blicks auf das scheinbar nebensächliche Detail, sondern auch und vor allem an das, was Warburg das »bewegte Beiwerk« nannte.[86]

Zum anderen verweist Benjamin in diesem Zusammenhang auf die nüchterne Betrachtung der späten Bilder Van Goghs, auf denen »an allen Dingen [...] die Aura mit gemalt« ist.[87] Konkret gemeint ist die Auflösung des Hintergrunds in eine Vielzahl von strahlen- und kurvenförmig angeordneten Pinselstrichen, die sich – wie etwa bei den *Zypressen* oder der *Kirche von Auvers* – an die im Vordergrund dargestellten Formen anlagern.

Damit ist die genuin taktile Dimension der Aura entscheidend vorbereitet. In einem weiteren Schritt ist von der ornamentalen Umzirkung des Körpers dann nämlich als einer Ummantelung die Rede, in die »das Ding oder Wesen fest wie in einem Futteral eingesenkt liegt«.[88] Die Aura erscheint damit als eine Hülle oder Schutzhaut für einen konkreten Körper.

Diese Einfassung mag dem Zweck der sorgsamen Aufbewahrung eines wertvollen Gegenstandes dienen (etwa einer Taschenuhr, eines Thermometers, eines Bestecks),[89] kann aber auch für Personen als ein Gehäuse dienen, das gegen die Taktilität der Moderne schützt. Schon in *Einbahnstraße* hatte Benjamin eine ganze Reihe solcher Unterbringungen beschrieben. Schränke, Nähkästen und Speisekammern erscheinen dort als vertraute Schutzeinrichtungen aus einer vergangenen Zeit. Im Kunstwerk-Aufsatz heißt es mit Blick auf die Geschichte der Architektur zwar nur allgemein: »Das Bedürfnis des Menschen nach Unterkunft [...] ist beständig.« Im Kontext des *Passagen-Werks* wird dies aber pointiert: »Wohnung wird im extremsten Falle zum Gehäuse.«[90]

Spätestens an diesem Punkt lässt sich Benjamins Aura-Begriff mit Giedions taktil grundierten Ausführungen zur Entwicklung des modernen Bauens zusammenlesen. Tatsächlich plädiert Giedion in *Bauen in Frankreich* dafür, »die Außenseite von Bauten«, die auf Stahlkonstruktionen basieren, »nur als Umhüllende (Enveloppe) oder Epidermis« zu verstehen.[91] Dass diese Sätze auf den Architekten Henri Labrouste gemünzt sind, einen Pionier des Eisenbaus in Frankreich, der auch für den Bau der Bibliothèque Nationale in der Rue de Richelieu verantwortlich war (Abb. 12), wird sie für den Autor des Kunstwerk-Aufsatzes, der viele seiner Recherchen in eben dieser Bibliothek durchführte, besonders überzeugend gemacht haben. Ausgehend von Giedions Plädoyer interessiert sich Benjamin allerdings nicht nur für die Hüllen-Architektur der Passagen, Ausstellungsbauten und Bahnhöfe, die *Bauen in Frankreich* eingehend erörtert (Abb. 13). Was seine Aufmerksamkeit ebenso fesselt, ist die Innenseite jener »Gehäuse«, in denen das französische Bürgertum des späten 19. Jahrhunderts wohnte. Benjamin untersucht sozusagen auch das Interieur der Aura.

Seinem Verständnis nach ist die Innenseite der bürgerlichen Gehäuse zu dieser Zeit vor allem durch weiche Materialien geprägt gewesen. Neben der Verwendung von »Futteralen und Etuis« für die Aufbewahrung wertvoller Dinge waren es hauptsächlich »Sammet- und Plüschbezüge«, mit denen man sich umgab.[92] Der »Etui-Mensch«, der in solchen Umgebungen lebte, gehört nach Benjamin zu denjenigen, die Dinge überlieferten, »indem sie sie unantastbar machen und konservieren« – was nichts anderes heißt, als ihre Aura zu erhalten.[93] Genau in diesem Sinne verfügt die kontemplative Visualität der Aura über ein taktiles Gegenstück: Es besteht in den Spuren, die das Bürgertum im Inneren seiner architektonischen Futterale hinterlässt.

Giedion analysiert erst in seiner späteren Abhandlung über die *Herrschaft der Mechanisierung* die Tätigkeit von Tapezierern und Polsterern (*upholsterers*), die in den bürgerlichen Wohnwelten des mittleren und späten 19. Jahrhunderts durch Vorhänge, Draperien, Teppiche und Plüsch zum »Sieg der Vermummung über das Holz« beitrug (Abb. 14). Diese Analysen sind im Sinne einer Ergänzung, wenn nicht gar als Fortführung von Benjamins Untersuchungen zu verstehen.[94] Schon der Autor des *Passagen-Werks* weist aber auf die gesellschaftliche Funktion der Produktion von Abdrücken hin, die durch den Siegeszug der Vermummung möglich wurde: »Seit Louis Philippe findet man im Bürgertum das Bestreben, sich für die Spurlosigkeit des Privatlebens in der großen Stadt zu entschädigen. Das versucht es innerhalb seiner vier Wände. Es ist, als habe es seine Ehre darein gesetzt, die Spur, wenn nicht schon nicht seiner Erdentage so doch seiner Gebrauchsartikel und Requisiten in Äonen nicht untergehen zu lassen.«[95] (Abb. 15)

Die Pointe dieses Hinweises besteht darin, das Phänomen der Spur in der ihm eigenen Dialektik zu fassen. Nach Benjamin ist es nämlich nicht nur das Bürgertum, das auf diese Weise auf die neuen Gegebenheiten der anonymen Großstadt reagierte. Auch der Staat intervenierte, indem er ein »ausgedehntes Kontrollnetz« installierte, das »das bürgerliche Leben immer fester in seine Maschen« schnürte. So machten sich Verwaltungsbeamte und Polizisten daran, »durch ein vielfältiges Gewebe von Registrierungen den Ausfall von Spuren zu kompensieren, den das Verschwinden der Menschen in den Massen der großen Städte mit sich bringt.«[96]

Diese Beobachtung ist wesentlich. Das kapitalistische Regime des *Zugreifens auf* und des *Verfügens über* Personen und Dinge, das sich in der von Benjamin mit Blick auf die 1920er-Jahre beschriebenen Entbettung der Schriften manifestiert, wird mit ihr zugleich historisiert und konkretisiert. Als Beispiele für das »Kontrollnetz« des 19. Jahrhunderts verweist Benjamin im Folgenden auf die Normierung des Stadtraums durch die Anbringung von Hausnummern und auf die polizeilichen Identifikationsverfahren Alphonse Bertillons. Damit skizziert er nichts anderes als frühe, analoge Manifestationen der Kontrollgesellschaft. Diese stellen sozusagen die Kehrseite jener taktilen Moderne dar, deren Kultur »testierbar« geworden ist. Über die Aktualität dieser Beobachtung war Benjamin sich im Klaren: »Seither ist kein Ende der Bemühungen abzusehen«, den Menschen »in seinem Reden und Tun« dingfest zu machen.[97] Dem ist aus heutiger Sicht nichts hinzuzufügen.

Rückkehr zu Freud

Die Vorstellung einer taktilen Schutzhülle, in deren Inneren Spuren hinterlassen werden, ist zentral für die psychoanalytische Theoriebildung der 1920er-Jahre, und in seinen Studien zu Baudelaire erörtert Benjamin die Abschirmung gegen die Taktilität der Moderne in direktem Rekurs auf diese Vorstellung.

Im Anschluss an die Forschungen, die seit den 1880er-Jahren in der Allgemeinen Biologie an Amöben, Ziliaten und anderen »Elementarorganismen« durchgeführt wurden, hatte Freud in *Jenseits des Lustprinzips* den lebenden Organismus »als undifferenziertes Bläschen reizbarer Substanz« beschrieben, bei dem die »der Außenwelt zugekehrte Oberfläche« als »reizaufnehmendes Organ« fungiere.[98] Die Frage, deren Beantwortung Benjamin unter Bezugnahme auf diese Beschreibung näher kommen möchte, lautet: Wie ist ein dichterisches Werk beschaffen, wenn es – wie bei Baudelaire – in großstädtischen Erfahrungen fundiert ist, denen »das Chockerlebnis zur Norm geworden ist«?[99]

Die Antwort, die er unter Bezugnahme auf Freud auf diese Frage gibt, ist – kurzgefasst – die folgende: Eine solche Dichtung müsse über ein »hohes Maß an Bewußtheit« verfügen, konkret zum Beispiel »die Vorstellung eines Plans [...], der bei ihrer Ausarbeitung im Werke war«.[100] Genau dies sei bei Baudelaire der Fall gewesen.

Argumentativ gestützt wird diese Antwort mit Blick auf die Rolle, die Freud im Rahmen seines Modells des psychischen Apparats dem System Wahrnehmung/Bewusstsein (W/Bw) zuweist. Demzufolge dient dieses System nicht allein der *Reizaufnahme*, sondern ist zugleich für den *Reizschutz* zuständig. Benjamin zitiert in diesem Sinne Freud: »Für den lebenden Organismus ist der Reizschutz eine beinahe wichtigere Aufgabe als die Reizaufnahme; er ist mit einem eigenen Energievorrat ausgestattet und muß vor allem bestrebt sein, die besonderen Formen der Energieumsetzung, die in ihm spielen, vor dem gleichmachenden, also zerstörenden Einfluß der übergroßen, draußen arbeitenden Energien zu bewahren.«[101]

Dann fügt Benjamin an: »Die Bedrohung durch diese Energien ist die durch Chocks. Je geläufiger ihre Registrierung dem Bewußtsein wird, desto weniger muß mit einer traumatischen Wirkung dieser Chocks gerechnet werden.«[102] Benjamin zufolge unterzieht sich der Organismus durch die gewohnheitsmäßige Konfrontation mit taktilen Chocks einem »Training in der Reizbewältigung«, das im Ergebnis zu einem wacheren Bewusstsein führt.

Auf das Motiv der schützenden Hülle geht er in diesem Zusammenhang allerdings nicht ein. Eigentlich scheint das nahezuliegen, denn ähnlich wie Benjamins Auffassung der Aura als »ornamentale Umzirkung« ist auch Freuds Konzeption der »besonderen Hülle oder Membran«, die den Organismus umgibt, eine zutiefst relationale. Die Stellung des mit der »reizaufnehmende[n] Rindenschichte« verbundenen Systems W/Bw ist essenziell als Position »zwischen außen und innen« bestimmt.[103]

Wie Freud an anderer Stelle erläutert, trennt und verbindet dieses Oberflächenorgan »das Nichtreale, bloß Vorgestellte, Subjektive« auf der einen und das Reale, Gegenständliche, Objektive auf der anderen Seite.[104] Anders formuliert, es vermittelt den Zusammenhang und zugleich den Unterschied zwischen Ich-Libido und Objekt-Libido. Mit Benjamin könnte man sagen, die umhüllende Oberfläche sorge im Idealfall dafür, dass das Subjekt in seiner Umgebung so fest »eingesenkt« ist wie ein Ding in sein Futteral. Tatsächlich spricht Freud vom »unmittelbaren Anstoßen an die Außenwelt«, das für das System W/Bw charakteristisch sei.[105]

Bemerkenswerterweise findet sich Freuds erste Bezugnahme auf das biologische Modell der Elementarorganismen in einem Text, der etwa zeitgleich mit der Moses-Studie entstanden ist. 1914, in *Zur Einführung des Narzißmus*, erklärt er, es gebe eine ursprüngliche libidinöse Besetzung des Ich, die sich zu den Objektbesetzungen genauso verhalte, »wie der Körper eines Protoplasmatierchens zu den von ihm ausgeschickten Pseudopodien«.[106] Damit ist ein taktiles Verhältnis benannt. Denn im Anschluss an Ernst Haeckel beschrieb die damalige Fachliteratur zur Allgemeinen Biologie die fraglichen Pseudopodien oder Scheinfüßchen tatsächlich als »Tastorgane« (Abb. 16).[107] Als sich spontan aus- und wieder zurückbildende

Ausstülpungen des Organismus sprach man ihnen eine wichtige Rolle in den *trial movements* zu, mit denen sich die einzelligen Organismen in ihren jeweiligen Umwelten orientieren. Die Verwandtschaft von Tasten und Testen findet damit eine biologische Begründung.

Vor diesem Hintergrund beschreibt Freud in *Jenseits des Lustprinzips*, aber auch in anderen, kürzeren Texten aus den 1920er-Jahren die Grundfunktion des psychischen Apparats im Sinne eines »motorischen Tastens« und als »Probeaktion«, bei der »Fühler« in die Umgebung zunächst ausgestreckt, dann rasch wieder zurückgezogen werden, um so der Außenwelt kleine Proben zu entnehmen und sie auf diese Weise zu »verkosten«.[108]

Es ist nicht ersichtlich, dass Benjamin an diese Vorstellungen anschließt, wenn er schildert, wie die Dominanz des Tastsinns zu einer neuen Kultur des Testierbaren führt. Die taktile *Aktivität* des Subjekts bleibt bei ihm vordringlich an die Hervorbringung von Spuren durch das Bürgertum gebunden. Weitgehend ausgeblendet wird sie dagegen, wenn in der Bezugnahme auf Freud der strukturelle Aspekt der »Rindenschicht« und der funktionale Gesichtspunkt des Bewusstseins fokussiert wird – was auch zur Folge hat, die eigentümliche, sich wandelnde Beschaffenheit dieser Oberfläche des psychischen Apparats nicht weiter zu betrachten. Genau auf diese Beschaffenheit geht Freud aber detailliert ein.

Zwar benutzt der Psychoanalytiker in diesem Zusammenhang nicht den Begriff der Verhornung. Der Sache nach ist aber deutlich, dass eben dieser Prozess gemeint ist. Freud zufolge erhält das fragliche Stückchen lebender Substanz den Reizschutz nämlich dadurch, »daß *seine äußerste Oberfläche die dem Lebenden zukommende Struktur aufgibt, gewissermaßen anorganisch wird und nun als eine besondere Hülle oder Membran reizabhaltend wirkt*, das heißt veranlaßt, daß die Energien der Außenwelt sich nun mit einem Bruchteil ihrer Intensität auf die nächsten, lebend gebliebenen Schichten fortsetzen können«.[109]

Dafür, dass an dieser Stelle tatsächlich ein Vorgang der Keratinisierung beschrieben wird, spricht zum einen die Bilderwelt von Membran und Rinde, die Freud in seiner Darstellung aufgreift. Die primitive Oberfläche des lebenden Elementarorganismus ist nichts anderes als seine Außenhaut, sein »Ektoderm« (Abb. 17). Zum anderen spricht dafür, dass auch dem natürlichen Horn die Rolle des Schutzes zukommt. Eben diese körperliche Funktion wird in Freuds Rede vom »Reizschutz« aufgenommen und zugleich ins Psychologische gewendet. Schließlich und besonders spricht auch die Vorstellung des sich am Körper selbst vollziehenden Übergangs einer lebendigen Außenschicht zum Anorganischen, ihr »Absterben«,[110] für die Triftigkeit der hier vorgeschlagenen Lesart. Natürliches Horn ist zumindest beim Menschen nichts anderes als tote Haut.

Im Kontext seiner Baudelaire-Studien scheint Benjamin *diese* Form des Reizschutzes nicht zu kennen. Neben einer gesteigerten Form von Bewusstheit werden dort allein das Parieren von »Chocks« im Gefecht oder im Duell und das Austeilen von Stößen, mit dem sich der Passant seinen Weg durch die Menge bahnt, als Reaktionen auf die taktile Moderne diskutiert.[111] Die von Freud beschriebene Aushärtung der Hülle klingt bei Benjamin nur dort an, wo er die Aura als Etui oder Gehäuse beschreibt, in dessen Inneren Spuren hinterlassen werden können. Tatsächlich sind es auch bei Freud nur die innen liegenden, »tieferen Schichten« des reizbaren Bläschens, in denen eine »Dauerspur« hinterlassen werden kann.[112]

Für die Freud'sche Theorie ergibt sich daraus allerdings eine Schwierigkeit: Wie soll es dem Klümpchen reizbarer Substanz mit dieser hart gewordenen Umhüllung noch möglich sein, Pseudopodien oder Fühler auszubilden, um mit ihnen tastend die Außenwelt zu erkunden? Freud antwortet auf dieses Problem, indem er die Aktivität des Tastens ins Innere des Organismus verlegt. In den Texten der 1920er-Jahre bildet der Körper des Protoplasmatierchens jedenfalls keine Scheinfüßchen mehr aus, um Objektbesetzungen vorzunehmen. Stattdessen sind es nun die unterhalb der schützenden Blasenschicht liegenden Schichten reizbarer Substanz, die diese von innen abtasten. Sie senden, wie es in der »Notiz über den Wunderblock« heißt, »Besetzungsinnervationen in raschen periodischen Stößen« in das System W/Bw, also sozusagen auf die Innenseite der organischen Hülle oder Membran, und ziehen sie von dort ebenso rasch wieder zurück.[113]

In seinen Ausführungen zur »Verneinung« verdeutlicht Freud diese Auffassung: »[D]as Ich schickt periodisch kleine Besetzungsmengen in das Wahrnehmungssystem, mittels deren es die äußeren Reize verkostet, um sich nach jedem solchen tastenden Vorstoß wieder zurückzuziehen.«[114] Obwohl Freud durchaus an der taktilen Vorstellung festhält, gibt es in dieser Konzeption nur noch einen energetischen, keinen körperlichen Kontakt mehr zwischen den Ausstülpungen des lebenden Körpers und seiner äußeren Umgebung. Ähnlich wie bei Benjamin erscheint das Subjekt hier gefangen in einem Gehäuse zu sein, dessen Innenseite seine Spuren so betreut, »wie im Granit die Natur eine tote Fauna«.[115]

Eine andere Geschichte der Moderne

Nach der Veröffentlichung von Freuds Studie »Der Moses des Michelangelo« hat sich die Psychoanalyse immer wieder mit der Frage des Horns beschäftigt. 1919 ist Theodor Reik im Anhang zu seiner teils religionspsychologisch, teils musikhistorisch ausgerichteten Untersuchung über den Schofar, das Widderhorn, direkt auf die Hörner am Moses-Kopf der Statue von Michelangelo eingegangen. Reik zufolge fungieren diese Hörner, die von ihm auch als Lichtstrahlen begriffen werden, als »Symbol der göttlichen Kraft, besonders in ihrer sexuellen Form«.[116]

Einige Jahre später, kurz nachdem sie die Übersetzung des Michelangelo-Aufsatzes von Freud ins Französische betreut hatte, beschäftigt sich Marie Bonaparte ebenfalls mit der Psychoanalyse des Horns. In ihrer Arbeit *Über die Symbolik der Kopftrophäen* erklärt sie 1928, ähnlich wie Reik, dass die »heroischen Hörner auf der Stirne der Götter, der Könige, [...] die Insignien ihrer Macht« sind. Darüber hinaus legt sie dar, dass das Horn im Sinne einer »magischen Waffe« eingesetzt werden kann, mit der sich der böse Blick und andere dämonische Einflüsse abwehren lassen.[117]

Zu einem noch späteren Zeitpunkt und in einem anderen Kontext hat der Lacanianer Serge Leclaire in seiner detaillierten Analyse eines Einhorn-Traums zunächst auf die sexuelle Bedeutung des Horns als Phallus hingewiesen. Im Anschluss daran hat er verdeutlicht, wie sich dieses Motiv im fraglichen Fall in ein ganzes Phantasma einfügt, in dem die Figuren der Haut, des Leders, der Epidermis und der Umhüllung für die problematische Bindung an eine übermächtige Mutter stehen.[118]

Wie wir gesehen haben, greift es zu kurz, sich auf solche Studien zu beziehen, um die auffällige Leerstelle im Michelangelo-Aufsatz von Freud – die Tatsache, dass er mit keinem Wort die Hörner am Kopf von Moses erwähnt – füllen zu wollen. Denn zum einen thematisiert Freud in diesem Aufsatz durchaus die von Michelangelo dargestellten Hörner, allerdings in bemerkenswert verschobener Weise. Nicht der Abglanz am Kopf von Moses interessiert ihn, sondern das Strahlen der Gesetzestafeln, die an ihrem oberen Ende ebenfalls Hörner tragen.

Zum anderen aber verstellt die Bezugnahme auf weitere Beiträge zur Psychoanalyse des Horns den Blick dafür, dass Freud sich an anderer Stelle und auf mindestens ebenso subtile Weise ein zweites Mal mit diesem Objekt, das zugleich ein Material ist, beschäftigt hat. In *Jenseits des Lustprinzips* und anderen Schriften aus den 1920er-Jahren wird die Entstehung der »Rindenschicht«, die den mit reizbarer Substanz gefüllten Elementarorganismus umgibt, im Sinne einer Verhornung beschrieben. Die Membran oder Hülle, die den Organismus einfasst, wird dadurch zu einem Reizschutz für den psychischen Apparat, dass sie die dem Leben zukommende Struktur verliert und »anorganisch« wird. Bezieht man diesen Befund auf die Statue von Michelangelo zurück, dann wären die Hörner am Kopf von Moses nicht als Fühler oder Antennen zu verstehen, die die Wahrnehmungsfähigkeit dieses exemplarischen Boten steigern. Es würde sich eher um Schutzhüllen handeln, die von innen abgetastet werden.

Das ändert nichts daran, dass sowohl Freud wie auch Benjamin Taktilität als primäres Merkmal der Moderne begreifen. Beide gehen davon aus, dass sich der Mensch seine Umwelt vor allem dadurch erschließt, dass er sie berührt und abtastet, dass er sich durch Anfassen und Zugreifen in ihr orientiert. Freud und Benjamin zeigen jedoch ebenso, dass der Tastsinn kein rein menschliches Vermögen ist. Auch die mehr oder weniger großstädtischen Umgebungen, in denen sich organische Individuen aufhalten, wirken mithilfe von Druck*bewegungen* (Stoßen, Schieben) und Druck*werken* (Schrifttafeln, Bücher, Reklameschilder) auf eben diese Individuen ein. Mit einem Wortspiel von Roussel könnte man sagen, dass die Eindrücke, die *Impressionen* der Moderne, die das Subjekt empfängt, für beide immer auch zugleich *impressions*, Drucke, sind.

Vor diesem Hintergrund greifen Freud und Benjamin nicht nur das allgemeine Problem der Tradierung von Erfahrung und Wissen auf. Über die Motive der Schrift und der Spur übertragen sie dieses Problem zugleich in ein im weitesten Sinne theologisches Register. So unterschiedlich nämlich die von ihnen behandelten Gegenstände sind und so unterschiedlich ihre jeweiligen Untersuchungen ausfallen, stimmen beide doch darin überein, mit ihrer Hilfe auch die Frage zu erörtern, in welcher Weise in der Moderne die Unterredung mit Gott stattfinden kann oder stattfindet.

Freud und Benjamin gehen davon aus, dass es nicht länger vermittelnde Personen sind, die durch ihre Kommunikation mit Gott einen Abglanz erhalten. Wenn überhaupt, dann sind es Tafeln, Schilder und Bücher, die in der Moderne diesen besonderen Status gewinnen. Sie können Aura haben.

Es ist Benjamin, der diese Konstellation mit einer präzisen historischen und materialistischen Markierung versieht, die auch für die heutige Auseinandersetzung mit der *sensor society* maßgeblich ist. Für Benjamin ist es die Gesellschaftsordnung des Kapitalismus, die dazu führt, dass sakrale Kunstwerke als säkulare Schriften oder Drucke erscheinen, und die umgekehrt dafür sorgt, dass weltliche Texte den Status religiöser Objekte annehmen können. In der Schrift der Moderne manifestiert sich demzufolge nicht allein die Spur des Erzählers oder der Abdruck eines göttlichen Fingers, sondern zunächst und vor allem die phantasmagorische Hand des Kapitals.

Abbildung 1
Die Moses-Statue von Michelangelo Buonarroti,
Ausschnitt des Grabmals für Julius II.
Fotografie von James Anderson (ca. 1845–1855)

Abbildung 2
Frühe Darstellung des gehörnten Moses
(»Bury Bibel«, ca. 1135)

moyses

Abbildung 3
Postkarte von Sigmund Freud an Sándor Ferenczi, 13. September 1913. »Ihr Freud erwidert Ihren Gruß u[nd] theilt ganz Ihre Meinung über den Kongreß in München«

Abbildung 4
Teilansicht des Moses von Michelangelo, die in der ersten Veröffentlichung von Freuds Aufsatz verwendet wurde
Fotografie von Domenico Anderson (ca. 1900)

Abbildung 5
Seitenansicht des Gipsabdrucks der Moses-Statue
von Michelangelo in der Glyptothek
der Wiener Akademie der bildenden Künste
(Zustand im Juli 2016)

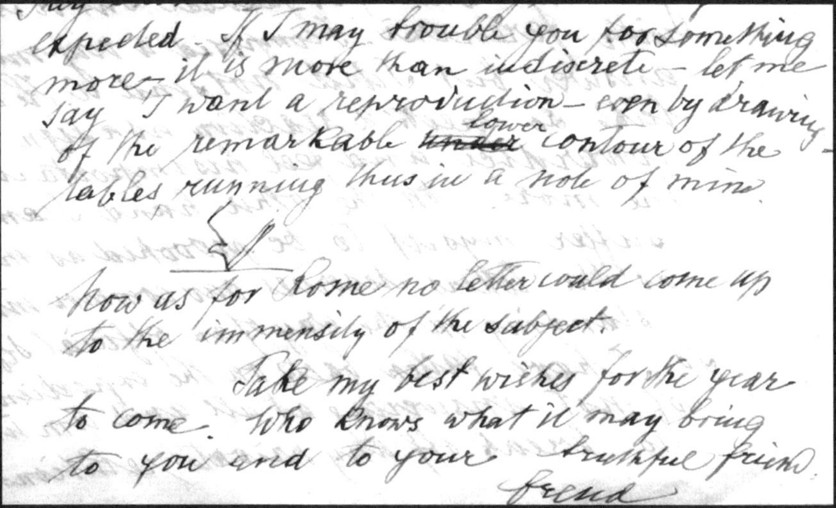

expected. If I may trouble you for something
more – it is more than indiscrete – let me
say I want a reproduction – even by drawing –
of the remarkable ~~under~~ lower contour of the
tables running thus in a note of mine.

Now as for Rome no letter could come up
to the immensity of the subject.
Take my best wishes for the year
to come. Who knows what it may bring
to you and to your truthful friend.
Freud

Abbildung 6
Sigmund Freud, Skizze des Horns an der Unterseite der Tafeln, Ausschnitt des Briefs an Ernest Jones vom 26. Dezember 1912

»If I may trouble you for something more – it is more than indiscrete – let me say I want a reproduction – even by drawing – of the remarkable lower contour of the tables, running thus in a note of mine [Skizze] / Now as for Rome no letter could come up to the immensity of the subject. / Take my best wishes for the year to come. Who knows what it may bring to you and to your truthful friend / Freud«

Fig. D

Abbildung 7
Sigmund Freud, Detailskizze
zur Moses-Statue (»Figur D«)

Abbildung 8
Gesamtansicht des Moses von Michelangelo
Fotografie von Domenico Anderson (ca. 1900)

Abbildung 9
Überlagerung von Freuds »Figur D« und
der Fotografie von Domenico Anderson

Abbildung 10
Germaine Krull, Laden in einer Passage,
Paris (ca. 1927/28)

Abbildung 11
László Moholy-Nagy, Umschlag für Sigfried
Giedions Buch *Bauen in Frankreich* (ca. 1928)

Abbildung 12
Sigfried Giedion, Fotografie der Magazinräume
in der von Henri Labrouste entworfenen Bibliothèque Nationale,
Paris (aus: *Mechanization Takes Command*, 1948)

Abbildung 13
Pierre-François Fontaine, Galerie d'Orléans im Palais Royal, Paris, 1829–1831 (aus: Sigfried Giedion, *Mechanization Takes Command*, 1948)

Abbildung 14
Draperien und Polster für ein Rauchzimmer im orientalischen Stil, ca. 1879 (aus: Sigfried Giedion, *Mechanization Takes Command*, 1948)

Abbildung 15
»Sieg der Vermummung über das Holz«. Der Salon von Sarah Bernhardt, ca. 1891 (aus: Sigfried Giedion, *Mechanization Takes Command*, 1948)

Abbildung 16
Haeckels Darstellung der Pseudopodien von *Amoeba vulgaris* (1878)
Die Amöbe ist in zwei aufeinanderfolgenden Zuständen dargestellt. Links sind »mehrere kurze«, rechts »mehrere längere Fortsätze oder Lappenfüsschen vorgestreckt«. Im Protoplasma der »nackten Zelle« liegt der Kern (*n*) sowie einige fremde, als Nahrung aufgenommene Körperchen (*i*).

Abbildung 17
Sigmund Freud, Schema des psychischen Apparats (1923)
Das System Wahrnehmung-Bewusstsein (*W-Bw.*) erscheint als eine Schutzhülle, die oben auf das Vorbewusste, das Ich und das Es aufgesetzt ist.

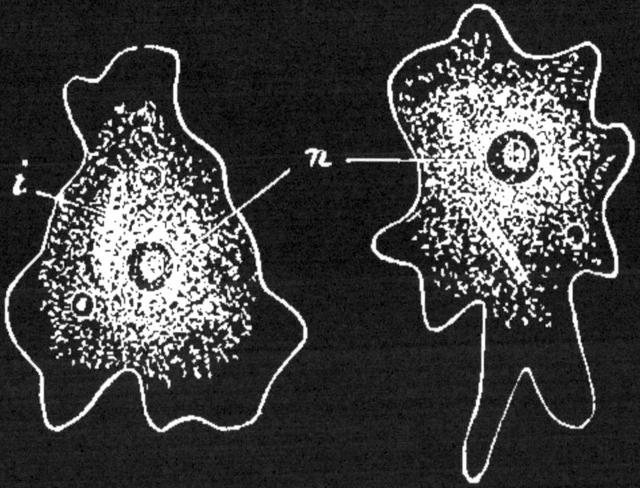
i
n

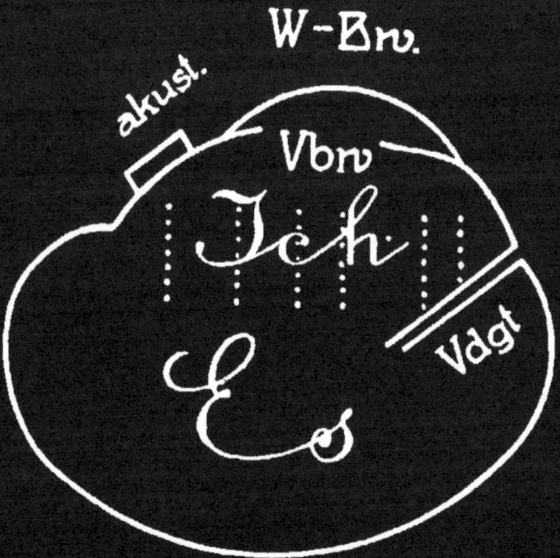
W-Bw.
akust.
Vbw
Ich
Es
Vdgt

Kapitel 3

Nashorn-Kybernetik

In diesem Raum stehen sich der katalanische Künstler Salvador Dalí und der rumänische Diplomat und Philosoph Matila Ghyka gegenüber. Der Raum zeigt einige Dalí-Gemälde aus den 1940er- und 1950er-Jahren: Leda Atomica, *die* Madonna von Port Lligat *und* Paranoisch-kritisches Gemälde der Spitzenklöpplerin von Vermeer. *Neben einem Modell der DNA-Doppelhelix liegen spiralförmige Hörner von Schafen, Antilopen und wilden Ziegen. Die Gemälde werden mit jenen Abbildungen aus Ghykas Werken über Mathematik und Kunst konfrontiert, auf die sich Dalí bei ihrer Ausführung nachweislich stützte. Neben den Briefen, die Ghyka an den Künstler schickte, liegen einige Bände biologischer Fachliteratur aus Dalís Bibliothek: Bücher von Francis Crick und James Watson, Hefte des* Scientific American, *vor allem aber D'Arcy Thompsons Abhandlung* Über Wachstum und Form. *Das Motto für diesen Raum stammt von Heinrich Popitz. Es lautet: »Mit Feuerstein ist Horn, mit Horn Holz formbar. Es ist diese Ausnutzung von Härtedifferenzen, die Menschen auf den Gedanken bringen mußte, das eine Material als Mittel zur Bearbeitung eines anderen zu nutzen und dieses Mittel selbst wieder durch Bearbeitung zu perfektionieren.«*[1]

Salvador Dalí erscheint 1962 in doppelter Gestalt, als gehörnter Moses und als Cyborg. In *Dali de Gala*, dem Buch des mit ihm befreundeten Fotografen und Filmemachers Robert Descharnes, sieht man den Künstler zuerst mit zwei nach oben gehaltenen Haarsträhnen auf dem Ausschnitt einer alten Fotografie (Abb. 1). Die Originalaufnahme aus den 1920er-Jahren zeigt Dalí im Kreis seiner Kommilitonen an der Kunstakademie in Madrid. Während seine Studienkollegen, die Palette in der Hand, im Halbkreis stehen, sitzt er seitlich schräg vor ihnen auf dem Boden. Links und rechts hinter ihm halten zwei Studienkollegen jeweils eine Strähne seiner langen Haare in die Höhe – vielleicht um besonders auf ihn aufmerksam zu machen, vielleicht um ihn spielerisch zu ärgern, möglicherweise auch um einen Zusammenhang zwischen Pinseln, Haaren und Malerei zu suggerieren. Letzteres legt ein abstraktes Dalí-Pastell von 1927 nahe. *Haar* zeigt nichts als gewellte Strähnen, die zu ebenso komplexen wie interessanten Mustern werden.

Das Buch von Descharnes blendet solche Kontexte aus, indem es sich auf einen Bildausschnitt beschränkt, der nur den Oberkörper, das Gesicht und die hoch gehaltenen Haare zeigt. Dann eröffnet der Kommentar, den Dalí zu diesem Bild gibt, eine weitere Dimension: »Fortwährend lasse ich meinem Kopf Phantasmen der Vergöttlichung entsteigen. Hier die Hörner von Moses.«[2] Damit ist ein Motiv angesprochen, das Dalí nicht nur durch die Kultur- und Kunstgeschichte, sondern auch durch seine intensive Freud-Lektüre vertraut gewesen ist. Zudem fand sein berühmter Besuch bei Freud, Ende der 1930er-Jahre in London, zu einem Zeitpunkt statt, an dem der Psychoanalytiker gerade dabei war, seine große Studie über den *Mann Moses und die monotheistische Religion* abzuschließen.

Es überrascht daher nicht, dass Dalí in den 1970er-Jahren eine Kopie des *Moses* von Michelangelo in einer Nische des Glaskuppelsaals seines Theatermuseums in Figueres aufstellen lässt.[3] Etwas später schafft er ein an die Skulptur angelehntes Gemälde. Es zeigt einen von Wolken und Gesteinsbrocken eingekreisten Moses-Kopf, dessen stechender Blick wie ein elektrischer Blitz zu ihm zurückkommt und dabei die eigene Gestalt zu zerstören beginnt.[4] Während das Moses-Bild zu diesem Zeitpunkt also buchstäblich Risse bekommt, steht die kurze Anspielung im Buch von Descharnes, 1962, noch für weniger gebrochene und zugleich aktuellere Zusammenhänge – unter anderem den ebenfalls hornförmigen Schnurrbart von Dalí, der in dieser Zeit nicht allein zu einem regelrechten Warenzeichen des Künstlers geworden war, sondern durch die Zusammenarbeit mit dem Fotografen Philippe Halsman auch zu einem eigenständigen Kunstwerk avancierte.[5]

Darüber hinaus wird mit der kommentierten Fotografie im Descharnes-Buch auf eines der hauptsächlichen Themen angespielt, das den Dalí der Nachkriegszeit beschäftigte. Nach dem Bruch mit der surrealistischen Bewegung und der anschließenden Hinwendung zu den Klassikern der Malerei (Vermeer, Raffael, Leonardo ...) näherte der Künstler sich mit großem Interesse der Religion, der Mystik und der Magie an. Der »göttliche Dalí«, wie er sich in dieser Zeit zu nennen begann, malte in zunehmendem Maße Madonnen, Kreuzigungen, Himmelfahrten und weitere biblische Motive, und während in seinen Schriften die Bezugnahmen auf die Psychoanalyse in den Hintergrund traten, berief er sich vermehrt auf philosophische und theologische Autoren des Mittelalters und der Frühen Neuzeit, vorzugsweise auf solche, die eine Verbindung zu Katalonien hatten. Allen voran war dies der Theologe, Philosoph und Dichter Raimundus Lullus, Theoretiker des Baums der Wissenschaften, Erfinder einer logischen Maschine und Begründer der katalanischen Literatur, sodann der Naturtheologe Raimundus Sabundus, Schüler von Lullus und Verfasser des *Buches der Kreaturen*, sowie der Sabundus-Übersetzer und -Verehrer Michel de Montaigne, dessen *Essais* Dalí 1947 in einer selbst besorgten Auswahl herausgab und illustrierte.[6]

Dann tritt Dalí aber als Cyborg auf, ebenfalls im Buch von Descharnes. Als Frontispiz des Bandes fungiert eine Farbfotografie, ein zeitgenössisches Porträt von Dalí. Darauf trägt der Künstler eine katalanische Barretina auf dem Kopf und eine Brille auf der Nase, während er konzentriert an der Staffelei arbeitet oder einer Lektüre nachgeht. Erneut verändert der Kommentar von Dalí schlagartig den Kontext des Bildes:

»Der Maler muss intelligent sein. Wie die Köche muss er seiner Arbeit mit einer Kopfbedeckung nachgehen. Seine Kopfbedeckung sollte ein weicher Ersatz für den harten Helm der Pallas Athene sein. Seine Kopfbedeckung sollte einen elektronischen und kybernetischen Apparat enthalten und verbergen, der es erlaubt, wie bei einer Fernsehübertragung Informationen in die Brille zu übermitteln.«[7]

Der Vergleich von Künstler und Koch erinnert noch an das gegen André Breton gewendete Diktum aus den 1930er-Jahren, die Schönheit werde nicht »konvulsivisch«, sondern »essbar sein oder gar nicht sein«.[8] Mit der Anspielung auf Athene wird dem Regime des Harten jene bekannte »Ordnung des Weichen« gegenübergestellt, die für die künstlerische Arbeit von Dalí so grundlegend ist. Im selben Atemzug wird das Motiv des Schutzes und der Abwehr, das eigentlich mit dem Helm von Athene verbunden ist, in ein Bild des Empfangs und der Mitteilung transformiert. Unklar bleibt dabei allerdings, woher die Informationen stammen, die der kybernetische Apparat auf dem Kopf empfangen und in die Brille des Künstlers spiegeln soll. Handelt es sich erneut um Phantasmen, die dem Kopf des Künstlers »entsteigen«, oder sollen tatsächlich Fernsehbilder kommuniziert werden, um sich – ähnlich wie bei heutigen Datenbrillen – mit den Wahrnehmungen der realen Welt zu verbinden, zu überlagern und zu vermischen?

Offenbar schwebte Dalí durchaus Letzteres vor. Descharnes behauptet jedenfalls, dass der Künstler sich kurz vor der Aufnahme des fraglichen Porträts einen brillenartigen Apparat verschafft habe, der das Einspiegeln von Fernsehbildern in das Gesichtsfeld des Trägers ermöglichte. Tatsächlich gab es zumindest einen Prototyp dieses Apparats. Das »Electrocular« war Anfang der 1960er-Jahre von der Hughes Aircraft Company entwickelt worden, und wie der Eigentümer des Unternehmens, der legendäre Howard Hughes, stand es für eine bemerkenswerte Kompromissbildung zwischen Sehmaschine und Flugzeug: Zweck des Gerätes war es, Piloten noch während des Fluges Fernsehbilder von den Wetterbedingungen am Boden oder von Informationen zum Luftverkehr zu übermitteln (Abb. 2).

Die Grundidee war einfach. Am Ende einer seitlich am Kopf festzuschnallenden Röhre, in die ein kleiner Fernsehbildschirm montiert war, befand sich ein schräg gestellter Spiegel, der die fraglichen Bilder auf ein Brillenglas weiterleiten konnte, das wiederum schräg vor dem rechten Auge angebracht war. Weil dieses monokelartige Glas aus einem durchsichtigen Spiegel bestand, konnte der Träger nicht nur das Fernsehbild sehen, sondern auch »durch das Bild hindurchschauen, um sich, wenn es erforderlich ist, auf das zu konzentrieren, was wirklich vor ihm ist«.[9]

Es ist unklar, wie Dalí in den Besitz des Electrocular gekommen ist, und es gibt keine Fotografien oder andere Dokumente, die verdeutlichen würden, wie und bei welchen Gelegenheiten er es benutzt hat. Descharnes zufolge war der Künstler aber überzeugt, dass dieses Gerät zur Einübung in jenes »Zweite Sehen« beitragen könnte,[10] das der Erfinder der »paranoisch-kritischen Methode« seit seiner surrealistischen Phase immer wieder in Szene gesetzt hatte. Was in seinen Gemälden durch minutiöse Handarbeit zu Doppelansichten, Vexierbildern und Gestalteffekten führte, ließ sich anscheinend auch technisch durch die Überlagerung von Wirklichkeitsbildern und Fernsehbildern realisieren.

Descharnes zufolge ging Dalís Begeisterung für den Zusammenhang von Sehmaschinen, Flugzeugen und Kybernetik so weit, dass er, die griechische Herkunft des Ausdrucks »Kybernetik« im Hinterkopf, den Künstler insgesamt als einen »Piloten des eigenen Lebens« verstand. »Wir haben heute wunderbare kybernetische Maschinen, die den Leuten, die sie einsetzen, weit überlegen sind«, äußerte Dalí in dieser Zeit in einem Interview und machte keinen Hehl aus seiner Erwartung, dass die Malerei durch »diese neue Technik gerettet wird«.[11] Eben deswegen suchte er in der Nachkriegszeit vermehrt den Kontakt zur zeitgenössischen Wissenschaft. Er berief sich auf Heisenberg als seinen »Vater«, unterhielt sich mit Watson über die Doppelhelix der DNA, experimentierte schon in den frühen 1960er-Jahren mit Videotechnik, kooperierte später mit dem Erfinder der Holografie und rezipierte die Arbeiten von René Thom zur Mathematik der Morphogenese ebenso wie Ilya Prigogines Theorie dissipativer Strukturen.[12]

Gehörnter Moses und Cyborg: In der Forschungsliteratur besteht kein Zweifel daran, dass die Zusammenführung von Mittelalter und Moderne, von Magie und Technik, von Religion und Wissenschaft ein Charakteristikum des postsurrealistischen Werks von Dalí darstellt. Ebenso wenig umstritten ist, dass das Horn, insbesondere das Rhinozeroshorn, das Symbol *par excellence* für jene von etwa 1950 bis 1965 andauernde Schaffensperiode ist, die üblicherweise »atomare Phase« oder Phase des »Nuklearen Mystizismus« genannt wird, von Dalí selbst allerdings als »rhinozerontische Phase« bezeichnet wurde.[13]

Die Urteile, die die Dalí-Forschung über diesen Werkabschnitt gefällt hat, gehen jedoch weit auseinander. Während die einen fast schon abfällig von einer »Rhinozeros-Manie« sprechen und darin nur eine weitere Laune des »exzentrischen Genies« erkennen, begrenzen die anderen den wesentlichen Ertrag dieser Phase auf das Filmprojekt *Die wundersame Geschichte der Spitzenklöpplerin und des Nashorns*, an dem der Künstler zwischen 1954 und 1962 zusammen mit Descharnes gearbeitet hat, das bis heute aber unvollendet geblieben ist.[14]

Demgegenüber soll hier gezeigt werden, dass Dalís Hinwendung zum Horn eine tief greifende Revision seiner Auffassung des Verhältnisses zwischen Körper, Bild und Technik beinhaltet, die bis heute medientheoretische Relevanz beanspruchen kann – auch und gerade in der Auseinandersetzung mit den Medien des Taktilen. Zweifellos lässt sich Dalís Interesse für die neuesten Errungenschaften von Wissenschaft und Technik bis in die frühen Phasen seines Schaffens zurückverfolgen. Unter dem Eindruck des Futurismus pries er schon in den 1920er-Jahren die »einfache und hinreißende Schönheit der wunderbaren mechanisch industriellen Welt« und begeisterte sich im Folgenden für die »Ästhetik der Objektivität«, die durch die Fotografie einerseits sowie Mikroskopie und Teleskopie andererseits in die Wissenschaften *und* die Künste eingedrungen war.[15]

Schon in den 1920er-Jahren propagierte er auch den Gedanken, »daß wir wirklich in einer post-maschinistischen Epoche leben«, einer Epoche, die nicht wie bei Le Corbusier (auf den mit der Rede vom »Maschinismus«

angespielt wird) durch eine »Technik und Architektur der Selbstbestrafung« geprägt ist, sondern durch die das Leben bejahende Architektur Antoni Gaudís, die sich bei Dalí in die nahrhafte Weichheit von Motoren, Uhren, Autos und Fernsehern fortsetzen wird.[16]

Ebenso wenig steht außer Frage, dass diese postmaschinistische Programmatik bereits im »Labor« des Surrealismus durch vielfältige Bezugnahmen auf die zeitgenössische Wissenschaft und die »surrationalistische« Wissenschaftsphilosophie Gaston Bachelards weiter profiliert wurde.[17] Neben der modernen Physik mit ihren gekrümmten Räumen und nicht euklidischen Geometrien interessierte sich Dalí in diesem Kontext vor allem für jene Disziplinen, die sich mit weichen Materialien und lebenden Formen befassten. Die Referenzen sind dabei durchaus detailliert. So zitiert er in einer Erläuterung zu den zerfließenden Uhren, die in *Die Beständigkeit der Erinnerung* (1931) dargestellt sind, die Beiträge zur Kolloidforschung, die in den 1910er- und 1920er-Jahren von Jacques Loeb, Jacques Duclaux und Charles Honoré Maurain geleistet wurden. Ende der Dreißigerjahre bemüht Dalí den Biochemiker Stéphane Leduc, einen Pionier der »Synthetischen Biologie«, um eine wissenschaftliche Erklärung für den Glanz der Perlen zu finden, die auf den Gemälden von Vermeer dargestellt sind. Und wie andere Surrealisten rezipierte er im selben Zeitraum die teils mathematisch, teils biologisch orientierten Versuche, das Feld der Ästhetik auf eine wissenschaftliche Grundlage zu stellen, vor allem den von Édouard Monod-Herzen vorgelegten Entwurf einer »Allgemeinen Morphologie«.[18]

Wenn sich der Künstler aber um 1940, nach dem Bruch mit der surrealistischen Bewegung, verstärkt der malerischen Tradition zuwendet, geht damit eine Verschiebung seiner Ästhetik der Objektivität einher. Nun ist es das »magische Handwerk«, also die Technik der Malerei selbst, die in ihren konkreten Bedingungen und historischen Besonderheiten untersucht, erfasst und genutzt werden soll. Dass es dabei nicht nur um bestimmte Farben, Pinsel und Maluntergründe, sondern auch und vielleicht vor allem um spezifische Sehmaschinen geht, legt er 1948 in seinem

Traktat *50 magische Geheimnisse* dar.[19] In dieser Abhandlung, die teils als praktischer Ratgeber für angehende Maler, teils als Variation von da Vincis Schriften zur Malerei angelegt ist, ruft er klassische Gerätschaften zur Herstellung zentralperspektivischer Ansichten wie die Camera Obscura und das Fadengitter auf, ergänzt diese aber durch eigene Konstruktionen, die die künstlerische Betrachtung der Natur oder der eigenen Bilder unterstützen sollen.

Im Vergleich zum Electrocular sind diese Konstruktionen zwar entschieden *low tech*, bestechen aber durch die eigenwillige Zusammenfügung des Technologischen und des Biologischen, die der Roussel-Verehrer Dalí mit ihrer Hilfe inszeniert.[20] So besteht sein »Aranarium« aus vier runden Holzrahmen, in deren Gestellen Spinnen hausen, die die Rahmen mit ihren Netzen überziehen sollen. Ist dies einmal geschehen, kann der Künstler durch diese Rahmen und Netze hindurch auf bisher ungekannte Weise das Farbenspiel einer Landschaft studieren, das sich in einer Kristallkugel oder Glasflasche spiegelt (Abb. 3).

Obwohl solche hybriden Konstrukte durchaus im Kontrast zu Dalís ausgeprägtem Interesse für die zeitgenössischen Techniken der Bilderzeugung stehen, gibt es einen Bezugspunkt, der ihnen gemeinsam ist. Es ist jenes »Wunder«, das Dalí zufolge seit Vermeer darin besteht, »mit Erdprodukten und einem einfachen Pinsel die Illusion eines Raums geschaffen zu haben«. Die innovative Leistung Vermeers bestand demzufolge darin, »sehr feine Schichten nach und nach aufzutragen, um die Illusion eines atmosphärischen Raums entstehen zu lassen. [...] Für das nackte Auge praktisch unsichtbare Strukturen haben räumliche Bilder hervorgerufen.« Dementsprechend will Dalí auch keineswegs als Surrealist oder als »Ex-Surrealist« in die Geschichte der Kunst eingehen, sondern als »Erneuerer einer Technik«, der Technik der Malerei.[21]

Von daher versteht sich, dass Dalís »post-maschinistische« Programmatik darauf ausgerichtet ist, die intellektualistische Unterordnung des Menschen unter die Maschine durch eine fruchtbare Anpassung der Technik an das Leben zu überwinden. Im Folgenden soll verdeutlicht werden, dass diese Programmatik in der Nashorn-Phase eine spürbare Veränderung erfährt: Sie hört auf, anthropologisch konnotiert zu sein, und beginnt, sich an der Biologie zu orientieren. In den Jahren vor 1950 folgen die Arbeiten des Künstlers zumeist einem Paradigma der Prothese. Einzelne technische Objekte erscheinen als Verlängerungen und Verformungen des menschlichen Körpers: Zungen werden zu Löffeln, die weibliche Brust verwandelt sich in eine Schublade, ein angewinkeltes Bein mutiert zu einem Tisch usw. usf.

In dem Moment, in dem sich Dalí dem archaisch wirkenden Organismus des Nashorns zuwendet, überschreitet er den anthropologischen Horizont dieser postmaschinistischen Vision und macht sich die biologische Perspektive der Morphologie zu eigen. Mensch und Maschine erscheinen nun nicht mehr als vollständige Formen, die zuerst aneinandergesetzt und dann miteinander verschmolzen werden. Der vergleichende Blick auf das gepanzerte Nashorn legt vielmehr nahe, dass es um ein abstrakteres Verhältnis geht. Leben und Technik erscheinen jetzt als vielfältig miteinander verbunden und verkoppelt.

An die Stelle des prothetischen Paradigmas tritt eine Betrachtung von »atomaren« oder »nuklearen« Phänomenen und Prozessen, auf deren gemeinsamer Grundlage sich Organismus einerseits und Maschine andererseits überhaupt erst ausdifferenzieren. Die Idee der Ausdehnung und der Verlängerung des menschlichen Körpers wird durch eine Auffassung der Überlagerung und Durchdringung von biologischen und technologischen Bestandteilen ersetzt. Zugleich werden Überlagerung und Durchdringung auf Phänomene und Prozesse der Formbildung zurückgeführt, die für das Leben insgesamt charakteristisch sind. Genau darin besteht die Aktualität Dalís: Er entwirft nichts anderes als eine Biologie der Medien.

Angelehnt an die Studien von Matila Ghyka, deren Bedeutung für den Dalí der Nachkriegszeit wiederholt herausgestellt wurde,[22] schließt der Künstler dabei besonders an die Abhandlung des Anatomen und Zoologen D'Arcy Wentworth Thompson an. In *Über Wachstum und Form* entwirft Thompson eine dynamische Morphologie biologischer Entitäten (Zellen, Gewebe, Skelette usw.) und widmet ein ganzes Kapitel der »Gestalt von Hörnern«, das vom nashornbegeisterten Dalí aufmerksam gelesen wird. Vor diesem Hintergrund verschiebt sich insgesamt das Verständnis von Technik. Mit Thompson setzt Dalí nicht länger am isolierten technischen Objekt an, das dem Menschen als Werkzeug oder Maschine gegenübertritt, sondern richtet sich über Schalen, Panzer und Gehäuse an der Architektur als einem Grundphänomen alles Technischen aus.

Vor diesem Hintergrund gewinnt auch die Frage der Taktilität an widersprüchlicher Relevanz. Während Dalís Begeisterung für das Lullistische Ideal der ritterlich-höfischen Liebe und sein Interesse für die zeitgenössische Teilchenphysik zu bildlichen Darstellungen führt, in denen alles in der Schwebe ist und jede Berührung zwischen Körpern, Gegenständen und Landschaften vermieden wird, wird das Gemälde selbst zu einem Phänomen der intensiven Schichtung, das durch die nach und nach Material auftragende Hand des Malers entsteht. Statt noch länger dem Primat der Fotografie untergeordnet zu sein, avanciert die Malerei so zu einem Phänomen der Sedimentierung. Sie erscheint nicht länger als die automatische Fixierung einer Objektivität, sondern wird zur überaus aufwendigen Schalen- und Panzerbildung, zum manuell konstruierten Ausdruck einer »dermal-skelettierte[n] Seele [...] (die Knochen außen, das feinste Fleisch innen)«.[23]

Ein Vortrag an der Sorbonne ...

Der Vortrag, den Dalí Mitte der 1950er-Jahre an der Sorbonne gehalten hat, ist eine der pointiertesten Stellungnahmen zu den miteinander verschränkten Themen und Motiven der Nashorn-Phase. Am 17. Dezember 1955 fuhr Dalí in Begleitung seines Freundes, des Malers Georges Mathieu, in einem Rolls Royce vor dem »Tempel des Wissens« vor – die Rückbank des Wagens voll mit einem Haufen Blumenkohl. Von einem Blitzlichtgewitter begrüßt, ergriff er im großen Hörsaal der Universität das Wort, um der Öffentlichkeit »die phantastischste Eröffnung seines Lebens« zu machen.[24]

Trotz der längst vollzogenen Abkehr vom Surrealismus knüpft schon der Titel des Vortrags, »Phänomenologische Aspekte der paranoisch-kritischen Methode«, durchaus an Dalís Diskurse der 1920er- und 1930er-Jahre an, und die von ihm referierten Inhalte bekräftigen diese Verknüpfung, insofern sie sich auf Phantasmen, Träume und Ängste sowie die Kategorie des »objektiven Zufalls« beziehen. Auch die Diskurse von Psychoanalyse und Psychiatrie scheinen nicht verabschiedet, im Gegenteil. Gleich am Anfang seines Vortrags erklärt Dalí, dass für ihn immer noch die Frage zentral sei, inwieweit sein Wahnsinn »schöpferisch und gültig ist«. Auch die Tatsache, dass der entscheidende Teil der angekündigten »Eröffnung« eine Kindheitserinnerung ist, ruft eher den psychoanalytisch geprägten Vorkriegs-Dalí als den an Kernphysik und Katholizismus interessierten Nachkriegs-Dalí ins Bewusstsein. Dennoch richtet sich der Vortragende explizit nicht an Phänomenologen, Psychoanalytiker oder Psychiater, sondern »an die Fachwissenschaftler, vor allem die Morphologen«.[25]

Die fragliche Kindheitserinnerung zeigt den neunjährigen Dalí im elterlichen Haus in Figueres, wie er zunächst durch den Gesang einer Nachtigall in einen Zustand »lyrischer Ekstase« versetzt wird: »Ich war bis zu Tränen erschüttert«. Sodann sitzt der Junge »fast nackt« im Esszimmer, stützt sich mit den Ellbogen auf den Tisch und stellt sich schlafend, um die Aufmerksamkeit »einer jungen Bediensteten« auf sich zu ziehen. Dann wird eine taktile Empfindung vordringlich: »Auf dem Tischtuch lagen trockene Brotrinden, die in meinem Ellbogen einen stechenden Schmerz hervorriefen.«[26]

Im Anschluss fühlt er, wie er von dem Bild *Die Spitzenklöpplerin*, das an einer Wand im Büro seines Vaters als Reproduktion hing und durch die offene Tür sichtbar war, und von Rhinozeroshörnern ergriffen und »vollkommen besessen« wird. Die von Vermeers Gemälde hervorgerufene »Illusion« der Hörner habe sich mit großer Nachdrücklichkeit aufgedrängt. Obwohl – oder gerade weil – ihn seine Freunde deswegen für »eindeutig verrückt« hielten, sei er dieser Nashorn-Illusion auch in den kommenden Jahren und im Grunde bis heute treu geblieben.

Gemäß einer Programmatik, die er in den 1930er-Jahren in der Auseinandersetzung mit einem anderen »zwanghaften Bild«, nämlich dem *Abendläuten* von Millet, entworfen hatte, unternimmt Dalí nun aber nicht eine Interpretation der offenkundig sexuellen Gehalte seiner Erinnerung (Spitzenklöpplerin = Bedienstete, Nashorn = Phallus usw.). Vielmehr versucht er, dem passiven Charakter dieser Erinnerung »auf der Ebene des ›Handelns‹ *Geltung* zu verschaffen«, d. h., sie wie in einem Experiment »in die Wirklichkeit, ins Leben eingreifen zu lassen«.[27]

Zu diesem Zweck wird der Bericht der Kindheitserinnerung zunächst angereichert. Dies ist hier von besonderem Interesse, weil dabei die Szene der Bildbetrachtung noch weiter in ein taktiles Register übersetzt wird. Allerdings steht dabei nicht das Tasten oder Greifen im Vordergrund, sondern das Stechen – ein Motiv, das offenkundig von dem Sachverhalt angeregt ist, dass die junge Frau auf dem Gemälde Vermeers mithilfe von Nadeln, Fäden und Klöppeln einer Arbeit nachgeht, deren Produkte als »Spitze«, oder besser: als »Zähnchen« (*dentelle*), bezeichnet werden. Dalí behauptet nun, dass das Zentrum von Vermeers Darstellung auf bemerkenswerte Weise leer ist: »Am meisten verwirrt hat mich an diesem Bild, daß alles genau auf eine Nadel, eine Stecknadel ausgerichtet war, die nicht gemalt ist, sondern einfach suggeriert wird«.[28]

In dieser Inszenierung von Leere erkennt Dalí allerdings ein wesentliches Merkmal der Malerei von Vermeer. Die oben zitierte spätere Einschätzung, dass Vermeer deswegen ein so wegweisender Maler sei, weil es ihm gelang, mit »praktisch unsichtbare[n] Strukturen« ein räumliches Bild hervorzurufen, wird hier vorweggenommen. Im Amphitheater der Sorbonne erklärt Dalí, Vermeers Stärke bestehe eben darin, dass er »seinen Gegenstand nicht berührt«.[29] Im Unterschied dazu »vergewaltigt« ein moderner Maler wie Matisse »die Wirklichkeit«, »verwandelt sie« und lässt sie auf »bacchische Tuchfühlung« zusammenschrumpfen. Das ästhetische

Konzept der Nichtberührung ist also nicht ausschließlich im Diskurs der Teilchenphysik begründet.

Dalí unterstreicht diesen Punkt. Genau durch das Nichtberühren seines Gegenstandes packe Vermeer nämlich die Betrachterinnen und Betrachter seines Gemäldes. Noch mehr: Die Effekte der suggerierten Nadel seien für diese überaus real. Das gilt nicht nur für den kindlichen Dalí, der seine Ellbogen auf ein vollgekrümeltes Tischtuch aufstützt, sondern auch für den erwachsenen: »[W]ie oft spürte ich die Spitze dieser Nadel so real in meinem eigenen Fleisch, in meinem Ellbogen, daß ich mitten in den himmlischsten Siesten aus dem Schlaf hochfuhr.«[30] Eine Reproduktion von Vermeers Gemälde übernimmt die Tätigkeit des Stechens. Sein leeres Zentrum wird zum Element, das – ähnlich wie bei Benjamins dadaistischem Gemälde oder später bei Barthes' *punctum* der Fotografie – gleich einem Pfeil aus seinem Zusammenhang »hervorschießt«, um den Betrachter und die Betrachterin zu »durchbohren«.[31]

Das Ergebnis ist ein mit taktiler Energie geladenes Bild, das über erhebliches Expansionspotenzial verfügt. So fährt Dalí fort: »Man hat dieses Bild [*Die Spitzenklöpplerin*] immer für überaus friedlich und außergewöhnlich ruhig gehalten. Für mich besaß es eine der gewalttätigsten Kräfte im ästhetischen Bereich, welche nur mit dem kürzlich entdeckten Antiproton verglichen werden kann.«[32] So wie jedes Proton ein Antipartikel hat, das die entgegengesetzte Ladung enthält, so ist die von der *Spitzenklöpplerin* ausgestrahlte Ruhe sozusagen nur die positive Ladung einer tief liegenden Unruhe der Negativität. Das Bild existiert, so könnte man sagen, insofern nicht ohne seine taktil wirkende Antibildlichkeit, die stechende Leere seines Zentrums.

Der auf diese Weise angereicherte Bericht wird dann in eine weitergehende Auseinandersetzung mit den beiden Elementen überführt, die sich – sieht man einmal von einem weiteren »zwanghaften Bild« ab, nämlich Dürers *Rhinocerus*-Zeichnung – in der fraglichen Kindheitserinnerung ebenso zufällig begegnen wie die Nähmaschine und der Regenschirm auf dem Operationstisch Lautréamonts. Der erste Schritt dazu ist die Ausführung einer möglichst präzisen Kopie des Gemäldes von Vermeer. Nach einer entsprechenden Anfrage im Louvre hatte Dalí im November 1954 die Erlaubnis erhalten, vor dem Original der *Spitzenklöpplerin* eine Kopie des Gemäldes anzufertigen (Abb. 4). Das Ergebnis präsentiert er in seinem Vortrag als eine Art Bestätigung seiner wahnhaften Kindheitserinnerung: »[A]ls ich den Louvre betrat, wußte ich noch nicht, wie meine Kopie aussehen würde. Und zur großen Überraschung aller meiner Freunde und des Konservators des Louvre kamen auf der Leinwand statt der Spitzenklöpplerin Rhinozeroshörner zum Vorschein. Ich muß sagen, ein bißchen hatte ich's geahnt.«

Die tiefere Bedeutung dieser verfremdenden Kopie ging Dalí nach eigenem Bekunden aber erst später auf (Abb. 5). Im Sommer des folgenden Jahres sei er sich in Port Lligat über die formalen Aspekte seiner Kopie klargeworden. Umgeben von einer Vielzahl großformatiger Reproduktionen der *Spitzenklöpplerin*, die er in seinem Haus und dem zugehörigen Garten aufgehängt hatte, erkannte er, dass er auf seiner eigenen Gemälde-Kopie nichts anderes als »streng logarithmische Kurven« gezeichnet hatte (Abb. 6).[33]

An dieser Stelle habe sich die Auseinandersetzung mit Vermeer mit seiner »Erforschung der Morphologie der Sonnenblume« verbunden, die er zwei Jahre zuvor in anderem Zusammenhang in Angriff genommen hatte. Dalí verweist dabei auf einen prominenten Vorläufer: »Schon Leonardo da Vinci hatte seinerzeit ungewöhnlich interessante Schlüsse aus ihr [der Morphologie der Sonnenblume] gezogen.«[34] In der Tat hatte sich da Vinci in seinen Notizbüchern zur spiralförmigen Anordnung von Pflanzenblättern geäußert. Im Folgenden erklärt Dalí, dass es bis heute selbst unter Fachleuten umstritten sei, ob die Anordnung der braunen Röhrenblüten bei der Sonnenblume tatsächlich einer logarithmischen Spirale folgt, er habe aber zumindest einzelne Elemente des Vermeer-Gemäldes darin wiedererkannt (Umriss, Kopfputz, Kissen usw.).

Aufgrund der Ähnlichkeit von Sonnenblumenspirale und Nashornrundung habe er sodann »Erkundigungen über das Rhinozeroshorn selbst eingezogen« und diese hätten bald keinen Zweifel mehr daran gelassen,

»daß es in der Natur nie ein so vollkommenes Beispiel einer logarithmischen Spirale gegeben hat wie die Rhinozeroshornrundung.« An dieser Stelle lautet der Schluss aus seiner praktischen Arbeit über und mit Vermeer: »Die Spitzenklöpplerin ist, morphologisch gesprochen, selbst ein Rhinozeroshorn.« Gleichzeitig scheint damit erwiesen zu sein, dass der Wahnsinn Dalís in der Tat »schöpferisch und gültig« ist.[35]

… und ein Besuch im Zoo

Die Feststellung einer formalen Gemeinsamkeit zwischen dem Gemälde Vermeers, der Biegung des Rhinzeroshorns und der Anordnung der Sonnenblumenblüten reicht Dalí allerdings nicht. Er versteht die von ihm festgestellte Übereinstimmung eher als eine Hypothese, die es noch zu prüfen gilt. Das Aufeinandertreffen des Heterogenen wird dadurch noch weitergetrieben. Tatsächlich konfrontiert Dalí das Meisterwerk von Vermeer, das zugleich sein kleinstes und in manchen Partien abstraktestes Gemälde ist, direkt mit dem riesigen und überaus prägnanten Organismus des Nashorns. Es geht ihm wirklich um ein experimentelles Szenario, eine konkrete Interaktion zwischen Gemälde und Tier, zwischen Kunstwerk und Lebewesen, zwischen Kultur und Natur. So fährt er fort: »Als ich zum erstenmal sah, wie die Spitzenklöpplerin als Fotografie, als Bild einem lebendigen Rhinozeros gegenüberstand, wurde mir schlagartig klar, daß im Falle eines Kampfes die Spitzenklöpplerin gewinnen würde.«[36]

Damit spielt er auf einen öffentlichen Auftritt an, den er einige Monate früher im Zoo von Vincennes absolviert hatte. Im Mai 1955 hatte er vor der dort versammelten Presse am Rande eines Nashorn-Geheges posiert, während er weiter an seiner Version des Vermeer-Bildes arbeitete (Abb. 7). In den Filmen, die bei diesem Anlass entstanden, erkennt man Dalí, wie er, umgeben von Begleitern, eine Staffelei unter dem Arm, zum Nashorn-Gehege eilt. Man sieht, wie eine großformatige Reproduktion der *Spitzenklöpplerin* in dieses Gehege gehängt wird, woraufhin das Nashorn tatsächlich einige Schritte zurückweicht. Dann wird gezeigt, wie der auf einer Schubkarre sitzende Dalí an seiner Kopie arbeitet, während er immer wieder ins Nashorn-Gehege blickt und ihm – offenbar als Anspielung auf die fragliche Kindheitserinnerung – eine Brotkruste von hinten an den Kopf gehalten wird. Eine weitere Szene zeigt Dalí, wie er, die *Spitzenklöpplerin* und das Nashorn im Hintergrund, die nunmehr fast vollendete Kopie des Vermeer-Gemäldes neben sein schnurrbartbewehrtes Gesicht hält, um sie (und sich) den Anwesenden noch eingehender zu präsentieren.

Den Abschluss des Auftritts bildet eine bemerkenswerte Sequenz, in der Dalí sich einer großformatigen Papierkopie der *Spitzenklöpplerin*, die zwei seiner Begleiter mithilfe eines Holzrahmens in die Höhe halten, mit Anlauf von hinten nähert und sie mit einer Lanze durchbohrt (Abb. 8). Das mag man als Anspielung auf Don Quijote verstehen, der sich in diesem Fall nicht gegen die Macht neuartiger Maschinen, sondern gegen die Faszinationskraft der traditionellen Malerei auflehnt.[37] Man kann es aber auch als Reflex auf den von Dalí hervorgehobenen Sachverhalt begreifen, dass auf dem Gemälde Vermeers alles auf eine Nadel ausgerichtet ist, die ihrerseits nicht gemalt, sondern »einfach suggeriert« wird. Dalís Bild-Attacke wäre demnach als ein handgreifliches Ausfüllen dieser Leerstelle mithilfe einer gigantischen Nadel zu begreifen, ein Gegenangriff gegen die stechenden Qualitäten des Bildes, mit dem dieses allerdings zerstört wird.

In gewisser Weise wird der Maler hier selbst zum Nashorn, das sich auf einen taktilen Kampf mit der *Spitzenklöpplerin* einlässt und es durch eine List, nämlich den Angriff von hinten, doch noch überwindet – eine Überlegung, die angesichts der Tatsache, dass die Lanze von Dalí ein Narwal-Horn ist, zusätzliches Gewicht erhalten mag. Wie dem auch sei, die Presse verstand die Performance im Zoo von Vincennes als Beispiel für eine »surrealistische Heilung«. So habe Dalí am Ende erklärt: »Ich bin geheilt, dank meiner paranoisch-kritischen Methode.«[38] Wie im Sorbonne-Vortrag lässt sich auch hier der Rückgriff auf den Vorkriegs-Dalí beobachten.

Die Einzelheiten der Aktion im Zoo von Vincennes werden im Sorbonne-Vortrag nicht erwähnt. Dalí belässt es dort bei der Mitteilung der Einschätzung, dass die *Spitzenklöpplerin* im Falle eines Kampfes mit einem Rhinozeros daraus als Siegerin hervorgehen würde. Vor dem universitären Publikum scheint die Hypothese, dass die formale Struktur – die logarithmische Spirale – dem Gemälde von Vermeer und dem Horn des Nashorns gemeinsam ist, damit nur vorläufig als experimentell bestätigt zu gelten, denn der Referent wendet sich im Folgenden ihrer weiteren Verifizierung zu. So versucht Dalí, die Struktur des Horns als visuellem Grundbaustein auch in anderen Gemälden aufzuweisen. Er bezieht sich dabei zunächst auf einige seiner eigenen Gemälde, *Christus Hypercubus*, *Die Metamorphose des Narziß* und *Die Beständigkeit der Erinnerung*, und sodann auf einige Werke von Raffael, die er, ähnlich wie die *Spitzenklöpplerin*, mithilfe von Kopien in Anordnungen winziger Hörner aufgelöst hat.

In einer letzten Wendung seiner Ausführungen kommt Dalí dann nochmals auf die Sonnenblume zurück und erklärt, warum der Vergleich zwischen Vermeers Gemälde und dieser Pflanze nicht wirklich treffend war. Die Kurven der Sonnenblume seien zu »melancholisch« und es fehle ihnen an Dynamik. Viel besser als in der Sonnenblume komme das expansive Moment, das der *Spitzenklöpplerin* eigen sei, in der Form des Blumenkohls zum Ausdruck, der »aus wirklich logarithmischen Kurven besteht« und der, wie man hinzufügen kann, zumindest im US-amerikanischen Raum als Metapher für die bei Atomexplosionen entstehenden Rauchwolken in Anspruch genommen wurde.[39]

Diese Bezugnahme auf den Blumenkohl war allerdings ein echter Cliffhanger. Wie Dalí einräumen musste, waren die Blumenkohlköpfe, die er auf der Rückbank seines Rolls Royce' gestapelt hatte, nicht groß genug, um darauf die Strukturen der *Spitzenklöpplerin* erkennen zu können. Er sei aber fest davon überzeugt, dass er im nächsten Frühjahr »riesige Blumenkohlköpfe« zur Verfügung stellen könnte, auf denen, wenn man sie aus einem bestimmten Winkel betrachtet, »jedermann Vermeers Spitzenklöpplerin in der ihr eigenen Technik erkennen wird«.[40]

Dalí schließt noch zwei Anekdoten zum objektiven Zufall an, die vor allem der Bezugnahme auf Personen wie Jean Cocteau und Institutionen wie dem Centre international d'études esthétiques dienen, ruft danach einmal mehr den von ihm so verehrten Raimundus Lullus an und fasst dann zusammen, er sei überzeugt, »daß man nur von der Spitzenklöpplerin auf die Sonnenblume, von der Sonnenblume aufs Rhinozeros und vom Rhinozeros auf den Blumenkohl kommen kann, wenn man etwas im Kopf hat oder ist« – was als endgültig positive Antwort auf die am Anfang des Vortrags aufgeworfene Frage gewertet werden kann.[41]

Ob diese Antwort für das Publikum im Hörsaal der Sorbonne überzeugend war, bleibt offen. Zwar sind die Reaktionen der Zuhörer in der Verschriftlichung der Tonbandaufnahme überliefert, in ihrer Bandbreite aber – von »Beifall« bis hin zu »Heiterkeit« und »Gelächter« – bleiben sie zu wenig aussagekräftig, um zu einer Einschätzung zu kommen.

Unter den Anwesenden befand sich übrigens auch der Psychoanalytiker Jacques Lacan, der Dalí seit den frühen 1930er-Jahren kannte. Anscheinend hatte Lacan den Vortrag an der Sorbonne mit einigen Teilnehmern seines eigenen Seminars besucht. In der folgenden Sitzung vom 21. Dezember 1955 kommt er jedenfalls kurz auf diesen Vortrag zu sprechen, den »wir von einem meiner alten Freunde von der Sorbonne gehört haben, der uns letzten Samstag erstaunliche Dinge erzählt hat, nämlich die Metamorphose der Spitzenklöpplerin in Rhinozeroshörner und schließlich in Blumenkohl«.[42] Ob diese »erstaunlichen Dinge« zumindest für den Psychoanalytiker plausibel waren, bleibt ebenfalls in der Schwebe. Auch eine Brücke vom Nashorn zum Elefanten, dem er im vorangegangenen Seminar einige Ausführungen gewidmet hatte, konnte oder wollte Lacan nicht schlagen.[43]

Einige Jahre später kommt jedoch ein ehemaliger Lacan-Schüler, Félix Guattari, auf Dalís Nashorn-Phase zurück. Angeregt durch die große Dalí-Retrospektive, die 1979 im Centre Pompidou stattfand, heben Guattari und Deleuze in *Tausend Plateaus* auf den Unterschied ab, der zwischen der psychoanalytischen Interpretation von Tieren, wie sie beispielhaft in Freuds Fallgeschichte zum Wolfsmann vorliegt, und der künstlerischen Experimentalisierung von nicht-menschlichen Organismen besteht: »Wenn

Dalí zum Beispiel versucht, Wahnvorstellungen darzustellen, kann er lang und breit über *das* Rhinozeros-Horn sprechen und verläßt dennoch nicht den neuropathischen Diskurs. Aber wenn er anfängt, die Gänsehaut mit einem Feld von kleinen Rhinozeroshörnern zu vergleichen, merkt man gleich, daß sich die Atmosphäre geändert und daß man es mit Wahnsinn zu tun hat. Handelt es sich dabei überhaupt noch um einen Vergleich? Es geht doch eher um eine reine Mannigfaltigkeit, deren Elemente sich ändern oder die *zu etwas wird*.«[44]

Dadurch, dass er nicht auf der Ebene des »ganzen« Nashorns verbleibt, sondern auf die molekulare Ebene der elementaren Bestandteile wechselt, erscheint Dalís Nashorn-Diskurs hier geradezu als Modell für die Prozesse des Tier-Werdens, die in einem anderen Kapitel von *Tausend Plateaus* beschrieben werden. Das wäre allerdings ein klares Urteil: Dalí war überzeugend, sein Wahnsinn ist in der Tat »schöpferisch und gültig«.

Das Spektakel der Nashorn-Phase

In Dalís Sorbonne-Vortrag hatte der morphologische Vergleich zwischen der Verteilung kleiner Rhinozeroshörner und dem Phänomen der Gänsehaut noch keine Rolle gespielt. Dieser Vergleich, der das Thema eines frühen Gemäldes (*Einweihungs-Gänsehaut*, 1928) wiederaufnimmt und zugleich die taktilen Aspekte verstärkt, die Dalís Kindheitserinnerung an die *Spitzenklöpplerin* kennzeichnen, wurde im Verlauf der vielfältigen Projekte und Aktionen ergänzt, die für die Nashorn-Phase kennzeichnend sind. 1957 zitiert Michel Tapié in seiner Monografie über den Künstler einige seiner Äußerungen, in denen im gleichen Atemzug vom Malen »rhinozerontischer und dynamischer Korpuskel« und von der Malerei als »kosmischer Gänsehaut« die Rede ist, und laut Descharnes führte Dalí etwa in derselben Zeit einige Performances durch, in denen bei weiblichen Versuchspersonen mithilfe von quietschenden Geräuschen eine Gänsehaut hervorgerufen werden sollte.[45]

Obwohl Dalí selbst den Beginn der Nashorn-Phase auf das Jahr 1952 legt,[46] findet das Motiv des Nashorns schon früher Eingang in seine Bilderwelt. Gemälde, Aquarelle und Zeichnungen wie *Nashorn, in Auflösung begriffen* (1950), *Madonna von Port Lligat* (ebenfalls 1950) und *Himmlischer Ritt* (1957) zeigen Vollansichten des großen Tieres, das den Bildraum entweder dominiert (Abb. 9) oder an seinem Rand als eine Art Wappentier erscheint (siehe Abb. 22). Weitere Nashorn-Darstellungen finden sich vereinzelt noch in den 1960er- und 1970er-Jahren (*Nashorn*, 1970), akzentuieren aber, wie schon zuvor, nur ausnahmsweise die phallischen Konnotationen des Rhinozeroshorns, wie zum Beispiel in einer Druckgrafik zu *Casanovas Erinnerungen* (1967). Ebenfalls in den frühen 1950er-Jahren entstand die Skulptur *Rhinozeros, in Spitze gekleidet* (1954),[47] die offensichtlich an Dürers klassischer Darstellung orientiert ist, über das Motiv der Spitze aber auch den Zusammenhang mit Vermeer herstellt und mit dem gänsehautartigen Skelett eines Seeigels noch ein weiteres Motiv in das übergreifende Thema einführt.

Parallel zu diesen Nashorn-Darstellungen finden auch hornartige Elemente – mehr oder weniger gekrümmte und mehr oder weniger abgerundete Kegel, Tetraeder und Pyramiden – Eingang in das Schaffen von Dalí. In Gemälden wie *Assumpta corpuscularia lapislazulina* (1952), *Bildnis Galas mit Nashornsymptomen* (1954), *Auflösung der Beständigkeit der Erinnerung* (1952–1954) und *Von den Hörnern ihrer eigenen Keuschheit autosodomisierte jugendliche Jungfrau* (1954), einer der explizitesten Darstellungen des Horns als Phallus, fungieren Hornelemente von unterschiedlicher Größe als »atomare« Bestandteile, aus denen komplexe Figuren und Motive zusammengesetzt werden (Gesichter, Körper, Landschaften usw.).

Darüber hinaus werden diese Bildkorpuskeln als quasi analytische Werkzeuge verwendet, die in der bildnerischen Auseinandersetzung mit anderen Künstlern zum Zuge kommen. Ähnliche Zerlegungen wie an Vermeers *Spitzenklöpplerin* nimmt Dalí an der *Madonna Colonna* sowie anderen Mariendarstellungen von Raffael, an *Leda mit dem Schwan* von Leonardo da Vinci, aber auch an einer Phidias zugeschriebenen Skulptur aus dem Parthenon-Fries vor, die den Torso des Flussgottes Illissos zeigt.

Neben diesen bildnerischen Auseinandersetzungen mit der traditionellen Kunst bringt Dalí seine Arbeit mit und über das Rhinozeroshorn auch in einer Reihe von anderen Medien zur Geltung. Das wichtigste Projekt in diesem Zusammenhang ist ganz ohne Zweifel der Film *Die wundersame Geschichte der Spitzenklöpplerin und des Nashorns* (1954–1962). Ziel des Projekts ist es gewesen, eine filmische Darstellung von Dalís paranoisch-kritischer Aktivität zu liefern: »Robert Descharnes versucht zu zeigen, wie sie im Leben von Dalí abläuft, und zu erklären, wie diese Methode auf seine Malerei und auf seine gleichzeitigen Untersuchungen angewendet wird, z. B. jene, die von der *Spitzenklöpplerin* von Vermeer über das Nashorn und den Blumenkohl zur Gänsehaut führen.«[48]

Zusätzlich zur Dokumentation von Dalís Ausführung der Vermeer-Kopie im Louvre und im Zoo von Vincennes sollte *Die wundersame Geschichte* eine Fülle neuer Sequenzen enthalten, von denen allerdings nur ein Teil gedreht wurde und deren inhaltlicher Fokus sich mit der Zeit verlagerte. Hinzu kam, dass Dalí einige seiner visuellen Ideen für das US-amerikanische Fernsehen realisierte, als er 1956 die Gelegenheit bekam, für die CBS Morning Show eine entsprechende Sequenz drehen zu lassen. Sie enthielt unter anderem »den Kopf eines Nashorns, zwölf Blumenkohlköpfe, einen Filmausschnitt von einer Atomexplosion, eine Reproduktion der *Spitzenklöpplerin* und die Fotografie eines Rhinozeros-Horns«.[49]

Sowohl die Filmaufnahmen von Descharnes wie auch die Fernsehsendung der CBS sind Anlässe gewesen, die Aktivitäten von Dalí fotografisch zu dokumentieren, und es sind diese Fotografien, die in entscheidendem Maße dazu beigetragen haben, die Nashorn-Phase von Dalí zu definieren. Sie zeigen den Künstler in Aktion: im Louvre, im Zoo von Vincennes und bei sich zu Hause, in Port Lligat. Man sieht ihn, wie er zusammen mit Gala und einer weiteren großformatigen Reproduktion der *Spitzenklöpplerin* im Meer schwimmt, um diese zu »taufen«. Man sieht, dass in seinem Atelier eine Kopie der Phidias-Skulptur aufgebaut ist, auf der eine Reihe von Naturhörnern stehen. Und man begegnet Dalí, wie er, einen weichen Hut auf dem Kopf, Auge in Auge einem Nashornpräparat gegenübersteht (Abb. 10).

Die schlagendste Aufnahme in dieser Reihe ist wohl die von Descharnes in seinem Buch veröffentlichte Fotografie, auf der Vermeers Gemälde *Die Malkunst* nachgestellt wird. Sie zeigt Dalí in der Rolle des Malers und Gala in der Rolle des Modells, wobei Gala an der Stelle von Buch und Trompete ein Rhinozeroshorn in der Hand hält. Dabei ist sie von Geweihen an der Wand umgeben und das Lesepult des Malers ist mit Reproduktionen der *Spitzenklöpplerin* und der Fotografie einer Sonnenblume ausgestattet (Abb. 11).

Durch die Bücher und Aufsätze, die Dalí in den 1950er- und 1960er-Jahren veröffentlicht, wird die Nashorn-Phase weiter propagiert. 1951 erscheint das Nashorn im *Mystischen Manifest* nicht nur als Wappentier der »positivistischen und progressiven Wissenschaft« (Abb. 12), sondern steht auch am Fuße eines ganzen Gedankengebäudes, das von Pythagoras und Euklid zu Lullus und Sabundus führt, um von dort aus zu Raffael und Vermeer vorzustoßen, bis schließlich Gaudí und Dalí erreicht sind. 1956 wird der Vortrag an der Sorbonne in einer Sondernummer der Zeitschrift *La vie médicale* veröffentlicht, die dem Verhältnis von Kunst und Psychopathologie gewidmet ist, Seite an Seite mit Beiträgen über die »Bildnerei der Geisteskranken«, Kinderzeichnungen und einer Studie zum Werk Odilon Redons.

Ebenfalls 1956 erscheint Dalís Buch *Les cocus du vieil art moderne*, in dem er unter Berufung auf Gaudí seine ablehnende Haltung gegenüber der »maschinistischen« Architektur von Le Corbusier bekräftigt und zu einem Rundumschlag gegen die abstrakte Malerei ausholt. Das Buch beginnt mit einer Erinnerung an die »schon überaus berühmte Vorlesung in der Sorbonne« und endet mit einer kurzen Beschreibung des mit Descharnes verfolgten Filmprojekts. 1959 verfolgt er mit dem Verleger Albert Skira das Vorhaben, unter dem Namen *Rhinoceros* eine englischsprachige Zeitschrift zu begründen, Untertitel: *A most unique international magazine devoted to maximum spiritual potential for thinking readers* (Abb. 13).

Nachdem Descharnes' Bildband *Dali de Gala* erschienen war, der die Nashorn-Phase des Künstlers anschaulich dokumentierte, veröffentlicht Dalí 1964 sein *Tagebuch eines Genies*. Es deckt die Jahre von 1952 bis 1963 ab und enthält eine Reihe von Anekdoten, die sich auf die Nashorn-Phase beziehen. Auch der Sorbonne-Vortrag wird hier nochmals dokumentiert und kommentiert. Noch 1966, in seinen Gesprächen mit Alain Bosquet, spricht Dalí über das Rhinozeros als das Tier, »das in seinem Panzer eine unerhörte Menge kosmischer Kenntnisse birgt«, und träumt davon, dass die Stadt Paris ihm einst ein Standbild in Form eines Nashorns widmen wird.[50]

Die Geometrie von Kunst und Leben

So vielfältig und beziehungsreich sich die Aktivitäten Dalís in seiner Nashorn-Phase darstellten, sie waren nicht zusammenhanglos oder unbegründet. Ihre bindende Basis war allerdings nicht der objektive Zufall. Dalí suggeriert dies, wenn er in seinem Tagebuch berichtet, es sei »der gute Dichter Loten« (gemeint ist Emmanuel Looten) gewesen, der ihm 1952 aus heiterem Himmel ein Rhinozeroshorn geschenkt habe, woraufhin er, Dalí, zu Gala gesagt habe: »Dieses Horn wird mir das Leben retten!«, was sich durch die Einsicht in die Funktion des Horns als »elementarer geometrischer Körper« auch bald bestätigt habe.[51]

Ausgangspunkt und roter Faden der Werke und Performances aus dieser Zeit ist allerdings auch nicht einfach der »schöpferische« Wahnsinn des Künstlers gewesen, der mithilfe seiner paranoisch-kritischen Methode scheinbar willkürlich gewählte Motive wie das Rhinozeroshorn, die Sonnenblume und den Blumenkohl miteinander verknüpfte. Vielmehr speisten sich die Themen dieser Phase aus Dalís Auseinandersetzung mit wissenschaftlichen Fragen der Formbildung und -gebung, die ihn, wie wir am Beispiel von Leduc, Monod-Herzen und anderen gesehen haben, schon in den 1930er-Jahren beschäftigt hatten.

Insofern war es ein durchaus rhetorisches Manöver, wenn er in seinem Vortrag an der Sorbonne betonte, er wende sich mit der »phantastischsten Eröffnung seines Lebens« an die Fachwissenschaftler und insbesondere an die Morphologen. Tatsächlich hatte er sich ihnen längst zugewandt, und für eine der zentralen Behauptungen seines Vortrags, nämlich dass die logarithmische Spirale sich im Rhinozeroshorn ebenso verwirklicht wie in der Anordnung von Sonnenblumenblüten, gab es seit geraumer Zeit wissenschaftliche Evidenz.

Der für Dalí in diesem Zusammenhang entscheidende Mittelsmann war der rumänische Schriftsteller und Philosoph Matila Ghyka. 1881 als Spross eines alten rumänischen Adelsgeschlechts geboren, begann Prinz Matila Costiesco Ghyka (so sein vollständiger Name) in Frankreich eine Laufbahn als Schiffsoffizier und erwarb in dieser Zeit Studienabschlüsse als Elektroingenieur und Jurist. 1909 trat er in den diplomatischen Dienst ein und war im Folgenden unter anderem in den rumänischen Botschaften von Berlin, Rom, Paris und London tätig. Als ausgeprägter Liebhaber von Kunst und Literatur machte er in Paris unter anderem die Bekanntschaft von Marcel Proust, Léon-Paul Fargue und Paul Valéry und interessierte sich in zunehmendem Maße für den Zusammenhang von Literatur, Kunst und Mathematik. 1927, also etwa zeitgleich mit der von den Surrealisten geschätzten Abhandlung von Monod-Herzen über Wissenschaft und Ästhetik, veröffentlichte Ghyka eine Studie über die Ästhetik der Proportionen in der Natur und in den Künsten.[52]

Mit dieser Publikation schuf er die Grundlagen für ein Projekt, das ihn in den nächsten Jahren und Jahrzehnten beschäftigen sollte. Es bestand darin, die Formen der Natur und die Formen der Kunst – also einerseits Pflanzen, Organismen, Landschaften und andererseits künstlerische, architektonische und technische Objekte – mit Blick auf ihre geometrischen Grundlagen und mathematischen Gesetze in einen evolutionären Zusammenhang zu stellen. Das Vorhaben speiste sich aus unterschiedlichen Quellen. Da war zum einen Ghykas Begeisterung für die frühneuzeitlichen Handbücher zur Mathematik und Geometrie, die zugleich Handbücher der (Perspektiv-)Malerei und der Architektur waren, so etwa Piero della Francescas *De prospectiva pingendi* (ca. 1470), Luca Paciolis *De divina proportione* (1509) und Albrecht Dürers *Underweysung der Messung* (1525). Da waren zum anderen einige Veröffentlichungen von modernen Biologen, in denen das Problem der Form behandelt wurde, insbesondere die Bildtafeln von Ernst Haeckels *Kunstformen der Natur* (1899–1904) und das reich illustrierte Werk von D'Arcy Thompson, *Über Wachstum und Form* (1917), das er nicht zuletzt aufgrund der ihm eigenen Ästhetik wiederholt als »herausragende Abhandlung« bezeichnete. Und schließlich waren da zeitgenössische Beispiele für kunsthistorische wie -theoretische Unternehmungen, die dem Projekt von Ghyka vergleichbar waren, vor allem Theodore Cooks *The Curves of Life* (1914) und Jay Hambidges *Dynamic Symmetry* (1920).

Die Kurzformel, die Ghyka für sein Vorhaben prägte, lautete »vitalistischer Neopythagoreismus«.[53] Das entsprechende Programm buchstabierte er zum ersten Mal in seiner *Esthétique des proportions* aus. Zunächst legte er die seit Euklid und Pythagoras bekannten Maßverhältnisse des Goldenen Schnitts und die Geometrie der fünf platonischen Körper dar, um daran anschließend nachzuweisen, dass eine Fülle von Kunstwerken und Architekturen auf den damit angegebenen Formen basiert – von der Cheops-Pyramide über griechische Statuen bis hin zur Hagia Sophia, vom Kölner Dom bis hin zu amerikanischen Hochhäusern und modernen Industriebauten.

In einem eigenen Kapitel erörterte er, inwiefern sich die Prinzipien der so skizzierten »Wissenschaft des Raumes« auch auf Naturphänomene wie Schneeflocken und Kristalle anwenden ließen und ob sie sich ebenfalls in biologischen Prozessen der Formbildung zeigten. Im Anschluss an D'Arcy Thompson widmete Ghyka dabei der logarithmischen Spirale besondere Aufmerksamkeit. Vor allem anhand von Muscheln, aber auch mit Blick auf Pflanzen wie die Sonnenblume erörterte er das Vorkommen von spiralförmigen Strukturen in der Natur, wie es besonders Cook schon vor ihm getan hatte.[54]

Dalí lernte Ghyka 1946 in den USA kennen. Im Herbst 1945 hatte Ghyka die Einladung erhalten, eine Gastprofessur für Ästhetik am philosophischen Institut der University of South California (heute: UCLA) zu übernehmen. Kurz darauf erscheint sein bis heute bekanntestes Buch, *The Geometry of Art and Life*, eine kondensierte und aktualisierte Fassung der *Esthétique des proportions*. Dalí, der zu dieser Zeit in Pebble Beach, nahe Monterey, lebte und arbeitete, traf Ghyka, den es nach Hollywood verschlagen hatte, offenbar zufällig bei einem Abendessen in Beverly Hills. Es entspann sich ein intensiver Dialog über Probleme der Form und der Komposition, der bis in die Mitte der 1950er-Jahre fortgeführt werden sollte, zunächst in Gesprächen, dann durch Briefe.

In seiner Autobiografie resümiert Ghyka den Eindruck, den Dalí damals auf ihn machte, auf folgende Weise: »Ich entdeckte, dass Salvador Dalí, weit davon entfernt, der aufmerksamkeitssüchtige Schaumschläger zu sein, dessen Eindruck er manchmal erweckt, ein sehr bedeutender Maler ist, der auf tiefsinnige und respektvolle Weise seinen Beruf als Maler liebt und der lange über die Geheimnisse und die Techniken seiner Kunst nachgedacht hat.«[55] Allerdings gab es auch Divergenzen. Dass Ghyka in seinem jüngsten Buch, *The Geometry of Art and Life*, ausgerechnet die Maschinen-Ästhetik von Le Corbusier als ein Wiederanknüpfen an die verschüttete Tradition einer pythagoreisch fundierten Bauweise betrachtete, konnte Dalí nicht gefallen.

Auch die landschaftliche Umgebung in Kalifornien beurteilten beide vollkommen unterschiedlich. Während Ghyka sich an der Westküste wie in einem Paradies auf Erden fühlte, quittierte Dalí den freien Blick auf den Pazifik in Pebble Beach mit den Worten: »Diese einfache Postkarten-Schönheit gefällt mir nicht.«[56]

Wie dem auch sei, nach ihrem ersten Treffen schickte Ghyka ein Widmungsexemplar seines gerade erschienenen Buches an Dalí. Die Reaktion überraschte ihn. Ghyka berichtet, dass *The Geometry of Art and Life* bei dem Künstler eine »ästhetische Resonanz hervorrief, deren Stärke ich nicht erwartet hatte und die ihn zu neuen Konzeptionen der mathematischen Proportionierung und Komposition anregte«.[57] Wie das im Dalí-Archiv erhaltene Exemplar der *Geometry* zeigt, arbeitete Dalí in der Tat intensiv mit und in dem Buch von Ghyka. Sorgfältig übertrug er die am

Anfang aufgelisteten Errata in den Text, nahm während der Lektüre Unterstreichungen vor, zeichnete und schrieb in den Text und die Abbildungen hinein und trennte einzelne Seiten sauber aus dem Buch heraus, um sie an anderer Stelle weiterzuverwenden.[58]

Die Folgen sind bekannt: Ghykas Ausführungen wirkten sich in erheblichem Maße auf die Entstehung eines der bedeutendsten Dalí-Gemälde der frühen Nachkriegszeit aus (Abb. 14).[59] *Leda atomica*, 1946 begonnen und 1949 vollendet, nahm seinen Ausgang von Skizzen, die Dalí direkt auf einer Seite aus Ghykas Buch machte. Leda und der Schwan wurden dabei in ein kreisförmiges Schema platziert, in das ein Fünfeck und ein fünfzackiger Stern eingezeichnet waren (Abb. 15). Während die Längenverhältnisse der sich im Stern schneidenden Geraden nun, wie Ghyka erläutert, durch vielfältige Verhältnisse des Goldenen Schnitts geprägt sind, kann die Sternfigur insgesamt in immer wieder verkleinerter Form in das fünfeckige Innere des Sterns eingeschrieben werden – oder umgekehrt: Sie kann von innen nach außen »wachsen«.

Tatsächlich war der fünfzackige Stern für Ghyka in doppelter Hinsicht ein Beispiel für die Geometrie des Lebens. Zum einen komme das in diesem Stern enthaltene Fünfeck (und der korrespondierende platonische Körper, das Dodekaeder) immer wieder in der Welt des Lebendigen vor – vor allem bei Pflanzen und Meeresorganismen, unter anderem den von Dalí so geliebten Seeigeln –, während es in der anorganischen Welt der Kristalle nicht anzutreffen sei. Eine Tafel aus Haeckels *Kunstformen der Natur*, die die fünfeckige Struktur unterschiedlicher Meeresorganismen zeigt, illustrierte diesen Befund (Abb. 16).

Zum anderen stelle die Möglichkeit, den fünfeckigen Stern immer wieder in sich selbst einzuschreiben, ein Entwicklungsmuster dar, das mit D'Arcy Thompson als »gnomonisches Wachstum« zu bezeichnen sei. Seit Aristoteles sei darunter eine Form der Entwicklung zu verstehen, bei der die wachsende Entität außer in ihrer Größe keine Veränderung erfährt. Sie wächst also nicht durch den linearen Hinzugewinn beliebiger Teile, sondern gewissermaßen durch Vervielfältigung ihrer eigenen Form.

Wie Ghyka weiter ausführte, ist auch die logarithmische Spirale ein Beispiel für diese Art des Wachsens. Sie sei »die einzige plane Kurve, in der zwei Bögen immer ›ähnlich‹ zueinander sind, denn sie unterscheiden sich zwar in ihrer Größe, nicht aber in ihrer Form.« Konkrete Beispiele dafür sind »das Wachstum von Muscheln und Hörnern (Antilopen, wilde Ziegen und Schafe usw.)«.[60] Ähnliche Beispiele für das Vorkommen von Spiralformen in der Natur fanden sich schon bei Cook, der zahlreiche Abbildungen entsprechender Hörner bringt (Abb. 17).

Wenn Dalí nun also bei der Konstruktion seines Gemäldes *Leda atomica* die Form des Fünfecks zugrunde legt (Abb. 18), dann überblendet er das Motiv der erotischen Begegnung und Befruchtung mit einer geometrischen Struktur, die zumindest bei Ghyka für das Leben steht. Dass das Gemälde über die Voluten an dem Podest, über dem Leda schwebt, ebenso auf die Spiralform verweist, die auch Dalí intensiv beschäftigen sollte, unterstreicht noch die Verbindung zu Ghyka. Diese Verbindung ist der Hintergrund, vor dem Dalí in den *50 magischen Geheimnissen* dem angehenden Maler ins Stammbuch schreibt: »Außer den geschwungenen Formen des Seeigels müssen Sie noch die der Spiralen und der Voluten kennenlernen.«[61]

Möglicherweise ist sogar das Motiv selbst von Ghyka übernommen worden. Auf den letzten Seiten von *The Geometry of Art and Life* findet sich nämlich eine Abbildung der von Cesare da Sesto ausgeführten Kopie des verschollenen Leonardo-Gemäldes *Leda und der Schwan*, deren »harmonische Komposition« kurz diskutiert wird. Wenn Dalí sich tatsächlich auch davon anregen ließ, dann würde sich allerdings der gesamte Charakter seines Gemäldes ändern. Es wäre dann nicht mehr so sehr das Meisterwerk seiner »atomaren Phase«, sondern, ähnlich wie die Studien zur *Spitzenklöpplerin* und zu den Werken Raffaels, eine künstlerische Auseinandersetzung mit einem Maler, der beispielhaft für die Synthese von Kunst und Wissenschaft steht und den Dalí neben den eben genannten am meisten schätzte: Leonardo da Vinci.[62]

Ghyka war sich darüber im Klaren, dass Dalí sich von ihm anregen ließ. Der Künstler hielt ihn über den Fortgang der Arbeit an seiner *Leda atomica* auf dem Laufenden und Ghyka reagierte darauf. So schreibt er am 13. August 1947 an Dalí, er sei »entzückt zu erfahren [...], dass er einen geistigen Anteil an der Patenschaft« der *Leda* haben werde. Im Januar des folgenden Jahres bedankte er sich für die Zusendung eines »Fotos der pythagoreischen Stern-Leda«.[63] Dalí hatte das noch unfertige Gemälde zu dieser Zeit in der Bignou Gallery in New York ausgestellt, um, wie er im zugehörigen Katalog erklärte, dem Publikum näheren Aufschluss über seine Maltechnik zu geben.[64]

Was Ghyka nicht erwarten konnte, war die Tatsache, dass Dalí in seiner nächsten Publikation, den *50 magischen Geheimnissen*, ebenso ausgiebigen wie freien Gebrauch von *The Geometry of Art and Life* machte. Tatsächlich sind die *50 magischen Geheimnisse* im Kleinen schon eine ähnlich spektakuläre Inszenierung wie die Nashorn-Phase es im Großen sein sollte. Dalí wartet dort nicht nur mit einer Mischung aus eigenen Texten, Zeichnungen und Gemälden auf, sondern benutzt das Buch wie eine Bühne, um lange Zitate und Abbildungen aus Büchern von anderen Autoren zu präsentieren – von Luca Pacioli und Leonardo da Vinci über Giambattista della Porta bis hin zu Ghyka und Thompson.

Beispielsweise reproduzierte Dalí in den *50 magischen Geheimnissen* die aus Ghykas Buch herausgetrennte Seite 15, auf der er die ersten Entwürfe zur *Leda atomica* gemacht hatte und setzte erläuternd hinzu: »Annotation auf einer Seite des Buches von Prinz Matila Ghyka«. Allerdings platzierte er diese Reproduktion auf den letzten Seiten seiner Abhandlung, während er die Dokumentation jener Skizzen und Entwürfe, die seinem Leda-Gemälde unmittelbar vorausgingen, sowie das Gemälde selbst (»[w]ährend der Ausführung«) deutlich weiter vorne präsentierte.[65] Wirklich klar wurde Ghykas »geistiger Anteil« an der Planung der *Leda atomica* damit nicht.

Außerdem übernahm Dalí eine Reihe weiterer Abbildungen aus Ghykas Buch ohne eigens darauf hinzuweisen. So zerlegte er die Tafel VI von Ghykas *Geometry*, auf der acht »Variationen des Pentagons« zusammengestellt sind, in ihre Einzelteile und platzierte einige der Fünfeckdarstellungen an den Rändern seines Textes. An einer dieser Stellen unterstrich er die formalen Ähnlichkeiten zum fünfeckig geformten Raspelapparat an der Unterseite der Seeigel, der sogenannten »Laterne des Aristoteles«, indem er eine Fünfeck-Variation von Ghyka entsprechend kommentierte, während er an einer anderen Stelle des Texts ganz im Sinne seines Gewährsmannes betonte, dass das Fünfeck die »archetypische Figur« des Lebens sei, weil sie im Reich des Mineralischen nicht anzutreffen sei. Auch die Darstellung einer logarithmischen Spirale übernahm Dalí kommentarlos von einer Tafel, auf der Ghyka erneut auf das Fünfeck zurückkommt, um die »Spiralen des harmonischen Wachstums« zu illustrieren.[66]

Die Anleihen bei Ghyka reichen aber noch weiter. Tatsächlich ist es Dalís aktive Lektüre und Aneignung von *The Geometry of Art and Life*, die ihn dazu führt, die Sphären der Kunst und der Maltechnik einerseits sowie der Natur und des Lebens andererseits in einen systematischen Zusammenhang zu rücken. Ghykas Begeisterung für die frühneuzeitlichen Handbücher zur Mathematik, Malerei und Architektur fällt bei ihm in der Tat auf überaus fruchtbaren Boden. Wenn Ghyka nämlich auf der entscheidenden Rolle insistiert, die Paciolis Abhandlung *De divina proportione* in der Frühen Neuzeit für die Wiederentdeckung der antiken Auffassungen von Symmetrie und Proportion spielte, dann adaptiert Dalí die Gestaltung dieser Abhandlung gleich als Modell für das Layout seines eigenen Buches: In den *50 magischen Geheimnissen* folgen sowohl die Anordnung des Fließtexts auf der Seite wie auch die Unterbringung der Abbildungen auf dem Rand dem Vorbild Paciolis.

Zusätzlich übernimmt Dalí von Pacioli (und Ghyka) eine Vielzahl der Abbildungen von geometrischen Körpern, die niemand anderes als Leonardo da Vinci zu *De divina proportione* beigesteuert hatte. Vor allem im hinteren Teil von Dalís Buch werden sie samt Bildunterschrift am Rand einmontiert, während auf der Titel- ebenso wie auf der Vorderseite des Einbands der Name »Dalí« in den von Pacioli entworfenen Buchstaben erscheint. Der Künstler ergänzt diese Bezugnahmen auf eines der klassischen Werke der Mathematik- und Kunstgeschichte noch weiter durch bildliche Darstellungen aus wissenschaftshistorischen Arbeiten, die den frühneuzeitlichen Gebrauch der Camera obscura und des Fadengitters in der Perspektivmalerei zeigen.

Auf ähnliche Weise werden Ghykas Hinweise auf D'Arcy Thompson von Dalí aufgenommen, eigenständig vertieft und fortgeführt. 1945 war *Über Wachstum und Form*, das kapitale Werk des britischen Anatomen und Zoologen, in der erweiterten zweiten Auflage erschienen. Schon mit Blick auf die erste Ausgabe von 1917, auf die er sich seit seiner *Esthétique des proportions* hauptsächlich stützte, hatte Ghyka die »suggestiven« Tafeln und Diagramme in Thompsons Buch gelobt.[67] Die zweite Auflage brachte nicht nur mehr Text (der Umfang wuchs von 793 auf 1116 Seiten), sondern auch eine Fülle von neuen Abbildungen, besonders Fotografien, auf die Dalí sich begierig stürzte. In die *50 magischen Geheimnisse* übernahm er nicht nur das berühmte Frontispiz von Thompsons Buch, Harold Edgertons Hochgeschwindigkeitsfotografie eines Milchspritzers, sondern kopierte daraus auch weitere Tropfenformen und legte durch ergänzende Skizzen eine Parallele zwischen Spritzern, Kronen und Kuppeln nahe – eine Motivreihe, die er in einigen der Gemälde aus der Nashorn-Phase weiter erkunden sollte, unter anderem der *Madonna von Port Lligat*.

Zusätzlich bringt Dalí in dem als »Anmerkungen« überschriebenen Anhang seines Buchs ausführliche Textauszüge aus *Über Wachstum und Form*. Neben den »Spritzern«, die Thompson allerdings weniger als Kuppeln, sondern als »Schalen« und »Krater« beschreibt, betreffen diese Auszüge die »Gestalt der Seeigel«, »Spinnennetze« und »Gnomonische Figuren«.[68] Dalí benutzt diese Exzerpte, um mit ihrer Hilfe einige der in den *50 magischen Geheimnissen* behandelten Motive und Themen zu vertiefen. Auf diese Weise bezieht er zum Beispiel die in Text und Bild immer wieder aufgerufene Figur des Seeigels ebenfalls auf die Form des Tropfens. Thompson zufolge entspricht die Form des Seeigel-Skeletts der Form eines großen, auf einer Fläche liegenden Tropfens von Flüssigkeit, der durch die Schwerkraft in die Breite gezogen wird – ein Motiv, das frei schwebend in *Leda atomica* dargestellt wird.

Tropfen spielen auch eine Rolle in Thompsons Diskussion von Spinnweben, die – wie wir schon gesehen haben – in Dalís Aranarium ebenfalls eine wichtige Funktion haben. Besonders wenn Tau sich an den Verdickungen niederschlägt, die bestimmte Spinnenarten in regelmäßigen Abständen an den Fäden ihres Netzes anbringen, dann sind, wie Thompson erklärt, »diese gleichmäßig angeordneten und wunderschön geformten Kügelchen in einem Spinnennetz« für viele Naturforscher »eine Quelle des Staunens« gewesen. Dalí zufolge wird ein solches Staunen auch den Künstler befallen, der durch sein Aranarium schillernde Regenbogenfarben sieht.[69]

Und wenn Dalí, wiederum an den angehenden Maler gewendet, feststellt: »Den Archetyp der Spirale des Malers liefert Ihnen die logarithmische Spirale, die man in der freien Natur bei vielen Muscheln bewundern kann. Der ›Nautilus‹ ist durch sein ›gnomonisches‹ Wachstum von faszinierender Vollkommenheit«,[70] dann macht er sich nicht nur die Terminologie von *Über Wachstum und Form* zu eigen, sondern erläutert diese Behauptung mit dem von ihm gewählten Thompson-Auszug in der Weise, dass dabei die »gnomonische Bildung« des Fünfecks durch die Vervielfachung von Dreiecken deutlich wird. So werden das Motiv des Fünfecks und das der Spirale erneut enggeführt.

Wie die Pacioli-Referenzen werden auch die Bezugnahmen auf Thompson von Dalí eigenständig angereichert, unter anderem durch die Einbeziehung der populären Naturgeschichte eines weiteren britischen Autors. Aus der reich illustrierten Abhandlung *Animate Creation* von John George Wood übernimmt er die Darstellung eines jungen und eines ausgewachsenen Seeigels, die er mit Krücken und einer Ritterrüstung überzeichnet und am Rand der *50 magischen Geheimnisse* reproduziert (Abb. 19).[71]

Der Fluchtpunkt dieses doppelten Anschlusses, an Pacioli einerseits und Thompson andererseits, ist eine Konjunktion von Natur und Kunst, von Leben und Technik. Gegen Ende seines Buches sagt Dalí es ganz ausdrücklich. Auf den vorhergehenden Seiten habe sich »die Morphologie als modernste, jüngste und vielversprechendste Wissenschaft mit der kenntnisreichen Geometrie der Ästhetik der Renaissance vermählt«. Der Imperativ, den Dalí daraus für alle angehenden Maler ableitet, lautet, dass sie in ihrer »Malerei nichts anderes als das Wesen des Organischen zum Ausdruck bringen« sollen.[72] Man könnte auch sagen, die Aufgabe des Malers sei nicht die abstrakte, nur mathematisch und geometrisch gestützte Konstruktion, sondern die konkrete Nach- und Weitergestaltung von Formen, die in der Natur vorhanden sind.

Künstlerisch umgesetzt wird diese Programmatik in einem Gemälde, das 1949 und 1950 in zwei Versionen entstand. Zunächst kann die *Madonna von Port Lligat* in mehrfacher Hinsicht als Ergänzung, aber auch als Gegenstück von *Leda atomica* begriffen werden. Beide Gemälde stellen eine freie Variation eines klassischen Gemäldes dar. Im Fall der *Leda atomica* war es die *Leda* von Leonardo, bei der *Madonna von Port Lligat* ist es die *Pala Montefeltro* von Piero della Francesca, den Ghyka übrigens ebenfalls zu den frühneuzeitlichen Erneuerern der mathematisch und geometrisch fundierten Perspektivmalerei zählt. Ähnlich wie Dalís *Leda atomica* stellt auch die *Madonna von Port Lligat* das Motiv der berührungslosen Befruchtung dar, nur dass es hier von der Welt der griechischen Mythologie in die der katholischen Religion übertragen ist. Und ähnlich wie der Aufbau von *Leda atomica* ist auch die Komposition der *Madonna von Port Lligat* durch ein Fünfeck bestimmt, das, wie wir inzwischen wissen, aus »gnomonisch« wachsenden Dreiecken besteht (Abb. 20).

Auffallend unterschiedlich sind dagegen die schwebenden Elemente, die die zentrale Figur umgeben. *Leda atomica* enthält auf der rechten Bildseite zwei große Wassertropfen und ein Lineal. Die erste Fassung der *Madonna von Port Lligat* zeigt demgegenüber auf der linken Seite einen Fisch, eine spiralförmige Muschel und das Skelett eines Seeigels. Der

Seeigel ist mit Thompson zum einen als formale Entsprechung zu einem Tropfen Flüssigkeit zu verstehen. Wie Dalís Skizzen in den *50 magischen Geheimnissen* erkennen lassen, ist dieses Seeigelskelett zum anderen aber als ein optisches Gerät für die Erstellung und prüfende Betrachtung von Bildern gemeint, sozusagen als eine natürliche Alternative zur Camera obscura. Tatsächlich besteht die von Dalí entworfene »Brille des Malers« aus dem hohlen Skelett eines Seeigels, an dessen fünfeckiger Öffnung auf der Rückseite eine Linse montiert wird. Durch eine an der Vorderseite des Seeigelskeletts befestigte Lupe soll der Aufbau von Gemälden dann durch die »Kuppel« des Seeigels prüfend betrachtet werden. Natur und Technik erscheinen in dieser Sehmaschine in der Tat als aufs Engste »vermählt« (Abb. 21).

Die zweite Fassung der *Madonna von Port Lligat* geht einen kleinen, aber entscheidenden Schritt weiter. Sie lässt die frei schwebende Perspektive des individuellen Malers und Betrachters hinter sich, um stattdessen eine Art Naturgeschichte der Formbildung in Szene zu setzen. Auch hier fehlt zwar der Seeigel nicht (er liegt geöffnet auf dem Sockel), und die spiralförmigen Muscheln ebenso wie die Voluten, die schon in *Leda atomica* zu sehen waren, sind ebenfalls vorhanden. Aber als Grundlage dieser Formen wie des Gemäldes überhaupt fungiert jetzt ein Sockel, der auf der einen Seite einen Milchspritzer und auf der anderen Seite ein Nashorn enthält (Abb. 22).

Dieses Fundament macht deutlich, dass es nicht erst der Maler ist, der mithilfe von Fadengitter und Camera obscura unvergleichliche perspektivische Kunstwerke schafft. Vielmehr ist es bereits die Natur, also das Leben selbst, das Kunst hervorbringt und in durchaus unterschiedlichen Existenzen zur Darstellung bringt – in Tropfen und Spritzern ebenso wie in Seeigeln und Rhinozeroshörnern –, bevor diese dann auch über das Lebewesen Mensch in Zeichnungen, Gemälden und Architekturen zur Darstellung kommen.

Mit einem eigentlich auf den Philosophen Alain gemünzten Satz von Georges Canguilhem lässt sich die Grundeinsicht der Ästhetik, die sich hier abzeichnet, wie folgt zusammenfassen: »Weil die Materie und das

Leben immer schon geformt sind, findet der Künstler in der Materie oder im Leben Formen vor, die weiterzuführen sind, sei es, indem er sie vollendet, sei es, indem er sie entstellt.«[73] Man könnte auch sagen, dass Dalí den »Surrationalismus« von Bachelard an dieser Stelle vom Terrain der Physik auf das der Biologie verlagert.

In der Tat ist es an diesem Punkt nicht länger Ghyka, sondern Thompson, der den entscheidenden Hintergrund für Dalís Schaffen liefert. Das lässt sich geradezu philologisch begründen. Ghyka hatte von der logarithmischen Spirale des Horns nur in Bezug auf Antilopen, Ziegen und Schafe gesprochen. Thompson aber thematisiert in diesem Zusammenhang auch ausführlich das Nashorn. In seinem Kapitel über »Die Gestalt von Hörnern und Zähnen oder Stoßzähnen« heißt es zum Beispiel: »Das Horn des Rhinozeros bietet keine Schwierigkeiten. Es ist physiologisch gleichwertig einer Masse miteinander verfestigter Haare und besteht wie gewöhnliches Haar aus leblosem oder ›geformten‹ Material, das durch das lebende Gewebe an seiner Basis fortwährend ergänzt wird. [...] Sein Längenwachstum erfolgt auf der Vorderseite mit einer maximalen und auf der Hinterseite mit einer minimalen Geschwindigkeit; und da das Verhältnis dieser Geschwindigkeiten konstant ist, krümmt sich das Horn in Form einer logarithmischen Spirale«.[74]

Das Vorkommen dieser Spirale wird von Thompson in einer Reihe von anderen Hörnern nachgewiesen (u.a. beim Widder, beim Argali-Schaf, bei Wildziegen), aber auch mit Blick auf Nägel, Klauen, Schnäbel und Zähne diskutiert, wobei ein eigener Unterabschnitt jenem bemerkenswerten Stoßzahn gewidmet ist, mit dem Dalí im Zoo von Vincennes seinen Angriff auf die *Spitzenklöpplerin* von Vermeer führte: dem »Horn« des Narwals.

Wie weit bei Dalí die Bezugnahme auf *Über Wachstum und Form* im Vordergrund steht, wird auch an etwas anderem deutlich. Thompson ist es nämlich, der in seinem Kapitel über das Phänomen der Phyllotaxis, also die regelhafte Anordnung der Blätter von Pflanzen, auf die Spiralmuster der Sonnenblume hinweist (Abb. 23). Ähnlich wie Dalí in seinem

Vortrag an der Sorbonne erwähnt Thompson in diesem Zusammenhang da Vincis Interesse für diese Frage (ohne ihm allerdings, wie Dalí dies tut, ein konkretes Studium der Sonnenblume zu unterstellen), und ebenso lässt er letztlich offen, ob es sich in diesem Fall tatsächlich um logarithmische Spiralen handelt. Zudem liefert Thompson gleich im Anschluss mit dem Blumenkohl noch ein weiteres Motiv, das Dalí in seiner Nashorn-Phase aufgreifen wird (Abb. 24). In der Tat scheint die Fotografie des Blumenkohlkopfs, die in *Über Wachstum und Form* aufgenommen wurde, eben jene zu sein, die Dalí bei seinem Vortrag und anderen Gelegenheiten verwendet hat – beispielsweise in seinem Gemälde *Lebendes Stillleben* (1956).

Ein Moderator und Monteur von Formen

So spektakulär Dalís Auftritte während der Nashorn-Phase gewirkt haben, seine Bezugnahme auf und Auseinandersetzung mit der Morphologie war in den 1950er-Jahren nicht wirklich überraschend. Im französischen Kontext knüpften seine diesbezüglichen Ausführungen an die Veröffentlichungen von Monod-Herzen und Ghyka an, die sich seit den 1920er-Jahren im Namen der Morphologie für eine Verwissenschaftlichung der Ästhetik ausgesprochen hatten. Über diese Autoren, mit denen sich Dalí und die Surrealisten zum Teil schon in den 1930er-Jahren beschäftigt hatten, verband sich sein Vortrag auch mit einer kunstphilosophischen und -wissenschaftlichen Tradition des morphologischen Denkens, die sich in Frankreich mindestens von Félix Ravaisson über Alain bis hin zu Henri Focillon erstreckte. Selbst Bachelard sollte sich 1957 in seiner *Poetik des Raums* auf die »logarithmische Spirale« bestimmter Muschelformen beziehen und dabei zustimmend auf Monod-Herzen verweisen.

Auch die Verbindung von Dalís künstlerischer Praxis mit den Themen der morphologischen Forschung stellt um 1955 keine Neuigkeit mehr dar. Neben dem Jugendstil beriefen sich unterschiedlichste Strömungen der modernen Kunst und Architektur seit Langem auf die

»Kunstformen der Natur« – teilweise im Namen eines kantigen Funktionalismus, also der Reduktion und Abstraktion, teilweise im Namen einer natürlicheren, organischeren oder ganzheitlicheren Gestaltung. Auch innerhalb des Surrealismus lässt sich eine Hinwendung zur Ikonografie der Naturgeschichte und Entwicklungsbiologie beobachten, vor allem bei Max Ernst, der schon in den 1920er-Jahren eine eigene *Histoire naturelle* entworfen hatte (in der übrigens auch ein Nashorn vorkam) und der seit den frühen 1940er-Jahren intensiv das dreibändige Werk eines weiteren britischen Naturalisten als Inspirationsquelle nutzte, nämlich *Design in Nature* von James Bell Pettigrew.[75]

Davon unabhängig wandte sich auch die jüngere Kunstszene der Nachkriegszeit morphologischen Fragestellungen und insbesondere D'Arcy Thompson zu. 1951 organisierten Richard Hamilton und die Independent Group am Londoner Institute of Contemporary Arts eine Ausstellung mit dem sprechenden Titel *Growth and Form. The Development of Natural Shapes and Structures*. Abbildungen aus Thompsons Buch und aus Haeckels *Kunstformen der Natur* wurden dort Seite an Seite mit großformatigen Röntgenbildern des menschlichen Körpers gezeigt. Parallel dazu wurde ein Sammelband mit den Beiträgen zu dem mit der Ausstellung verbundenen Symposium über das Problem der Form in Natur und Kunst veröffentlicht, zu dem nicht nur Kunstwissenschaftler wie Ernst Gombrich und Rudolf Arnheim beitrugen, sondern auch Biologen wie Conrad Waddington und der von Thompson geschätzte Albert Dalcq.[76]

Das eigentlich spektakuläre Moment von Dalís Vortrag an der Sorbonne und seines Auftritts im Zoo von Vincennes lag woanders. Man könnte meinen, es habe in der Handgreiflichkeit bestanden, mit der er versuchte, Kunst in Natur zurückzuschreiben: Dalí war *tatsächlich* mit einer Ladung von Blumenkohlköpfen zu seiner Vorlesung gekommen, und er hatte *wirklich* einen Zoo aufgesucht, um eine Begegnung zwischen der *Spitzenklöpplerin* und einem Nashorn zu realisieren. In gewisser Weise wandte sich allerdings genau diese Handgreiflichkeit gegen das eigentliche Vorhaben Dalís. Denn genauso wie es nicht das Gemälde von Vermeer, sondern nur eine Reproduktion der *Spitzenklöpplerin* war, die einem Nashorn in der extrem künstlichen Umgebung eines Zoos entgegengehalten wurde, so war es im Hörsaal der Sorbonne lediglich die Fotografie eines Blumenkohls, die das gesuchte Spiralmuster zeigte. In beiden Fällen wurden also nicht eigentlich Natur und Kunst miteinander konfrontiert, sondern letztlich: Kunst und Künstlichkeit.

Dennoch griff Dalís Bezugnahme auf Thompson grundsätzlich in das Verständnis dessen ein, was ein Künstler ist. Denn, so biologisch inspiriert er sich auch gab, Ghykas »vitalistischer Neophythagoreismus« war zugleich, wie Ghyka selbst freimütig einräumte, ein Neoplatonismus, der Kunst und Natur unter die Vorherrschaft bestimmter Zahlen, Proportionen und Geometrien stellte. In dieser Konzeption konnte die Aufgabe des Künstlers letztlich nur darin bestehen, diese Zahlen, Proportionen und Geometrien in immer neuen Konstruktionen der Wirklichkeit aufzuprägen, sie damit aktuell zur Geltung zu bringen und zugleich in ihrer ewigen Gültigkeit zu bestätigen.

Zwar hat sich Dalí, wie wir gesehen haben, in einer Reihe von Gemälden – von *Leda atomica* (1946–1949) bis mindestens zu *Abendmahl* (1955) – einzelne Aspekte dieser Gestaltungslehre zu eigen gemacht. Mit einem durchrationalisierten und abstrakten Raumverständnis, wie Ghyka es unter Verweis auf Le Corbusier propagierte, wollte er aber nichts zu tun haben.

Durch die Bezugnahme auf Thompson erschloss Dalí sich einen geradezu entgegengesetzten Standpunkt, der besonders in seiner Auseinandersetzung mit Vermeer zum Tragen kommt. Denn bei dem Vorhaben, die Gestaltungsprinzipien der *Spitzenklöpplerin* im Kontext der Morphologie von *Über Wachstum und Form* zu begreifen, stützte er sich auf eine Art von Aristotelismus, in dem Formen nicht länger als ewige Ideen und primär mathematische Konstruktionen erscheinen, sondern als Hervorbringungen der Natur, die in der Kunst, aber auch in Architektur und Technik nachgeahmt, weitergeführt und vollendet werden. Eben dies hat aber erhebliche Konsequenzen für das Selbstverständnis des Künstlers.

Wenn nämlich schon das Skelett des Seeigels an seiner Unterseite ein Fünfeck ausbildet, wenn bereits Spinnen hochkomplexe Netze gestalten und wenn selbst Hörner wie das des Rhinozeros der Form einer Spirale entsprechen, dann kann der Maler nicht länger eine absolute Figur sein, die fast aus dem Nichts, allein durch Einsicht in formale Prinzipien und durch handwerkliches Können überzeitliche Kunstwerke schafft. Vielmehr ist es schon die Natur selbst, die Kunst hervorbringt und zu unterschiedlichen Zeiten in unterschiedlichsten Existenzen zur Darstellung treibt – etwa in Seeigeln, Spinnennetzen oder Rhinozeroshörnern –, bevor diese dann auch mithilfe des Menschen zum Ausdruck kommen können, beispielsweise in Gemälden von Vermeer und Dalí. Die *Natura naturans* kommt dem künstlerischen Schaffensprozess also entgegen, und indem der Künstler diese Vorbereitung und Zuarbeit aufgreift und weiterführt, agiert er nicht so sehr als Schöpfer, sondern eher als Moderator und Monteur von Formen. Tatsächlich könnte man sagen, er avanciere in diesem Sinn zu einem Kybernetiker, zum Steuermann und »Piloten« der lebendigen Formen.

Dass seine Bezugnahmen auf die Morphologie von Thompson zu einer solchen Neubestimmung der Rolle des Künstlers führen würden, darüber war Dalí sich durchaus im Klaren. Er erkannte darin aber keine Einschränkung oder Gefahr, sondern eine Bereicherung und willkommene Einladung, die vielfältigen Facetten der künstlerischen Kreativität zur Geltung zu bringen. So reibungslos Thompson zwischen der Form eines Wassertropfens und der eines Seeigels oder der Form des menschlichen Oberschenkelknochens und dem Gerüst eines Baukrans wechselte, so problemlos wechselte auch Dalí zwischen unterschiedlichen Formen von Bildern, ganz unabhängig davon, ob sie auf künstlerischem, natürlichem oder technischem Wege zustande gekommen waren.

Nun hatte sich Dalí schon zur Zeit des Surrealismus als »Vater gemalter Traumfotografien« bezeichnet,[77] und diese Engführung von Malerei und Fotografie bekräftigt er mit neuem Elan in den *50 magischen Geheimnissen*, wenn er die manuelle Anfertigung eines Gemäldes mit der chemischen Entwicklung einer Fotografie gleichsetzt – auch wenn oder gerade weil diese Gleichsetzung nur durch ein weiteres technisches Bild, nämlich den Film, zu vermitteln ist. So erklärt er, wiederum an den angehenden Maler gewandt: »Würde man filmen, wie die Schichten von Ihrer Imprimatur über die unterste Schicht, die sukzessive folgenden Schichten und die Lasur bis zu den letzten Pinselstrichen und dem Schlußfirnis aufeinanderfolgen, so stellte dieser Film über Ihr Gemälde eine Art Vision dar, die aus einem fast immateriellen Nebel aufsteigt, allmählich unaufhaltsam Gestalt annimmt und, nach und nach immer deutlicher sichtbar, sich wie eine Fotografie langsam entwickelt.«[78]

In der damit entworfenen Perspektive konnte die Erzeugung von Bildern den angestammten Bereich der Kunst aber auch ganz verlassen und wissenschaftlich-experimentellen Charakter annehmen. So berichtet Descharnes, dass Dalí in den 1950er-Jahren in einen Dialog mit dem Ophtalmologen Gaétan Jayle trat, der sich um die Frage drehte, ob es möglich sei, »in das Auge eine Art Kontaktlinse einzuführen, die mit einer Flüssigkeit gefüllt ist, durch die man sogar während des Schlafs von außen gesteuerte Bilder übermitteln kann«.[79]

Im Hintergrund dieses Dialogs steht offenkundig das »Electrocular«, jenes Fernsehmonokel, mit dem TV-Bilder und Wirklichkeitsbilder überlagert werden konnten. Wie nachhaltig Dalí von dieser technischen Realisierung des »Zweiten Sehens« beeindruckt war, lässt sich auch daran ablesen, dass er noch 1975 ein entsprechendes Objekt, *Spectacles with Holograms and Computers for Seeing Imagined Objects*, in die Serie von Druckgrafiken aufnahm (oder aufnehmen ließ), die *Imaginations and Objects of the Future* gewidmet war (Abb. 25).

Hornbilder

Es erscheint paradox, dass angesichts einer solchen Verallgemeinerung des Bildbegriffs Dalí damit fortfuhr, sein Verständnis von Morphologie auszuweiten. Schon in den *50 magischen Geheimnissen* war ihm aber bewusst, dass das Problem der Form nicht allein Pflanzen, Tiere und Menschen, sondern letztlich auch deren gesamte natürliche Umgebung betraf. In diesem Sinne stellt er etwa fest, »daß das Phänomen der Malerei vom Wesen her mit der Geographie, Geologie usw. verbunden ist«.[80] Und selbst wenn er das im gleichen Atemzug angekündigte Vorhaben, unter dem Titel *Die Geomorphologie der Malerei* ein entsprechendes Buch vorzulegen, nicht ausführte, insistierte er in den folgenden Jahren doch auf dem Beitrag, den die Besonderheiten der Küstenlandschaft Kataloniens für die dort angesiedelten oder von dort ausgehenden künstlerischen Aktivitäten leisteten. In seinen Gemälden wie auch in seinen Schriften wies er wiederholt darauf hin, dass die eigentümliche Form der Felsen vom Cap de Creus nicht nur eine entscheidende Anregung für die Architektur von Gaudí darstellte, sondern zu einem beträchtlichen Teil auch die verzerrten Gesichter und Körper auf einigen seiner Gemälde erklärte.[81] Unter dem Vorzeichen eines ausgeprägten Lokalpatriotismus geht die an Thompson geschulte Morphologie damit in eine regelrechte Ökologie der (Medien-)Kunst über.

Damit wird es aber auch möglich, die Spezifizität jener Aktivität genauer zu fassen, die »Malen« heißt. In der Tat kann man die These vertreten, dass Dalís zunehmendes Interesse für die Techniken des Malens das Gegenstück der Verallgemeinerungen eines an Thompson geschulten Naturalismus des Bildes war. Die Verallgemeinerung des Bildbegriffs zog die Notwendigkeit nach sich, zu präzisieren, was ein Gemälde ist. In den *50 magischen Geheimnissen* werden gemalte Bilder zu geologisch-biologischen Sachverhalten. So betont Dalí immer wieder, dass ein Gemälde aus aufeinanderfolgenden »Schichten« bestehe, und entsprechend groß ist die Aufmerksamkeit, die er der zeitlichen Abfolge des Auftrags dieser Schichten, den unterschiedlichen »Flüssigkeitskoeffizienten« der verwendeten Malsubstanzen und besonders der Beschaffenheit der »Bindemittel« (*media*) widmet.

Auch die exemplarische Auseinandersetzung mit der *Spitzenklöpplerin* von Vermeer weist in die Richtung einer solchen Präzisierung. Ihr

Fluchtpunkt liegt nicht in der Geometrisierung und Mathematisierung des *Dargestellten*, sondern in der Naturalisierung der *Darstellung*. Der inszenierte Nachweis, dass die *Spitzenklöpplerin* durch die Form der logarithmischen Spirale geprägt ist, steht im Dienst einer Annäherung der Oberfläche dieses Gemäldes an die natürlichen Oberflächen des Nashorns, der Sonnenblume und des Blumenkohls.

Eben deswegen, so könnte man sagen, spielen die taktilen Aspekte in Dalís Bericht eine so große Rolle. Vermeer mag den von ihm dargestellten Gegenstand in keiner Weise berühren, aber die Leinwand, auf der er malt, wird zum Objekt intensivsten Streichens und Tupfens – ganz so, wie es die *50 magischen Geheimnisse* bis in die letzten Details beschreiben.

An dieser Stelle öffnet sich die Nashorn-Phase auf eine experimentelle Ontologie des Bildes, die besondere Aufmerksamkeit für die Beschaffenheit dessen aufbringt, was Moholy beispielsweise als die »Textur« und die »Faktur« eines Gemäldes bezeichnet und was Flusser in Bezug auf die Fotografie die »Bildfläche« nennt.[82] Folgt man Dalí, dann steht bei der Betrachtung solcher Oberflächen das Geologische Seite an Seite mit dem Biologischen und das Biologische Seite an Seite mit dem Technologischen. Damit ist zugleich die Grundlage für eine Medientheorie umrissen, deren zentrales Thema das Aufeinandertreffen der »entgegengesetzten Häute« von Körper und Technik ist.

Die erhebliche Spannbreite dieses Projekts stellt Dalí in einem Gemälde von 1957 dar, einem der letzten, in dem das Nashorn-Motiv prägnant erscheint. *Himmlischer Ritt* zeigt ein Nashorn, das auf langen, spindeldürren Beinen durch eine karge Zivilisationslandschaft schreitet. Während die weibliche Figur, das Gesicht verhüllt, auf dem Tier reitet, werden auf dem Panzer des Nashorns Fernsehbilder eines Baseball-Spiels vorgeführt (siehe Abb. 9). Das Motiv greift nicht nur das berittene Nashorn aus dem *Mystischen Manifest* (siehe Abb. 12) und die storchenbeinigen Elefanten aus der *Versuchung des Heiligen Antonius* (1946) auf. Durch die Überlagerung von archaischem Tier und moderner Medientechnik wird die Außenhaut eines Organismus mit der Oberfläche eines technischen

Bildes gleichgesetzt – und vice versa. Aus Dalís Perspektive besteht kein wesentlicher Unterschied mehr zwischen diesen zwei Schichten: Trotz ihrer sehr unterschiedlichen Beschaffenheit erscheinen ihm beide als Bilder.

Dalí insistiert auf diesem Gedanken, wenn er Ende der 1960er-Jahre das Cover der Zeitschrift *TV Guide* gestaltet, indem er in einer leeren Landschaft zwei einsame Daumen platziert, auf deren Nägeln fotografische Schnappschüsse von Fernsehbildern erscheinen (Abb. 26). In den 1920er-Jahren hatte die »Befreiung der Finger« Dalís Fantasie buchstäblich beflügelt, und das Motiv der freistehenden Daumen war von ihm bereits 1947 in einer Illustration zu Montaignes *Essais* erkundet worden (Abb. 27).

In der Covergestaltung für den *TV Guide* entwickelt Dalí das Motiv der isolierten Daumen in morphologischem Sinn weiter. Über den Daumennagel wird das organische Material des Horns dabei erneut auf eine Stufe mit der Glasoberfläche des Fernsehbildschirms gestellt. Demnach sind Bildmedien beides, sowohl biologisch wie technologisch verfasst. Im zugehörigen Interview bekräftigt er die dabei zum Tragen kommende post-maschinistische Perspektive. In der Vergangenheit habe er weiche Uhren und weiche Geigen geschaffen: »Now I create soft television set!«[83]

Vor diesem Hintergrund verdeutlicht sich die Tragweite der Dalí'-schen Äußerungen zur Kybernetik, die am Anfang dieses Kapitels standen. In diesen Äußerungen manifestiert sich der letzte Stand seiner Vision von einer postmaschinistischen Epoche. Am Schluss der Gespräche mit Alain Bosquet kommt er noch einmal darauf zurück: »Man stellt sich gewöhnlich vor, daß die Kybernetik eine entsetzliche Sache ist, und daß die Welt immer mehr von mechanischen Gehirnen gelenkt wird. Man fürchtet, daß die Rolle des menschlichen Erfindungsgeists abnimmt. In Wirklichkeit geschieht das Gegenteil. Die kybernetischen Maschinen schaffen uns vom Hals, was uns behindert«.[84]

Das befreiende, produktive Moment der kybernetischen Maschinen zeigt sich für Dalí zum einen in den damaligen Verfahren der Bilderkennung und -verarbeitung. Wie er ausführt, könnten die kybernetischen Bildmaschinen »Punkte und Striche angeben« und würden auf dieser

Basis in der Lage sein, geradezu im Raum schwebende Bilder zu erzeugen: »Bald wird man Bilder machen können, die [...] anscheinend einen Meter von der Grundfläche entfernt sind. Mithilfe der Gesamtheit aller Punkte und aller so geschaffenen Bilder wird man zu einer pointillistischen Malerei kommen, einem Gegenstück zu der Seurats am Anfang des Jahrhunderts.«

Dass er damit eine Brücke zu McLuhans These schlägt, das Fernsehen sei kein visuelles, sondern ein taktiles Medium, werden wir im nächsten Kapitel sehen. Halten wir hier fest, dass in Dalís performativer Perspektive die kybernetischen Bildmaschinen nichts anderes tun als die Maler und Malerinnen, die seit Vermeer durch das Tupfen und Streichen von Farbe auf einer ebenen Fläche räumliche Illusionen erzeugen. Eben deswegen ist er überzeugt, dass »Maschinengemälde« zur Rettung der Malerei beitragen.[85]

Zum anderen haben die Maschinen der Kybernetik in Dalís Sichtweise nicht nur Werkzeugcharakter, sondern verfügen auch über eine »magische Dimension«. Sie haben ein Eigenleben, um nicht zu sagen: einen Eigensinn. Als treuer Schüler von Lullus stellt der Künstler fasziniert fest, dass die kybernetischen Maschinen schon beginnen, »sich wie Menschen zu verhalten, mit einer ihnen eigenen Psychologie«. Das Problem sei nur, dass man sie bislang nicht mit »erhabenen« Programmen gefüttert habe: Die kybernetischen Maschinen »spielen sogar den Wissenschaftlern ernsthafte Streiche, wenn diese sie für ihre zweifelhaften Programmierungen verwenden. Manchmal betragen sich die Maschinen wie Kretins; das ist eine köstliche Antwort auf die unerträgliche Logik des Menschen.«[86]

Insgesamt lässt sich Dalís Nashorn-Phase somit als Phase eines Übergangs verstehen, durch den sich die von der Malerei ausgehende Synthese von Magie und Technik, von Moses und Cyborg, in einen performativen Umgang mit unterschiedlichsten Medientechniken übersetzt. An diese Übersetzungsleistung kann Medientheorie noch heute konstruktiv anschließen, insbesondere wenn sie versucht, das Zusammenspiel und den Widerstreit von menschlichen und nichtmenschlichen Oberflächen zu begreifen.

Abbildung 1
Dalí an der Kunstakademie in Madrid (ca. 1925)

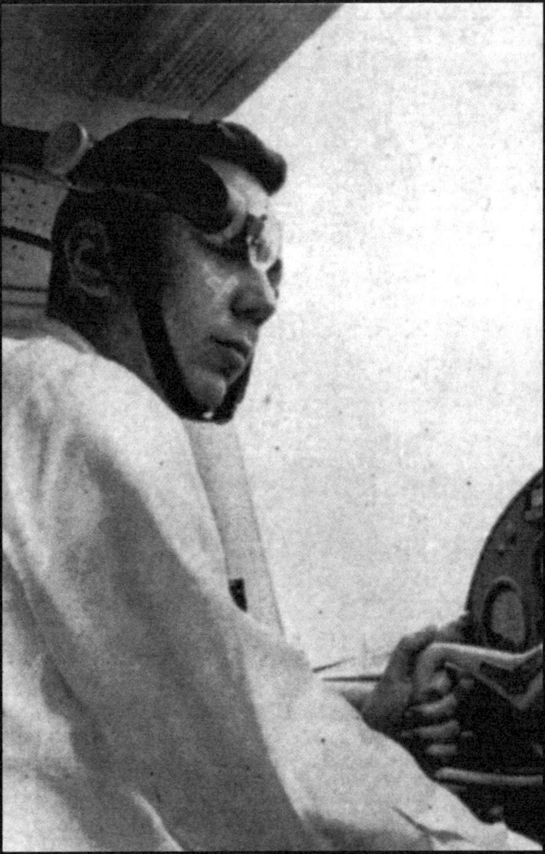

Abbildung 2
Das »Electrocular« der Hughes Aircraft Company (1962)

Abbildung 3
Salvador Dalí, *Retrospektive Verwendung des Aranariums* (1948)

Retrospective utilisation of aranarium.

Abbildung 6
Salvador Dalí, *Paranoisch-kritisches Gemälde der »Spitzenklöpplerin« von Vermeer* (1955)

Abbildung 7
Am Nashorn-Gehege des Zoos von Vincennes malt Dalí weiter an seiner Version der *Spitzenklöpplerin* (1955)

Abbildung 8
Ebenfalls im Zoo von Vincennes durchbohrt Dalí mit einer Lanze eine großformatige Reproduktion der *Spitzenklöpplerin* (1955)

Abbildung 9
Salvador Dalí, *Himmlischer Ritt* (1957)

Abbildung 10
Dalí posiert mit einem Nashorn
Fotografie von Philippe Halsman (ca. 1960)

Abbildung 11
»Dalí und Gala im Atelier von Vermeer«
Fotografie von Robert Descharnes (ca. 1960)

Abbildung 12
Salvador Dalí, *Die positivistische und progressistische Wissenschaft steigt auf das Nashorn des Materialismus, welches ständig von einigen ›irrationellen Korpuskeln‹ durchquert wird* (1951)

ALBERT SKIRA

AND

SALVADOR DALI

PRESENT

THE MOST UNIQUE INTERNATIONAL MAGAZINE

RHINOCEROS

A most unique international magazine devoted to maximum spiritual potential for thinking readers concerned with: The Cosmogonic Unity of Our Century • The future Ecumenical Congress of Pope John XXIII • The New Moral and Scientific Values of Soviet Russia • The Imminent "REALIST-QUANTIST PAINTING" Emerging from Abstract Art • "CLEDALISM"—New Gothic Concept of Love • Electronic Silverwork • Dynamic Traction Architecture • The Antigravitational "ANTI-MATTER" Possibilities in the United States

First Limited Edition Issue to be published in 3 languages, October, 1959. Mr. Dali will invite a select number of persons throughout the world to subscribe this year. For further information about RHINOCEROS, return this coupon.

SKIRA, Inc., Publishers 381 Fourth Ave., New York 16

NAME____________________

ADDRESS____________________

CITY__________ ZONE_____ STATE____

Abbildung 13
Titelblatt der von Dalí und Albert Skira geplanten Zeitschrift *Rhinoceros* (ca. 1960)

Abbildung 14
Salvador Dalí, *Leda atomica* (1949)

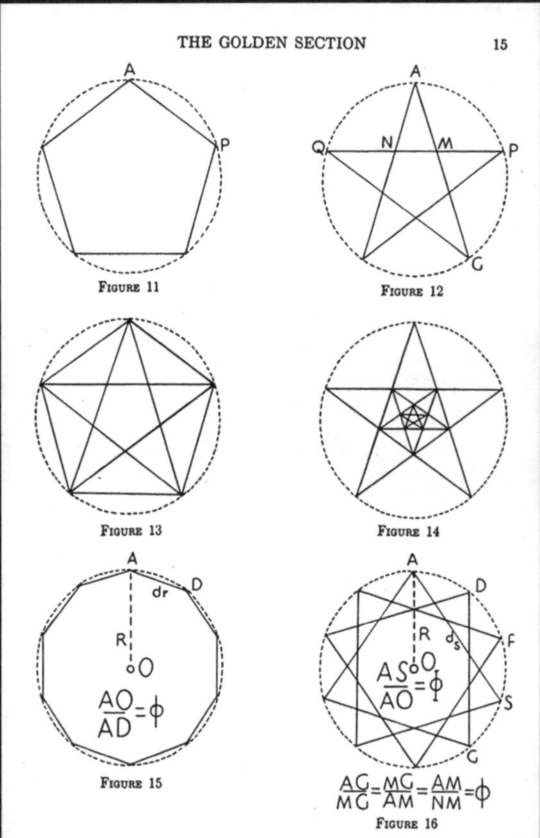

Abbildung 15

Links: eine Seite aus Ghykas *Geometry of Art and Life*

Rechts: eine von Dalís Entwurfsskizzen zur *Leda Atomica*

Anotation dans une page du libre du prince Matila Ghyka

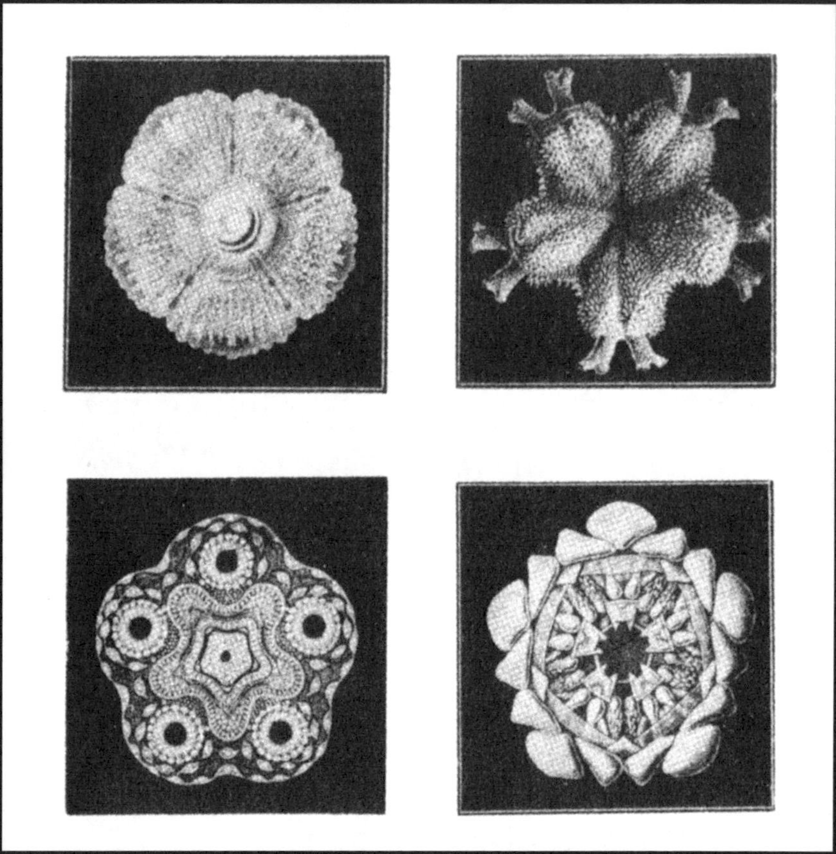

Abbildung 16
Abbildung in Ghykas *Geometry of Art and Life* zur fünfeckigen Symmetrie von Meeresorganismen (nach Haeckels *Kunstformen der Natur*)

Abbildung 18
Salvador Dalí, Skizze zur *Leda Atomica*

are as clearly fighting weapons as those of the common (Fig. 247) or the Jamnapuri goat (Fig. 246) are peaceful ornaments. Whether the horns of the Sind ibex would be useful as scimitars or not (Fig. 244), they would certainly help to break a fall if the animal kept his head in and broke the shock upon their massive curves. Much the same use might be predicted for the firm spirals of Pallas's Tur (Fig. 230) or the Tibetan Argali sheep (Fig. 233). But I cannot agree with the theory (brought forward in the *British Medical Journal* for September 27th, 1902), that such an open

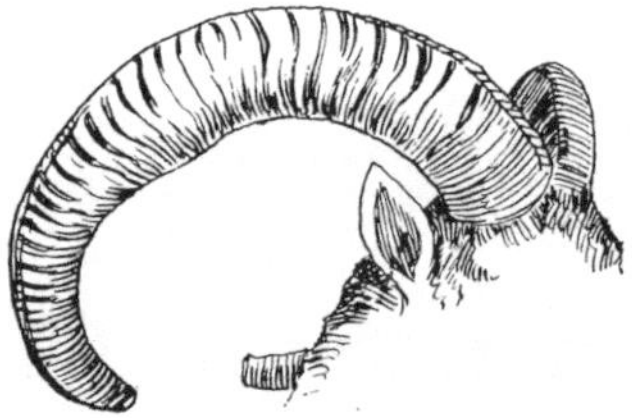

FIG. 242.—(PERVERSION). CYPRIAN RED SHEEP (OVIS ORIENTALIS).
(From Biddulph, *Proceedings of the Zoological Society*, 1884.)

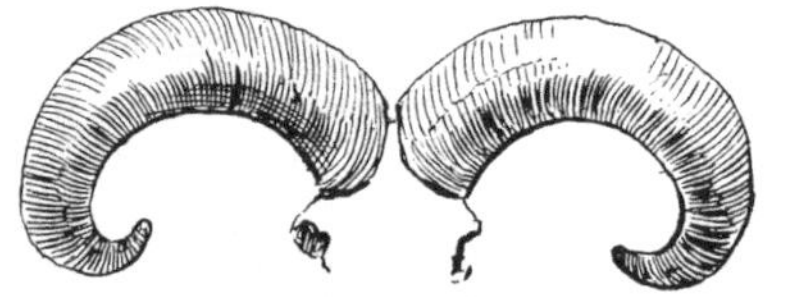

FIG. 243.—(PERVERSION). BHARAL (PSEUDOIS NAHURA).
(Drawn from figure on p. 387 of Rowland Ward's "Records of Big Game." Sixth edition, 1910.)

conical helix as that of a Highland ram's horn could in any way serve the purposes of a megaphone.

It is only right to quote Dr. Wherry's exact words in mentioning the theory of horn spirals which he originated. In the *British Medical Journal*, of September 27th, 1902, he announced "*that in the antelopes the right-hand spiral is on the left side of the head and the left-hand spiral on the right of the head*" (heteronymous), and "*that in sheep the right-hand spiral is on the right of the head and the left-hand spiral on the left*" (homonymous). "*The wild goats agree with the antelopes in regard to the spiral direction of their horns, and the oxen agree with the sheep in cases where the spiral can be noted.*"

Now it is often by apparent "exceptions" that a "rule," or theory such as this can be corrected or enlarged; and Mr.

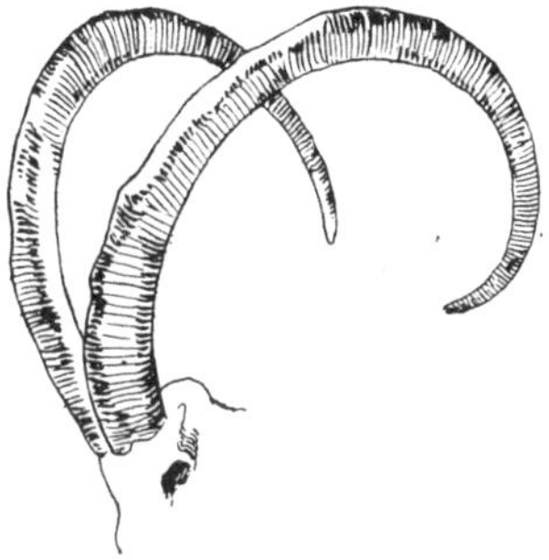

FIG. 244.—(PERVERSION). MR. A. O. HUME'S SIND WILD GOAT.

Shot by Col. F. Marston. (Drawn from p. 378 of Rowland Ward's "Records of Big Game." Sixth edition, 1910.)

Lydekker has pointed out two serious exceptions to Dr. Wherry's statement which was evidently based on what he had observed. Did Dr. Wherry refer to the markhor (Figs. 228 and 229) when he used the words "wild goats" above? If so, how is it that

FIG. 245.—DAUVERGNE'S IBEX (CAPRA SIBIRICA DAUVERGNEI). (Sterndale.)

all tame goats save one are homonymous, whereas the markhor is heteronymous. Is domestication a sufficient reason to assign for the change in spiral arrangement? Surely an easier explanation may be drawn from the fact that the true ancestor of tame goats is not the markhor but the so-called "Persian ibex" of

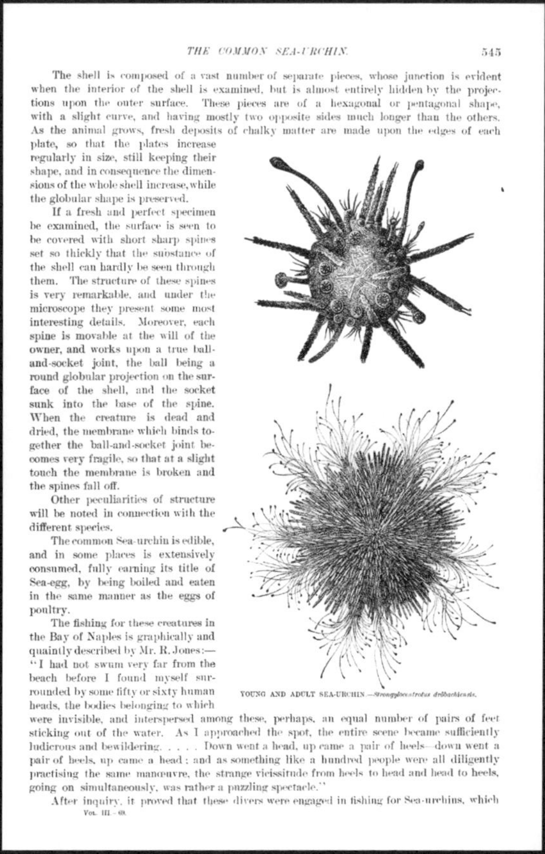

THE COMMON SEA-URCHIN. 545

The shell is composed of a vast number of separate pieces, whose junction is evident when the interior of the shell is examined, but is almost entirely hidden by the projections upon the outer surface. These pieces are of a hexagonal or pentagonal shape, with a slight curve, and having mostly two opposite sides much longer than the others. As the animal grows, fresh deposits of chalky matter are made upon the edges of each plate, so that the plates increase regularly in size, still keeping their shape, and in consequence the dimensions of the whole shell increase, while the globular shape is preserved.

If a fresh and perfect specimen be examined, the surface is seen to be covered with short sharp spines set so thickly that the substance of the shell can hardly be seen through them. The structure of these spines is very remarkable, and under the microscope they present some most interesting details. Moreover, each spine is movable at the will of the owner, and works upon a true ball-and-socket joint, the ball being a round globular projection on the surface of the shell, and the socket sunk into the base of the spine. When the creature is dead and dried, the membrane which binds together the ball-and-socket joint becomes very fragile, so that at a slight touch the membrane is broken and the spines fall off.

Other peculiarities of structure will be noted in connection with the different species.

The common Sea-urchin is edible, and in some places is extensively consumed, fully earning its title of Sea-egg, by being boiled and eaten in the same manner as the eggs of poultry.

The fishing for these creatures in the Bay of Naples is graphically and quaintly described by Mr. R. Jones:—"I had not swum very far from the beach before I found myself surrounded by some fifty or sixty human heads, the bodies belonging to which were invisible, and interspersed among these, perhaps, an equal number of pairs of feet sticking out of the water. As I approached the spot, the entire scene became sufficiently ludicrous and bewildering. . . . . Down went a head, up came a pair of heels—down went a pair of heels, up came a head; and as something like a hundred people were all diligently practising the same manœuvre, the strange vicissitude from heels to head and head to heels, going on simultaneously, was rather a puzzling spectacle."

YOUNG AND ADULT SEA-URCHIN.—*Strongylocentrotus dröbachiensis.*

After inquiry, it proved that these divers were engaged in fishing for Sea-urchins, which

VOL. III.—69.

Abbildung 19
Salvador Dalí, Überzeichnung einer Abbildung von Seeigeln aus der Naturgeschichte von John George Wood (links) durch eine Ritterrüstung (rechts)

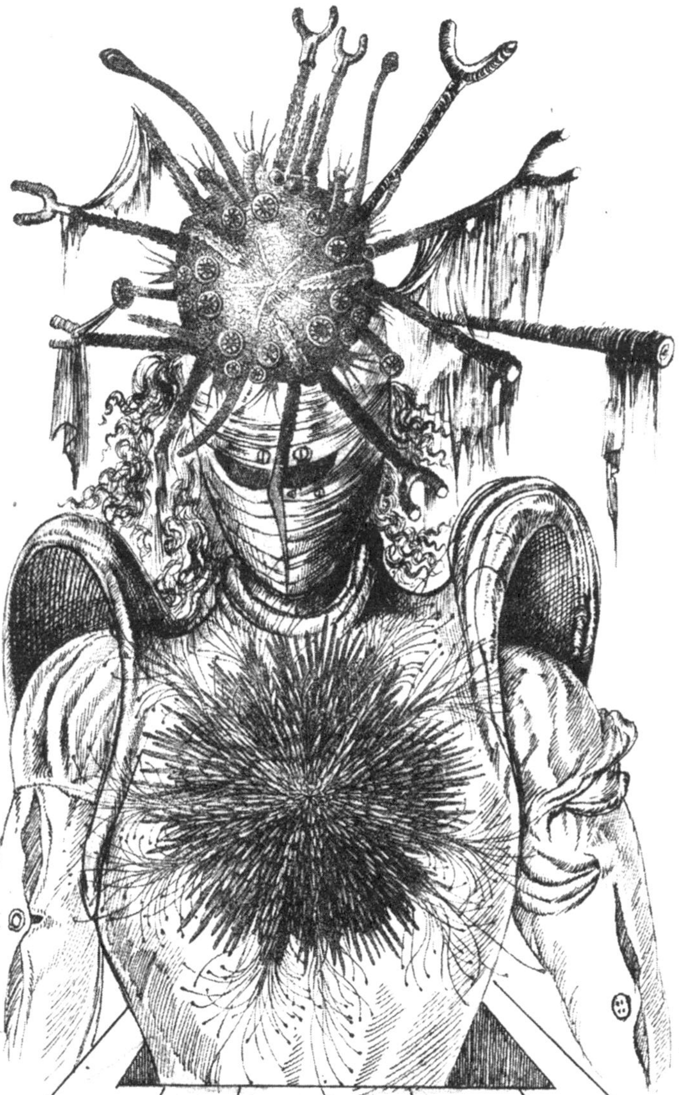

YOUNG AND ADULT SEA-URCHIN.—*Strongylocentrotus dröbachiensis.*

Abbildung 20

Salvador Dalí, Der schematische Aufbau der *Madonna von Port Lligat* (1950)

Abbildung 21

Salvador Dalí, *Die Brille des Malers* (1948)

Abbildung 22

Salvador Dalí, Detail der *Madonna von Port Lligat* (1950)

The eye glass of the painter.

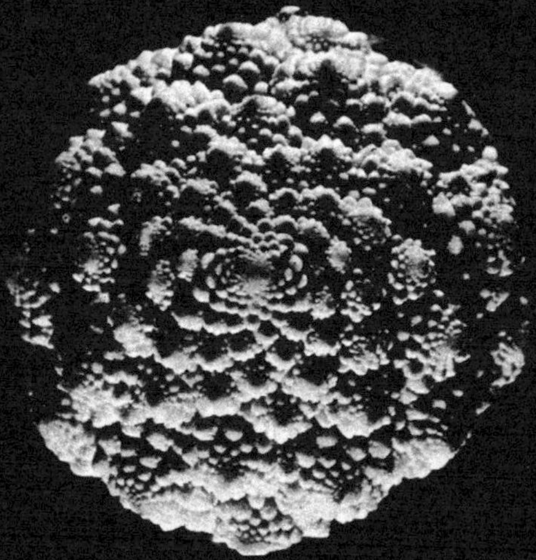

Abbildung 23
D'Arcy Wentworth Thompson, Eine riesige Sonnenblume, *Helianthus maximus*

Abbildung 24
D'Arcy Wentworth Thompson, Ein Blumenkohl, dessen gemischter Blütenstand ein Spiralmuster erster und zweiter Ordnung zeigt

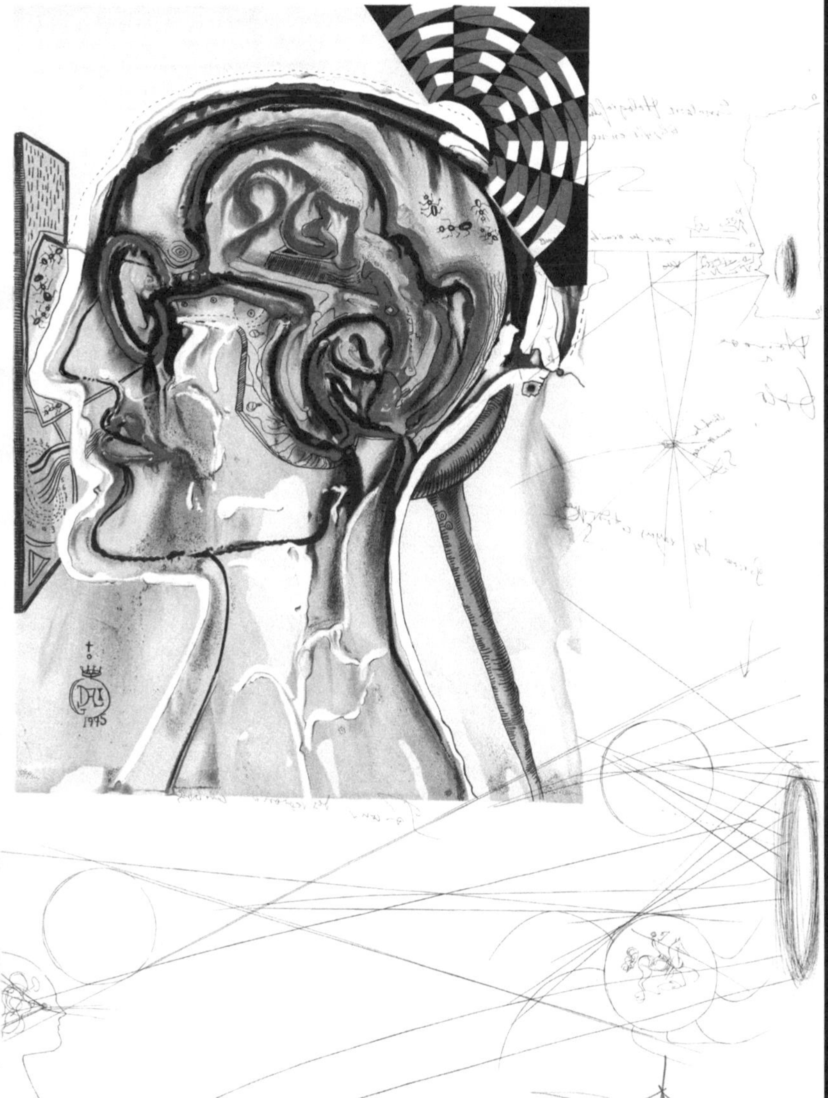

Abbildung 25
Salvador Dalí, *Brille mit Hologrammen und Computer für das Sehen eingebildeter Objekte* (1976)

Abbildung 26
Salvador Dalí, Umschlaggestaltung
für den *TV Guide* (1968)

Abbildung 27
Salvador Dalí, Illustration zu Montaignes Essay
über Daumen (1947)

XII

OF THUMBS

TACITUS reports, that among certain barbarian kings their manner was, when they would make a firm obligation, to join their right hands close to one another, and intertwist their thumbs; and when, by force of straining, the blood it appeared in the ends, they lightly pricked them with some sharp instrument, and mutually sucked them.

Kapitel 4

Ein Oberflächenmedium par excellence

In diesem Raum betritt Marshall McLuhan das Bauhaus. Im Inneren sitzt seine Wachsfigur vor einem steinzeitlichen Relief, das Venus von Laussel *oder* Frau mit dem Horn *genannt wird. Neben ihm sitzt die Figur von Sigfried Giedion vor einem dickbauchigen Fernseher aus dem Jahre 1964. An den Wänden verdeutlichen Fotografien und Filme von László Moholy-Nagy die Strukturen, Texturen und Fakturen unterschiedlicher Materialien: Wasser, Erde, Holz, Haut, Asphalt und Seide. Auszüge aus dem Briefwechsel zwischen McLuhan und Giedion werden ebenso gezeigt wie weitere Teile der Korrespondenz zwischen Moholy, Giedion und Carola Giedion-Welcker. Auf Bildschirmen sind die am Bauhaus entstandenen »reflektorischen Farbenspiele« von Ludwig Hirschfeld-Mack und Kurt Schwerdtfeger zu sehen, aber auch die religiösen Experimentalfilme des Rouault-Schülers André Girard. Das Motto für diesen Raum stammt von Friedrich Kittler: »Diesseits der Illusionen Mensch und Welt bleibt an Realem einzig eine Kontaktfläche oder Haut, wo etwas auf etwas schreibt.«*[1]

Marshall McLuhan ist bekannt dafür, das Fernsehen nicht als optisches, sondern als haptisches Medium aufgefasst zu haben. 1964 stellt er in *Die magischen Kanäle*, seinem medientheoretischen Hauptwerk, fest: »Das Fernsehen ist vor allem eine Erweiterung des Tastsinns, der ein optimales Wechselspiel der Sinne mit sich bringt.« Ähnlich hatte er sich schon zwei Jahre zuvor geäußert. »Fernsehen [ist] zweidimensional und plastisch in seinen taktilen Konturen. Das Fernsehen ist kein erzählendes Medium [wie das Kino]; es ist weniger visuell als auditiv-taktil.« So heißt es in der thematisch enger gefassten und stärker historisch ausgerichteten Untersuchung *Die Gutenberg-Galaxis*.[2]

Fernsehen ist ein taktiles Medium. Es ist keine Erweiterung des Sehsinns, sondern eine Ausdehnung des Tastsinns. Die These widerspricht jeder Alltagserfahrung und jedem gängigen Verständnis von Fernsehen so deutlich, wie es wahrscheinlich nur »Medientheorie« vermag, also eben jener Diskurs, dessen Regeln McLuhan maßgeblich bestimmt hat. Sind nicht schon die unterschiedlichen Bezeichnungen für dieses Medium – Television, Flimmerkiste, Glotze – deutliche Hinweise auf seine Verbindung zum Sehsinn? Ist es, historisch betrachtet, nicht genau das Bestreben, »ein am Orte A befindliches Object an einem beliebigen anderen Orte B *sichtbar zu machen*«, das am Anfang der für die Fernsehtechnik entscheidenden Entwicklungen steht?[3] McLuhan war sich über solche Einwände im Klaren – und ist bei seiner These geblieben.

In den Jahren, die der Veröffentlichung der beiden genannten Bücher folgen, versuchte er, sie mit zusätzlichen Belegen zu stützen. 1968 stieß er dabei auch auf das von Dalí gestaltete Titelbild des *TV Guide*. Geradezu alarmiert schreibt er am 12. Juni 1968 an seine damalige Mitarbeiterin Sheila Watson: »Besorge das Cover des *TV Guide* vom 8.–14. Juni! Es ist Dalís Erklärung des taktilen Wesens des Fernsehbildes. Innen auch ein wunderbares Interview.«[4]

Am selben Tag kommentierte er das Titelbild in einem seiner Briefe an Pierre Trudeau, der gerade zum kanadischen Premierminister gewählt worden war. Nach einigen Beobachtungen zu einem kürzlichen Fernsehauftritt Trudeaus fügt McLuhan ebenso begeisternd wie erklärend hinzu: »Das Cover des *TV Guide* vom 8. bis 14. Juni ist ein Dalí-Meisterwerk. In ihm kommt die taktile Eigenschaft des Fernsehbilds detailliert zum Ausdruck. [...] Die beiden Daumen mit den Fernsehbildern auf den Nägeln sind sorgfältig voneinander getrennt, um die ›Lücke‹ oder den Abstand anzuzeigen, der durch den Tastsinn gebildet wird.«[5]

McLuhan war das von Dalí gestaltete Cover so wichtig, dass er auch in seiner nächsten Buchveröffentlichung auf es zu sprechen kam. Im Vorwort zu *Die innere Landschaft*, einer Sammlung von literaturwissenschaftlichen Studien, erklärt er: »Zwei Daumen haben zwei Fernsehbildschirme als Daumennägel. Das ist reine Dichtung, scharfe neue Wahrnehmung. Dalí zeigt unmittelbar, dass das Fernsehen eine taktile Form der Wahrnehmung ist. Tasten ist der Raum des *Intervalls*, nicht der visuellen Verbindung.« Und mit Blick auf diejenigen, die diesem Verständnis von Fernsehen immer noch nicht folgen konnten oder wollten, fügt er hinzu: »Jahrelang habe ich mich bemüht, diese Tatsache klarzumachen. Vergeblich. Der Schlafwandler weiß es besser. Kann er nicht mit seinen *Augen* fernsehen? Wieso sollte es *taktil* sein?«[6]

Die Provokation der McLuhan'schen Medientheorie ist an dieser Stelle eine doppelte. Es geht ihr nicht allein darum, das Fernsehen gegen jede Intuition als taktiles und nicht als visuelles Medium zu begreifen. Zugleich zielt diese Theorie darauf, den Begriff des Tastsinns auf nicht weniger kontraintuitive Weise von der Vorstellung einer körperlichen Berührung oder Verbindung zu entkoppeln. Stattdessen wird das Taktile als eine Funktion des Einfügens von Lücken und des Abstandnehmens, also paradoxerweise als Instanz der Distanzierung neu bestimmt. In einem Interview von 1969 pointiert McLuhan diese Konzeption des Tastsinns: »Berühren [*touch*] heißt in Wirklichkeit nicht Verbindung, sondern Abstand [*interval*]. Wenn Sie ein Ding berühren, gibt es einen kleinen Raum zwischen Ihnen und dem Gegenstand, einen Raum der Resonanz.«[7]

Das ist aber nicht alles. McLuhans doppelt widersprüchliche Theorie des Fernsehens geht auch mit einer Symmetrisierung des Tastsinns einher. Trotz seiner kontraintuitiven Auffassung des Tastsinns interessiert er sich nämlich durchaus für die menschliche Erfahrung der körperlichen Berührung. Anders als bei Benjamin stehen dabei allerdings nicht jene »Püffe« im Vordergrund, die sich Passanten im Gewirr der großstädtischen Menge zufügen. McLuhan richtet seine Aufmerksamkeit in diesem Zusammenhang vielmehr auf Erscheinungen wie den »Händedruck« oder jenen »Hang zum Tätscheln«, den er, einem Reiseführer für Griechenland folgend, als eine süd- und alteuropäische Besonderheit versteht.[8]

Auch andere Aspekte körperlicher Berührungen kommen bei ihm zur Sprache, und zwar durchaus häufig. So werden in den *Magischen Kanälen* etwa die Oberflächenkonzepte von Sporttauchern (*skin-divers*), Wasserski- und Kleinbootfahrern erörtert; ebenso wird darauf hingewiesen, dass Brigitte Bardot »barfuß Auto fuhr, um das Vibrieren [des Fahrzeugs] möglichst stark zu spüren«.[9] Die Impressionen der Moderne sind bei McLuhan also trotzdem ein wichtiges Thema.

Das gilt auch insofern, als er sich nicht nur für den menschlichen Tastsinn, sondern auch für die Taktilität der Technik interessiert. Tatsächlich zögert McLuhan nicht, auch den Medien ein taktiles Vermögen zuzusprechen. Wie wir gesehen haben, hatte schon Benjamin das dadaistische Kunstwerk als ein »Geschoss« beschrieben, das auf den Betrachter abgefeuert wird.[10] In vergleichbarer Weise schildert McLuhan, dass der Zuschauer durch den Fernseher »mit Lichtpunkten beschossen« wird, und er zieht dabei ausdrücklich eine Parallele zwischen Fernsehröhre und Schusswaffe.[11] Im gleichen Atemzug zitiert er Joyce, der in *Finnegans Wake* unter Bezugnahme auf das Fernsehbild von der »Attacke der leichten (light = leicht und Licht) Kavallerie« spricht, die die »Seelenhaut« des Zuschauers mit »›unterwehwußten‹ Ahnungen« erfüllt.[12]

Und nicht nur der Fernsehbildschirm, auch die Fernsehkamera wird als tastender Akteur geschildert. McLuhan zufolge zeichnet diese Art von Kamera »pausenlos Konturen von Dingen mit einem Abtastsystem [*scanning finger*]« nach.[13] Die taktile *agency*, die tastende Handlungsträgerschaft des Fernsehens manifestiert sich also nicht erst bei der Ausstrahlung der Bilder im Wohnzimmer, sondern bereits bei der Aufzeichnung im Fernsehstudio.

Die Voraussetzungen für diese Symmetrisierung des Taktilen liegen zunächst in McLuhans Verpflichtungen gegenüber einer intellektuellen Bewegung, die im frühen 20. Jahrhundert unter anderem von Charles Péguy, Léon Bloy, Gilbert K. Chesterton, T. S. Eliot, Georges Rouault und Jacques Maritain repräsentiert wurde. Der sogenannte *Renouveau Catholique* (Katholische Erneuerung) verfolgte die Absicht, durch eine verstärkte Auseinandersetzung mit der künstlerischen und literarischen Moderne zu einer Erneuerung des Katholizismus beizutragen.[14] In den 1950er-Jahren wurde diese Bewegung durch den publizistischen Erfolg der posthum veröffentlichten Werke des Jesuitenpaters und Paläontologen Pierre Teilhard de Chardin zusätzlich befeuert. Im Anschluss an Teilhards Faszination für das »ätherische« Miteinander, das weltweit durch Radio und Fernsehen entstanden ist, mobilisierte McLuhan die Philosophie und Psychologie des Thomismus, um Taktilität als ein »Wechselspiel der Sinne« begreiflich zu machen.

Die Pointe, dass Teilhard das explorierende, versuchende Tasten (*tatonner*) als ein Grundprinzip der biologischen Evolution betrachtete, ließ er sich also entgehen.[15] Stattdessen rekurrierte McLuhan auf die Wahrnehmungslehre Thomas von Aquins, um den Tastsinn nicht allein als Synonym für den Kontakt der Haut mit der Materie erscheinen zu lassen, sondern letztlich als gleichbedeutend mit dem »Leben der Dinge im Geistigen selbst«.[16]

Im Anschluss daran verbindet sich diese vergeistigte Theorie des Tastsinns mit einer Auffassung des Mediums »Licht«, die vor allem künstlerisch und kunsthistorisch geprägt ist. Diese Auffassung ermöglicht es McLuhan zum einen, dem menschlichen Sehen taktile Qualitäten zuzuschreiben. So zitiert er im Anschluss an Ernst Gombrich wiederholt die Ausführungen über das »tastende Sehen«, die sich seit dem späten 19. Jahrhundert bei Adolf von Hildebrand, Bernard Berenson, Heinrich Wölfflin und anderen Autoren finden – nicht zuletzt als Nebenprodukt einer Kritik an der vorgeblich falschen Tiefe, die als charakteristisch für

Massenmedien wie die Fotografie, das Stereoskop oder das Panorama betrachtet wurde.[17]

Unter der Maßgabe eines »tastenden Sehens« lassen sich zum anderen aber auch technische Bildmedien wie das Fernsehen und letztlich Bilder insgesamt als tastende Akteure begreifen. Genau in diesem Sinne beruft sich McLuhan auf Künstler und Literaten wie Dalí und Joyce, um den Tastsinn des Fernsehens zu beschreiben. Wie wir sehen werden, stützt er sich im selben Zusammenhang aber auch auf ältere und weniger prominente Künstler wie beispielsweise Georges Seurat, Georges Rouault und den Rouault-Schüler André Girard, einen Glasmaler und Experimentalfilmer, der ebenfalls dem *Renouveau Catholique* zuzurechnen ist.

Vor allem aber schließt McLuhan in diesem Zusammenhang an eine avantgardistische Ästhetik des Taktilen an, die um 1920 im deutschsprachigen Kontext prominent geworden ist. Um die taktilen Eigenschaften des Fernsehbildes näher zu charakterisieren, führt er wiederholt das 1919 durch Walter Gropius begründete Bauhaus an. Ein wesentliches Element des Unterrichts am Bauhaus bestand bekanntlich in der Durchführung von Tastübungen und entsprechenden Materialstudien im *Vorkurs*. Allerdings fungiert das Bauhaus bei McLuhan nicht als Label für Funktionalität, Standardisierung oder Industriedesign, sondern als Synonym für Ganzheitlichkeit und Synästhesie. Wie der Autor der *Magischen Kanäle* erklärt, ist diese Kunst- und Architekturschule als eine Institution zu begreifen, die dem »Streben nach einem umfassenden menschlichen Bewußtsein« und der »Förderung nicht-alphabetischer und sogar anti-alphabetischer Werte von Stammeskulturen« verpflichtet war.[18] Pointiert könnte man sagen, McLuhan habe hier nicht den heute klassischen Modernismus des Dessauer Bauhauses vor Augen, sondern die expressionistische Frühform des Bauhauses in Weimar.[19]

In erstaunlicher Parallelität zu Benjamin fungieren in diesem Zusammenhang László Moholy-Nagy und Sigfried Giedion als entscheidende Vermittlungsfiguren. Mit *Sehen in Bewegung* und *Die Herrschaft der Mechanisierung* rezensierte McLuhan 1949 die beiden Hauptwerke dieser eng mit dem Bauhaus assoziierten Autoren.[20] Seit 1943 stand McLuhan zudem mit Giedion in Briefkontakt und begegnete ihm im Folgenden mehrmals persönlich.[21] Während dieser Architektur- und Technikhistoriker in der *Gutenberg-Galaxis* und den *Magischen Kanälen* wiederholt zustimmend zitiert wird, findet Moholy zwar nur vereinzelt Erwähnung. Die Beschäftigung mit der Bauhaus-Ästhetik durchzieht aber sowohl die Veröffentlichungen der für McLuhan so wichtigen *Explorations*-Gruppe in Toronto wie auch die Entwicklung seiner eigenen Medientheorie.[22]

Dass dies auch und vielleicht vor allem für seine Fernsehtheorie gilt, lässt sich an einem in den frühen 1960er-Jahren publizierten Aufsatz ablesen. In »Inside the Five Sense Sensorium« macht McLuhan den Vorschlag: »Wir sollten die Hypothese in Betracht ziehen, dass das Fernsehen ein groß angelegtes Bauhaus-Programm zur Umerziehung des nordamerikanischen Sinneslebens bietet. Das heißt wir sollten fragen, ob das Fernsehbild tatsächlich eine haptische, taktile oder synästhetische Art des Wechselspiels der Sinne ist«.[23] Mit dem Erscheinen der *Gutenberg-Galaxis* und der *Magischen Kanäle* ist aus dieser Vermutung eine Gewissheit geworden und die aufgeworfene Frage erfährt eine positive Beantwortung. Fernsehtechnik und Bauhaus-Kunst rücken damit in enge Nachbarschaft.

Die Verbindung zwischen McLuhan, Moholy und Giedion verfügt aber nicht nur über eine inhaltliche,[24] sondern mindestens ebenso sehr über eine formale oder, wenn man so will, mediale Komponente. McLuhans Bezug auf die beiden mit dem Bauhaus assoziierten Autoren führt dazu, dass das Medium Fernsehen von ihm nicht als solches, sondern durch die Brille eines anderen, älteren Mediums betrachtet wird. Es erscheint, um es mit einer der prägnanten Formulierungen von McLuhan selbst zu sagen, »im Rückspiegel« der Fotografie, genauer gesagt: fotografierter Gemälde und Plastiken.[25]

Wie im Folgenden verdeutlicht wird, spielen bei der Anlehnung an Moholy und Giedion in der Tat die Fotografien von Kunstwerken, die in Werken wie *Sehen in Bewegung* oder *Ewige Gegenwart* enthalten sind, eine wichtige, wenn nicht entscheidende Rolle. McLuhan erwähnt diese Fotografien zwar nicht ausdrücklich, aber die Relevanz der taktilen Aspekte visueller Phänomene und Prozesse stand ihm durch die Schwarz-Weiß-Fotografien, die sowohl in Moholys wie auch in Giedions Buchveröffentlichungen enthalten sind, deutlich vor Augen. Besonders die Mikrofotografien der Oberflächenbeschaffenheit von Seurat- und Cézanne-Gemälden, deren taktile Qualitäten Moholy ausführlich kommentierte, führten McLuhan zur Auseinandersetzung mit der »Textur« des Fernsehbildes. Die von Giedion veröffentlichten Aufnahmen prähistorischer Höhlenmalereien und Reliefs regten diese Auseinandersetzung zusätzlich an.

Das Ergebnis ist eine Medientheorie, die ihre Grundsätze dadurch zu resümieren versucht, dass sie ihre Rezipienten einer »Massage« durch Fotografien unterzieht. Zugleich entwirft diese Medientheorie eine Auffassung von Geschichte, in der, durch das Bauhaus vermittelt, der gewölbte Bildschirm des Fernsehens neben der gebogenen Oberfläche der urzeitlichen *Frau mit dem Horn* steht.

Vom Bauhaus berührt

Unter jesuitischen und thomistischen Voraussetzungen tendiert das Taktile dazu, sich ins Ätherische und Psychische zu verflüchtigen. Der Thomismus rückt den Tastsinn in die Nähe des Gemeinsinns (*sensus communis*), eines psychischen Vermögens, das die in den äußeren Sinnen empfundenen Reize auswählt, zu einem kohärenten Ganzen formt und damit zugleich die Grundlagen für die Konstitution des Subjekts schafft.[26] Teilhard verstärkt diese Psychologisierung noch, indem er die weltumspannende »Hülle aus denkender Substanz«, die seinem Verständnis nach durch das »außerordentliche radiophonische und televisionelle Nachrichtennetz« entstanden ist, auf das Erlebnis eines »ätherischen Mitbewußtseins« zurückführt, also den letztlich subjektiven Eindruck, »auf allen Meeren und Kontinenten gleichzeitig gegenwärtig« zu sein.[27]

McLuhan steuert dieser doppelten Verflüchtigung des Taktilen entgegen, indem er eine Reihe von Beispielen für körperliche Berührungen anführt: Beobachtungen zum Händedruck, Betrachtungen zur Handschrift, Beschreibungen des Anfassens und Loslassens von Waren. Auch die Referenz auf das Bauhaus fügt sich hier ein. 1961 hatte diese Bezugnahme noch den Status einer anregenden, aber unbewiesenen Hypothese. Drei Jahre später, in den *Magischen Kanälen*, ist aus ihr ein Argument geworden: »Das Fernsehen«, so heißt es jetzt, »ist das Bauhaus-Programm der Formgebung des Lebens oder die Montessori-Erziehungsmethode ins Technische erweitert und kommerziell gestützt.«[28]

In der Frühzeit des Bauhauses hatten die Tastübungen und Materialstudien vorwiegend explorativen Charakter und zielten auf die Herausbildung individueller Künstlerpersönlichkeiten. Angesichts der zunehmenden Verwendung neuartiger Baumaterialien (Stahl, Beton usw.) hatte sich das Interesse der am Bauhaus tätigen Architekten, Bildhauer und Maler dem »Material an sich« zugewandt. Gleichzeitig wurde der reformpädagogische Anspruch vertreten, dass die Ausbildung an der Weimarer Einrichtung nicht nur in der Aneignung theoretischer Kenntnisse bestehen, sondern auch das konkrete Erlebnis von unterschiedlichen Materialien umfassen sollte. So sollten in Ittens Übungen, etwa durch die zeichnerische Darstellung der charakteristischen Eigenschaften einer Materie wie Holz, die Entwicklung des Auges als rezeptiver Sinn und des Tastsinns als produktiver Sinn geschult werden (Abb. 1). In anderen Übungen sollte die Kombination von einfachsten Materialien (Holz, Draht, Pappe, Korb usw.) zur Beobachtung des subjektiven Materialgefühls herangezogen werden (Abb. 2).

Als Moholy 1923 die Leitung des Vorkurses übernahm, wandelte sich der Charakter dieser einführenden Studien.[29] Die Tastübungen standen nun eher im Dienst einer Verwissenschaftlichung der Ausbildung zum Künstler, Gestalter und Architekten, so wie dies in den 1920er-Jahren auch in der Sowjetunion verfolgt wurde.[30] In der Tat verbanden sich die Tastübungen bei Moholy mit dem Bestreben, durch eigens konstruierte

»Tasttafeln« entsprechende Eignungsverfahren zu entwickeln und zu verwenden (Abb. 3), wie sie etwa zur selben Zeit auch im Bereich der Psychotechnik für eine genauere Exploration und Dokumentation der taktilen Fähigkeiten von Berufsanwärtern eingesetzt wurden. Tasten und Testen erscheinen hier erneut als eng miteinander verschränkt.

Dennoch wurden auch die explorativen Tastübungen beibehalten. Wie sein Vorgänger Itten begriff Moholy die Beschäftigung mit den »Tastwerten« unterschiedlicher Materialien und Oberflächen als kunstpädagogische Maßnahme zur »bereicherung des empfindungs- und ausdruckswunsches«. Unter Hinweis auf das futuristische Taktilismus-Manifest von Marinetti wollte Moholy aber nicht länger ausschließen, dass aus den Tastübungen auch eine neue Form von Kunst entstehen könnte.[31]

Paradoxerweise beschränkten sich die Materialstudien unter Moholy aber nicht auf die direkte Berührung und konkrete Handhabung von Holz, Metall, Papier und anderen Stoffen. Auch die Fotografie wurde als Beitrag zur Förderung der Tastkultur begriffen.[32] So erklärt er 1929 in seiner Abhandlung *von material zu architektur*: »die dokumentarisch exakten fotos von material-(tast-)werten, ihre vergrößerten, bisher kaum wahrgenommenen erscheinungsformen, regen fast jeden [...] zur erprobung seiner tastfunktion an«[33] – eine Beobachtung, die auch bei Benjamin ein deutliches Echo findet, wenn dieser in seinem Kunstwerk-Aufsatz davon spricht, dass durch fotografische Großaufnahmen »völlig neue Strukturbildungen der Materie zum Vorschein kommen«.[34]

Konsequenterweise wurde der Bleistiftzeichnung, mit deren Hilfe Itten noch im Katalog zur Bauhaus-Ausstellung die Erkundung der äußeren Beschaffenheit eines Baumstamms veranschaulicht hatte, in der Abhandlung von Moholy die Makrofotografie eines abgesägten Stückes Holz entgegengehalten, auf der die innere Struktur des Baumes sichtbar wird (Abb. 4). Die Fotografie fungiert hier als Propädeutikum für die Entwicklung einer neuen Materialkultur, »weil sie in der konzentriertheit ihrer einstellung ein verkürztes (wenn auch gedämpftes) verfahren zum erlebnis des materials bietet«.[35] Auch weitere Abbildungen in Moholys Buch, die unter anderem Oberflächen von Wasser, Sand und Asphalt zeigen, sind dazu bestimmt, diese visuelle Erfahrung von Materialität zu fördern.

Moholys spürbare Faszination für den »exakten zauber des feinsten gewebes« erinnert in vieler Hinsicht an die *Micrographia* von Robert Hooke, bei dem das frühneuzeitliche Mikroskop zu einer ähnlichen Begeisterung für die Oberflächen und Texturen von unterschiedlichsten Materialien geführt hatte.[36] Anders als Hooke setzt Moholy diese Faszination jedoch in begriffliche Unterscheidungen um, die die ästhetische Erfahrung und Beschreibung unterschiedlicher Beschaffenheiten von »materialgefügen« erleichtern sollen. Angeregt durch die Theorie und Praxis des russischen Konstruktivismus unterscheidet er dabei die »Struktur« eines Materials von dessen »Textur« und »Faktur« und ergänzt diese Trias noch durch das Merkmal der »Häufung«.[37] Auch wenn diese Kategorien nicht immer trennscharf sind, bilden sie, wie wir noch sehen werden, einen wichtigen Ausgangspunkt für McLuhans Analyse des Fernsehbildes.

»Struktur« definiert Moholy als »die unveränderbare aufbauart des materialgefüges«, so etwa die geologischen Schichten einer Gebirgsformation oder die faserige Konsistenz von Papier. Demgegenüber bezieht sich »Textur« auf »die organisch entstandene anschlußfläche jeder struktur nach außen«, also ihre Einfassung oder Hülle. Als erläuterndes Stichwort dient dafür »epidermis, organisch«, was in den zugehörigen Abbildungen durch Fotografien von der faltigen Gesichtshaut eines alten Manns, der verschrumpelten Schale eines verfaulten Apfels und dem gescheckten Fell einer Katze verdeutlicht wird (Abb. 5).[38]

»Faktur« schließlich wird als »der sinnlich wahrnehmbare niederschlag (die einwirkung) des werkprozesses« auf das Material bestimmt. Sklovskij hatte Faktur als die Hervorhebung, die »Pedalisierung« der Gemachtheit von Kunstwerken bestimmt. Analog dazu zielt Moholys Begriff der Faktur auf die Erkenntnis und Erfahrung der Oberfläche eines »von außen her veränderten materials (epidermis, künstlich)«.[39] Moholys taktil fundierte Gestaltungslehre erscheint an dieser Stelle als eine allgemeine und vergleichende Lehre von den Oberflächen.

Auch die Oberflächen der Kunst geraten für diese Lehre in den fotografisch gestützten Blick. So verdeutlicht eine der Abbildungen in *von material zu architektur* das Phänomen der Textur am Beispiel »verschiedener futterseiden«. Wie Einzelbilder eines Filmstreifens übereinander angeordnet, lassen die entsprechenden Stoffstücke die Unterschiedlichkeit ihrer Webmuster fast buchstäblich greifbar werden (Abb. 6). Etwas weiter hinten im Buch werden auf ähnliche Weise auch bemalte Oberflächen fotografisch erschlossen. Möglicherweise angeregt durch die schwarzen Bilder von Alexander Rodtschenko präsentiert Moholy auf drei kreisförmig ausgeschnittenen Fotografien »verschiedene fakturen desselben ölpigments auf gleichem grund«. Durch seitliche Beleuchtung wird dabei die jeweilige Oberflächenbeschaffenheit dieser Malproben herausgestellt. Moholy zufolge zeigt sich damit deutlich, »dass durch die art des farbauftrags, durch die bewegung des pinsels, verschiedene leuchtwirkungen der farbe entstehen können«.[40]

Diese Beobachtungen zum Zusammenhang von Textur und Licht werden in Moholys Hauptwerk *Sehen in Bewegung* wieder aufgenommen und weiter vertieft. Wenn McLuhan dieses Buch Ende der 1940er-Jahre liest, erhält er also nicht nur eine fundierte Darstellung des »Bauhaus-Programms mit seinen vorzüglichen Methoden für die Schulung der Sinne«,[41] sondern zugleich eine umfassende Einführung in eine Ästhetik der Materialien und der Oberflächen. Tatsächlich eröffnet dieses Buch eine umfassende Perspektive auf den »visuellen ›Taktilismus‹« der Künste und der Medien,[42] und eben diese Perspektive ist es, an die McLuhan in seiner Fernsehtheorie anschließen wird.

Sehen in Bewegung hebt auch erneut auf die Rolle der Fotografie bei der Erfassung und Darstellung der Beschaffenheit von Oberflächen ab. Als ob er die Abbildungen aus seinen früheren Büchern noch vor Augen hätte, schreibt Moholy: »Da ist das gestochen scharfe, von Poren vernarbte und von Falten zerfurchte Gesicht auf Porträtfotos; die Luftaufnahme eines Schiffes, das durch scheinbar im Licht erstarrte Meereswellen fährt; die gemeißelte Zartheit eines gewöhnlichen, gesägten Holzklotzes; die

Nahaufnahme eines Webstoffs; die Gesamtheit der kaum je beachteten Strukturen, Texturen und Fakturen auf jedem Gegenstand, den wir aus der traditionell monokularen Betrachtung und Darstellung der Welt herauslösen.«[43]

Eine Fülle von neuen Abbildungen soll dann verdeutlichen, wie nahrhaft das »visuelle Futter der Fotografie« für die Auseinandersetzung mit den Künsten ist. Neben Tasttafeln, die durch seitliche Beleuchtung geradezu dramatisch in Szene gesetzt werden, begegnen wir scharf gezeichneten Aufnahmen von glänzenden Handplastiken aus edlem Holz, auf denen jede einzelne Pore sichtbar zu sein scheint. Luftbilder unterschiedlicher Landschaften erscheinen als abstrakte Spurenmuster, während Nahaufnahmen von Skulpturen, die ebenfalls effektvoll von der Seite beleuchtet werden, die Textur ihrer Oberflächen fast schon überdeutlich zeigen.[44]

Vor diesem Hintergrund kommt Moholy auch auf sein Interesse an der Textur von Ölgemälden zurück. Durch vergleichende Schwarz-Weiß-Aufnahmen der Pinselführung bei van Gogh, Cézanne und Seurat lenkt er die Aufmerksamkeit auf die unterschiedliche Beschaffenheit der jeweiligen Gemäldeoberflächen (Abb. 7). Die Anordnung dieser Fotografien nimmt übrigens die Form der streifenartigen Montage wieder auf, mit der Moholy schon zu Bauhaus-Zeiten die unterschiedlichen Oberflächen von Seidenstoffen und Tastmaterialien präsentiert hatte.[45]

Im zugehörigen Text werden die unterschiedlichen »Pinseltexturen« bei van Gogh, Cézanne und Seurat dann so intensiv beschrieben, dass aus den Oberflächen der Gemälde eigene Plastiken zu werden scheinen. So heißt es etwa zu van Goghs Farbauftrag: »Das Pigment bildete ein Relief, das Schatten warf, wenn Licht auf die Kanten und Grate fiel.«[46] Diese Betrachtung von Gemälden als Reliefs oder Plastiken bezieht sich auf den Vorkurs des Bauhauses ebenso zurück wie sie die Fernsehtheorie von McLuhan ankündigt.

TV-Pointillismus

In den *Magischen Kanälen* werden die besonderen Eigenschaften des Fernsehbildes eingehend erörtert. McLuhan konzentriert sich dabei auf zwei Aspekte, die taktil konnotiert sind. Sie betreffen, erstens und ganz im Sinne von Moholy, die Textur des Fernsehbilds. Das TV-Bild besteht nach McLuhan aus kleinen Bildpunkten. Es ist ein »mosaikartiges Maschennetz von hellen und dunklen Punkten«, ein »Leuchtpunkt-Mosaik«.[47] Der taktile Aspekt liegt dabei, kurz gesagt, darin, dass die Entstehung dieses Mosaiks auf das elektronische Abtastverfahren der Fernsehkamera zurückgeführt wird.

Die zweite Besonderheit des Fernsehbildes besteht für McLuhan darin, dass es ein Röhren- oder Strahlenbild ist. Es ist ein Bild, das durch einen Elektronenstrahl von hinten auf eine beschichtete Glasfläche, die sprichwörtlich gewordene »Mattscheibe«, projiziert wird. Das Fernsehbild erscheint, wie McLuhan sagt, »bei *Durchlicht*, nicht bei *Auflicht*«, wie dies etwa bei der Seite eines gedruckten Buchs der Fall ist. Der taktile Aspekt liegt dabei darin, dass das Fernsehbild der Betrachterin und dem Betrachter nicht einfach gegenübersteht, sondern ihn in eine Art von strahlender Hülle einbezieht. Es fungiert, wie McLuhan in Anlehnung an Malraux' fotografisches Museum der Kunstgeschichte sagt, als ein »housing-without-walls«, als eine Unterkunft ohne Mauern.[48] In diesem Sinne ist das Fernsehen allerdings nicht so sehr eine Erweiterung des Tastsinns, sondern wie die Kleidung eine Extension der Haut.

Wie stark diese Analyse des Fernsehbildes den plastisch wirkenden Abbildungen in Moholys Buch verpflichtet ist, zeigt sich zunächst an McLuhans Interesse für die Beschaffenheit von Oberflächen. Unter Bezugnahme auf schriftliche Überlieferungen vor dem Buchzeitalter erwähnt McLuhan etwa die »diffuse Textur« von mittelalterlichen Manuskripten, mit Blick auf aktuelle Mode spricht er von der zeitgenössischen »Vorliebe für grobe, schwere Texturen und plastische Formen« und in Bezug auf kubistische Gemälde und Collagen beschreibt er den »spannungsgeladenen Widerstreit der Muster, Lichter und Texturen«.[49]

Dann wendet er sich in ähnlicher Weise dem Oberflächencharakter des Fernsehbildes zu. Die Eigenart dieses Bildes zeigt sich demnach zunächst in der Vorliebe dieses Mediums für Motive, die an den Tastsinn appellieren. Angesichts der geringen Auflösung des Fernsehbildes in den 1960er-Jahren sind das nach McLuhan vor allem grobe Texturen. So nehme sich das Fernsehen »der verschiedenartigen und rohen Formen der Reitsättel, Kleider, Felle und schäbigen Kistenholzbars und Hotelfoyers an«, während der hochauflösende Kinofilm auf die »glatte Chromwelt des Nachtclubs und Luxushotels« setze. Auf diese Weise versucht McLuhan sogar, den Ausgang des Fernsehduells zwischen den damaligen Präsidentschaftskandidaten Nixon und Kennedy zu erklären. Das »scharfumrissene, intensiv wirkende Bild« von Nixon hat demzufolge im Fernsehen keine Chance gegen die »verschwommene, struppige Textur« von Kennedy gehabt.[50]

McLuhan verbleibt aber nicht auf der motivischen Ebene. Gestützt auf Moholy schreibt er den Aspekt des Taktilen im Folgenden sozusagen in die materielle Verfasstheit dieser Art von Bild ein. Wenn er in den *Magischen Kanälen* nämlich darauf insistiert, dass das Fernsehbild ein Mosaik aus hellen und dunklen Punkten ist, dann verweist er immer wieder auf die pointillistischen Gemälde von Seurat, deren Textur in *Sehen in Bewegung* analysiert wurde.

Schon Moholy hatte diese Analyse mit einer medientheoretisch aufschlussreichen Wendung versehen. Ihm zufolge setzten die Pointillisten im Gefolge von Seurat »winzige Farbtupfer« nebeneinander, um bei den Betrachtern und Betrachterinnen die Illusion eines großräumigen, vibrierenden Feldes aus farbigen Lichtern zu erzeugen. Die so entstandene Form von Bild ist nach Moholy in Analogie zu einem anderen, technischen Verfahren der Bilderzeugung zu begreifen: »In ihrer Arbeit nahmen Signac, Edmond Gross und besonders Seurat Ende des 19. Jahrhunderts die Wirkungsweise des späteren Ausdrucksmittels der Farbfotografie schon vorweg.«[51]

McLuhan greift dieses Argument auf, wandelt es aber zugleich für seinen eigenen Gegenstand und seine eigenen Zwecke ab. So erklärt er in den *Magischen Kanälen* zunächst allgemein, dass »Cézanne, Seurat oder

Rouault wesentlich zum Verständnis des Fernsehbildes beitragen«. An anderer Stelle geht er sogar so weit, Seurat als »Propheten des Fernsehens« zu bezeichnen. Dann schließt er an den von Moholy herausgestellten Zusammenhang zwischen Pointillismus und Fotografie an, indem er feststellt: »Im Daguerreotyp-Verfahren gab es dasselbe Tüpfeln oder Gegenübersetzen von winzigen Pünktchen, wie es später im Pointillismus ein Echo fand und in jenem Maschennetz der Zeitungen noch wiederkehrt, das wir ›Funkbild‹ nennen.« Dann bezieht er das Fernsehen in diese Beschreibung mit ein: »Der Tüpfeleffekt der Punkte Seurats kommt der gegenwärtigen Technik, Bilder telegrafisch zu senden, sehr nahe und auch der Form des Fernsehbildes oder -mosaiks, das durch die Bildabtastung [*scanning finger*] entsteht.«[52]

Sobald der Aspekt der pointillistischen Textur in den Vordergrund getreten ist, spielt es für McLuhan keine Rolle mehr, ob die Bildpunkte von Menschenhand (wie in der Malerei) oder durch eine Kamera (wie bei der Fotografie oder dem Fernsehen) hervorgebracht wurden. Seine Analyse ist »symmetrisch« im Sinne von Latour. Unabhängig davon, ob sie auf künstlichem oder natürlichem, also auf menschlichem oder nichtmenschlichem Wege entstanden ist, geht es primär um die Beschaffenheit der jeweiligen »Epidermis« der Bilder. Genau unter dieser Voraussetzung können die Bewegungen des Pinsels auf der Leinwand von Seurat in Analogie zu den Abtastbewegungen der Fernsehkamera gesetzt werden. In beiden Fällen haben wir es demzufolge mit taktil erzeugten Bildern zu tun (Abb. 8).[53]

An dieser Stelle zeigt sich allerdings auch, wie stark die Schwarz-Weiß-Fotografien aus den Veröffentlichungen von Moholy in die Theoriebildung McLuhans eingreifen. Die Beschreibung des Fernsehbilds als ein Maschennetz aus hellen und dunklen Punkten kassiert vergleichsweise großzügig den Unterschied zwischen der Farbmalerei von Seurat und den schwarz-weißen TV-Bildern der 1960er-Jahre. Die Folge ist nun, dass das Fernsehbild bei McLuhan bemerkenswert statisch erscheint. Es ist kein Bewegungsbild und zieht Zuschauer und Zuschauerinnen nicht in die zeitlichen Strukturen seiner Ausstrahlung hinein. Stattdessen wirkt es wie eine Momentaufnahme.

Ein diaphanes Bild

Diese statischen Aspekte verstärken sich noch, wenn McLuhan zur Erörterung des zweiten Merkmals des Fernsehbildes übergeht. Wenn er die »Durchlicht«-Qualität dieser Art von Bild erläutert, werden die Bezugnahmen auf das Bauhaus allerdings vorübergehend suspendiert. Vermittelt über den Maler, Wandgestalter und Experimentalfilmer André Girard beruft sich McLuhan in diesem Zusammenhang vielmehr auf den Symbolisten Georges Rouault.

Girard war der einzige Schüler von Rouault und beide verband eine Freundschaft mit dem Philosophen Jacques Maritain, auf dessen Bedeutung für McLuhan wir einleitend hingewiesen haben. In den Vereinigten Staaten der Nachkriegszeit setzte sich Maritain für beide Künstler ein, und es ist wahrscheinlich, dass auch McLuhan auf diesem Wege auf sie aufmerksam wurde. So schrieb Maritain 1953 beispielsweise den Einleitungstext für die Rouault-Retrospektive im Museum of Modern Art in New York und im selben Jahr steuerte er einen überschwänglichen Kommentar zu Girards Gestaltung der Glasfenster der St. Ann Chapel in Palo Alto bei (Abb. 9).[54]

In den späten 1950er-Jahren begann Girard, mit gemalten Filmen zu experimentieren, die er durch direktes Auftragen von Farbe auf 70-Millimeter-Film herstellte (Abb. 10). Für die Fernsehgesellschaft CBS steuerte er mehrere entsprechende Beiträge zu der sonntags ausgestrahlten Sendung *Lamp Unto My Feet* bei, darunter eine filmische Darstellung der Lebens- und Leidensgeschichte von Jesus Christus.

Darüber hinaus wurden Girards Filme mit Musikbegleitung an nordamerikanischen Universitäten gezeigt und durch Vorträge des Autors näher erläutert. So zeigte Girard im Februar 1960 am Boston College etwa seine Filme *The Tell-Tale Heart* und *The Life of St. Patrick* und hielt einen Vortrag über »Rouault as I knew him« – eine Hommage auf seinen kürzlich verstorbenen Lehrer, der nicht nur als Maler und Grafiker, sondern auch als Schöpfer von Bühnenbildern und Kirchenfenstern wirkte.[55]

Wie McLuhan in seinem Aufsatz »Inside the Five Sense Sensorium« berichtet, habe Girard in diesem Zusammenhang erklärt, es sei letztlich Rouault gewesen, der ihn, Girard, für das Medium des Fernsehens begeistert habe: »Denn Rouault habe seine Effekte sozusagen nicht mit *Auflicht*, sondern mit *Durchlicht* erzielt, wie es bei der Glasmalerei erscheint. Girard zufolge ist Rouault tatsächlich der Fernsehmaler vor dem Fernsehen gewesen.«[56] Diese Äußerungen sind ein Grund dafür, dass Rouault in den *Magischen Kanälen* wiederholt als Künstler erscheint, der – ähnlich wie Seurat – wesentlich zum Verständnis des Fernsehbildes beigetragen hat.

Die Verbindungen, die auf diese Weise zwischen Fernsehtechnik und religiöser Kunst gezogen werden, sind keineswegs zufällig. Auch in der *Gutenberg-Galaxis* bezieht sich McLuhan auf den Kontext der Religion, um die Differenz von »Durchlicht« und »Auflicht« zu erörtern. Allerdings steht dabei zunächst ein anderes Medium im Vordergrund: die alphabetische Schrift.

McLuhan zufolge ermöglichten die illuminierten Handschriften des Mittelalters eine völlig andere Form der Überlieferung als die gedruckten Seiten der Gutenberg-Bibel in der Frühen Neuzeit. Die prachtvoll gestalteten Manuskripte des Mittelalters, die, laut gelesen, beim Leser ein ganzes »Ballett« von Gesten und Haltungen hervorbrachten, seien deutlich taktiler ausgerichtet gewesen als die uniforme, lineare Typografie der gedruckten Seite, die zum stillen, visuell geprägten Lesen animiert habe. Die aufwändig gestalteten Handschriften hätten den mittelalterlichen Leser dazu angehalten, nicht auf einzelne Buchstaben oder Wörter zu blicken, sondern sozusagen durch den Text hindurchzuschauen, um nicht den Buchstaben, sondern den »Geist« der göttlichen Botschaft zu erfassen. McLuhan zufolge stand der Leser damit vor der Aufgabe, »das Licht aus dem Inneren des Textes zu befreien«, statt einfach nur unter einer Lampe einen Text zu entziffern.[57]

Nicht bloß die Manuskriptkultur des Mittelalters, ganze Architekturen dieser Epoche arbeiteten, so erklärt der Autor der *Gutenberg-Galaxis* weiter, mit dem Prinzip des Durchlichts. Das naheliegende Beispiel, auf das McLuhan in diesem Zusammenhang verweist, ist das der gotischen Kathedralen. Nicht zuletzt mit Blick auf deren Glasfenster beschreibt er diese Kirchenbauten als monumentale Architekturen, in denen das Licht nicht als Beleuchtung für einzelne Segmente des Innenraums benutzt wurde, sondern als ein aktives Prinzip der Gestaltung fungierte, das letztlich sogar die Wände als »diaphan«, also als durchscheinend oder durchsichtig, erscheinen ließ.[58]

Gestützt auf Kunsthistoriker wie Otto von Simson und Erwin Panofsky erläutert McLuhan, dass die Gläubigen des Mittelalters in einem solchen Bau nicht auf distanzierte Weise das göttliche Licht betrachteten, das aus einer bestimmten Quelle kam. Vielmehr waren sie ganz von Licht umschlossen, tauchten in es ein. Schon die gotische Kathedrale schaffte also die medialen Voraussetzungen für jene »Beteiligung der Gesamtperson«, jenes *involvement in depth*, das nach McLuhan auch für das Fernsehen der Gegenwart charakteristisch ist.[59]

In den *Magischen Kanälen* bilden diese Ausführungen den Hintergrund dafür, im Fernsehen die Möglichkeit für eine »liturgische Erneuerung« der gegenwärtigen Kultur zu erkennen. Der diaphane Charakter des Fernsehbildes eröffnet McLuhan zufolge vollkommen neue Möglichkeiten für die Gestaltung des kulturellen Raums. Dabei folgt er Teilhard darin, das »Ereignis« der Entdeckung elektromagnetischer Wellen mit der Erwartung zu verknüpfen, dass auf diese Weise ein neuartiges »ätherisches« Miteinander entsteht, aber es sind die Fernsehexperimente von Girard, denen er an dieser Stelle das Verdienst zuspricht, diese neue Form von Gemeinschaft tatsächlich zu erzeugen. Das Fernsehen verliert hier ein Stück weit seinen ätherischen Charakter und wird tatsächlich zu einer Ausweitung der Haut: »Malen mit Licht ist eine Art Wohnbau ohne Wände« – so fasst McLuhan dies unter Bezugnahme auf die Arbeit von Girard zusammen.[60]

Möglicherweise sind die Kontexte dieser Analyse aber nicht ganz so religiös wie es auf den ersten Blick scheint. Neben Girard bezieht McLuhan sich im fraglichen Zusammenhang nämlich auch auf die »Durchlicht-Landschaften« von György Kepes, einem früheren Mitarbeiter von Moholy, der ebenfalls dem Bauhaus verpflichtet war.[61] Schon in Weimar verfügte das Bauhaus über Werkstätten für Glas- und Wandmalerei, und an der Bauhaus-Bühne wurde mit »reflektorischen Lichtspielen« experimentiert, die von hinten auf eine transparente Leinwand projiziert, also bei Durchlicht präsentiert wurden. Moholy selbst arbeitete intensiv mit durchscheinenden Bildträgern wie Film, Glas und Plexiglas, sodass es nicht verwundert, dass auch in *Sehen in Bewegung* wiederholt vom »Malen mit Licht« die Rede ist. Moholy spekuliert in diesem Zusammenhang sogar über eine »Wandmalerei unserer Zeit«, die ihm zufolge wahrscheinlich über »die Fotografie, den Film und das Fernsehen« entstehen werde.[62]

Im Übrigen hatte sich schon der Architekt, der Moholy in den 1920er-Jahren ans Bauhaus berufen hatte, auf die gotischen Kathedralen bezogen. In seinem Bauhaus-Programm von 1919 hatte Gropius vom »großen Bau« als dem ultimativen Ziel der neu gegründeten Kunst- und Architekturschule gesprochen und als programmatisches Titelbild Feiningers Darstellung einer strahlenden Kirche gewählt (Abb. 11). Kurz nach der Eröffnung des Bauhauses erklärte der Architekt zudem, dass die Arbeit an dieser Institution in einem »großen Gesamtkunstwerk schließlich ihren kristallischen Ausdruck« finden solle: »Und dieses große Kunstwerk der Gesamtheit, diese Kathedrale der Zukunft, wird dann mit seiner Lichtfülle bis in die kleinsten Dinge des täglichen Lebens hineinstrahlen.«[63]

Angesichts dieser Vision, die ihrerseits durch die visionären Glasarchitekturen Bruno Tauts, Paul Scheerbarts und anderer angeregt wurde,[64] scheint McLuhans Beschreibung der durch das Fernsehbild geschaffenen Lichtarchitekturen als durchaus stimmig. Selbst seine Rede vom Fernsehen als einer ins Technische erweiterten und kommerziell gestützten Version des Bauhaus-Programms gewinnt an Plausibilität.

Die elektrische Höhle

Die Analyse des Fernsehbildes als einer aus einzelnen Punkten zusammengesetzten Oberfläche, die von hinten durchleuchtet wird, vertieft und verallgemeinert McLuhan durch weitere Beobachtungen zu den taktilen Aspekten elektrischer Medien. Auch dabei spielen künstlerische und kunsthistorische Kontextualisierungen eine wichtige Rolle. So folgt in den *Magischen Kanälen* der Einschätzung, dass Elektrizität in erster Linie taktil und nur zufällig visuell und auditiv sei, die Feststellung: »Die elektrische Form durchdringender Eindrücklichkeit ist grundlegend taktil und organisch und gibt jedem Gegenstand eine Art ganzheitliche Empfindung, wie es die Höhlenmalereien vermittelten.« Auch in der *Gutenberg-Galaxis* wird ein Zusammenhang zwischen den taktil-elektrischen Medien und der prähistorischen Kunst hergestellt: »Es gilt, die enge Wechselbeziehung zu verstehen, die zwischen der Kultur und der Kunst des Höhlenmenschen einerseits und der äußerst organischen Interdependenz der Menschen im elektrischen Zeitalter besteht.«[65]

Mit solchen *match cuts*, die – ähnlich wie in Kubricks *2001* – Vorgeschichte und Zukünftigkeit übergangslos aneinanderfügen, wird offenkundig ein anderes Register gezogen, als durch den Vergleich zwischen dem diaphanen Fernsehbild und den Glasfenstern der gotischen Kathedrale. Letztlich wird aber auch hier der Bezugsrahmen der Bauhaus-Ästhetik nicht verlassen. Nur seine Verankerung verschiebt sich, von Moholy zu Giedion.

So deutlich der inhaltliche Kontrast zwischen Giedions früherer Abhandlung über die Herrschaft der Mechanisierung und seiner Studie zur Entstehung der Kunst erscheint, das im ersten Band der *Ewigen Gegenwart* behandelte Thema war für Giedion weder vollständig neu, noch bedeutete es einen Bruch mit früheren Interessen. Zumindest in der Weimarer Phase des Bauhauses hatte sich nämlich das Bestreben, die Grundlagen kreativer Gestaltung zu erschließen und als Ausgangspunkt für eine neue Ästhetik zu nutzen, keineswegs auf die praktischen Tastübungen im Vorkurs beschränkt. Es umfasste ebenso eine Erkundung der »Kunst der

Naturvölker und der Vorzeit«. Neben dem gleichnamigen Buch Eckart von Sydows ließ Gropius für die Bauhaus-Bibliothek jedenfalls Werke wie Carl Einsteins *Afrikanische Plastik*, Herbert Kühns Studie zur *Malerei der Eiszeit* und Adolf Stiegelmanns Darstellung der Altamira-Höhle als *Kunsttempel des Urmenschen* anschaffen.[66]

Das Interesse für die damit aufgerufenen Aspekte von Kunst wurde auf programmatische Weise allerdings einmal mehr zuerst von Moholy artikuliert. Bereits 1929, in seinem Buch *von material zu architektur*, erläuterte er das zweite Entwicklungsstadium der Plastik, das ihm zufolge durch den »modellierten Block« gekennzeichnet ist, mithilfe von Abbildungen, die er kommentarlos aus von Sydows Band zur prähistorischen Kunst übernommen hatte. Die *Venus von Menton* präsentierte er dabei als einen Stein, der »vorsichtig modelliert« worden ist – »nicht im sinne einer naturtreuen darstellung, sondern im sinne des werkzeugs, materials und der abstrahierenden idee«.[67]

Die Gestaltung dieser Figur bleibt demnach an der taktilen Oberfläche des Steins stehen, statt tief reichend in ihn einzugreifen. Analoge Vorgehensweisen waren nach Moholy auch in der zeitgenössischen Bildhauerei zu finden. Als ähnlich »vorsichtig modelliert« zeigte er gleich im Anschluss an die Fotografie der *Venus von Menton* Abbildungen von Plastiken Archipenkos und Brâncuşis.

Mit solchen Kombinationen von Archaischem und Modernem wurde eine fotografische Rhetorik aufgegriffen und weiterentwickelt, die seit den 1910er-Jahren in Avantgarde-Organen wie *Der Blaue Reiter* und *Der Querschnitt* erprobt worden war und sich in den 1920er- und 1930er-Jahren in Büchern von Le Corbusier und Amédée Ozenfant ebenso fand wie beispielsweise in der von Carl Einstein und Georges Bataille betreuten Zeitschrift *Documents*.[68]

Im Anschluss an Moholy geht diese visuelle Rhetorik auch in die Abhandlung über die moderne Plastik ein, die Carola Giedion-Welcker 1937 veröffentlichte. In diesem Werk, das McLuhan in der *Gutenberg-Galaxis* zitiert, stehen prähistorische Venus-Figuren Seite an Seite mit plastischen

Arbeiten von Hans Arp, während Megalithformationen aus der Bronzezeit neben Skulpturen von Giacometti rücken.[69]

Aber es waren Giedions Studien zur vorgeschichtlichen Kunst und Architektur, in denen die fotografische Gegenüberstellung von Prähistorie und Moderne einem klar definierten argumentativen Zweck unterstellt wurde. Nach dem Ende des Zweiten Weltkriegs begab sich Giedion auf die »Suche nach den Konstanten der menschlichen Natur« und registrierte dabei eine »wirkliche, innere Affinität« zwischen »dem Verlangen des heutigen und dem Verlangen des urzeitlichen Menschen, das in Zeichen und Symbolen auf Höhlenwänden erscheint« (Abb. 12).[70]

Die »ewige Gegenwart«, die in dieser Perspektive sichtbar wurde, setzte Giedion in der *Entstehung der Kunst* wirkungsvoll in Szene, indem er mithilfe jeweils entsprechender Fotografien prähistorische Fingerzeichnungen auf Lehm, wie sie in der Pech Merle-Höhle entdeckt worden waren, neben eine Gravierung von Georges Braque setzte oder die ebenfalls prähistorischen Tierreliefs aus der Gorge d'Enfer-Höhle einer Zeichnung von Paul Klee gegenüberstellte.[71] An solche Bildmontagen schließt McLuhan an, wenn er die Kunst der Höhlenmenschen mit den Erfahrungsformen des elektrischen Zeitalters parallelisiert – übrigens nicht ohne daran zu erinnern, dass das Fernsehbild eigentlich ein »abstraktes Kunstwerk nach dem Muster von Seurat oder Rouault« ist.[72]

Auf die große Bedeutung, die die Fotografie für Giedions Form der Historiografie spielte, hat er selbst hingewiesen. Gleich am Anfang seines Aufsatzes über die »Raumkonzeption in der prähistorischen Kunst«, der durch Vermittlung von McLuhan in der Zeitschrift *Explorations* erschien, hebt er den Beitrag hervor, den die Aufnahmen von Hugo P. Herdeg, »einem der besten Schweizer Fotografen«, und seines Kollegen Achille Weider zur Rekonstruktion dieser Raumkonzeption geleistet hatten. Wenn nämlich, wie Giedion erklärt, ein »Wesensbestandteil der Urkunst« darin besteht, eine Gestaltung »ohne Rücksicht auf horizontale oder vertikale Bezugnahme« zu sein, dann erleichtert es die Fotografie, dieses entscheidende Merkmal präzise zu erfassen, denn sie ermöglicht es, den Blick vom üblichen Standpunkt und der gewohnten Haltung menschlicher Betrachter und Betrachterinnen dauerhaft abzukoppeln. Sie erlaubt ein »›Nicht in Beziehung zu mir‹-Sehen«, wie es in der späteren Buchfassung des Aufsatzes heißen sollte.[73]

Neben diesem Beitrag zur Erschließung dessen, was McLuhan später die »Richtungsvielfalt der Raumorientierung« in auditiv-taktilen Umgebungen nannte (und was Deleuze und Guattari im Rückgriff auf den *Explorations*-Kontext als die visuelle Taktilität des »glatten Raums« bezeichnen sollten),[74] dienten die unter der Ägide von Giedion entstandenen Fotografien aber vor allem dazu, die besonderen Strukturen und Texturen der prähistorischen Kunst zu erfassen und zu zeigen. Konkrete Plausibilität erlangt McLuhans Vergleich zwischen der Taktilität der elektrischen Medien und den Höhlenmalereien tatsächlich erst in dem Moment, in dem der Aspekt der Oberfläche mit in die Betrachtung einbezogen wird. Dass die Fotografie dabei eine wichtige, wenn nicht entscheidende Rolle spielte, davon war auch Giedion überzeugt. Wie Moholy nahm er an, dass entsprechende Aufnahmen die Entwicklung einer neuen Tast- und Materialkultur unterstützen können; eben deswegen eigneten sie sich auch dazu, ein neues, taktil geprägtes Verständnis prähistorischer Kunst zu fördern.[75]

Tatsächlich orientiert sich der Aufbau von Giedions Studien über die prähistorische Kunst und Architektur an eben der Systematik, die schon Moholy zugrunde gelegt hatte, als er den Übergang »von Material zu Architektur« untersuchte. So wie Moholy in seinem gleichnamigen Buch von oberflächlichen Texturen und Fakturen über plastische Volumina bis hin zu gebauten Räumen voranschreitet, so setzt Giedion rund dreißig Jahre später bei den Kratzspuren und Abdrücken auf Höhlenwänden an, fährt mit Bildern, Reliefs und Plastiken fort, um schließlich bei Hütten, Häusern und Tempeln als den ersten umfassenden Architekturen zu landen. Noch hier scheint der Vorkurs seine Wirkung zu entfalten.

Das zeigt sich auch an der Rolle der Fotografie. Wenn Giedion in seinem *Explorations*-Aufsatz die mangelhafte Qualität der gängigen Aufnahmen von Höhlenkunst beklagt, liest sich das zunächst zwar wie eine

Neuauflage der Kritik, die Wölfflin Ende des 19. Jahrhunderts an einigen Fotografien von römischen Plastiken geübt hatte. So schreibt Giedion: »Nichts verfälscht die natürliche Kraft prähistorischer Kunst mehr als die Grellheit elektrischer Scheinwerfer in diesem Reich ewigen Dunkels. [...] Die Ritzungen, und sehr oft auch die Bilder, verlieren bei scharfer Ausleuchtung ihre Intensität und verschwinden manchmal ganz.«[76] Bald schon wird jedoch deutlich, dass es nicht, wie bei Wölfflin, um die Auffindung eines »richtigen« Blickwinkels geht (genau diesen richtigen Blickwinkel gibt es nach Giedion nicht). Was eingefordert wird, ist vielmehr eine Visualisierung der Beschaffenheit von Oberflächen: »Nur gedämpftes Licht (*lumière frisée*), durch seitliches Beleuchten, erwacht [sic] in ihnen [den Ritzungen und Bildern] ihre ursprüngliche Kraft. Nur so wird das feine Geäder ihrer Konturen nicht von der Felsstruktur erstickt.«[77]

Giedion wusste genau, wovon er spricht. Im Zuge der Vorbereitung seiner Höhlenexpeditionen hatte er Anfang der 1950er-Jahre am MIT den Elektroingenieur und Experimentalfotografen Harold E. Edgerton aufgesucht, um sich von ihm Ratschläge für die Beleuchtungsmittel geben zu lassen, mit denen Herdeg und Weider am vorteilhaftesten arbeiten konnten. Das Ergebnis teilte er im August 1952 seinem Freund, dem Harvard-Archäologen Hallam L. Movius Jr., mit: »Der Carpenter Master Light [-Scheinwerfer] ist bei weitem der beste Apparat, um prähistorische Bilder ›à la lumière frissante‹ zu untersuchen.«[78]

Der Effekt, den der Einsatz dieses Scheinwerfers auf die Fotografien hatte, lässt sich beispielhaft an den Aufnahmen ablesen, die Herdeg von den monumentalen Pferdereliefs von Cap Blanc machte. Noch im gedruckten Buch bestechen sie durch ihre taktile Anmutung (Abb. 13).[79]

Die Frau mit dem Horn

Die Möglichkeit, durch die Fotografie die komplexen Strukturen und Texturen der prähistorischen Kunst zur Geltung zu bringen, wird von Giedion ausführlich anhand eines prominenten Beispiels erörtert, der sogenannten *Venus von Laussel*. Dieses Relief war 1911 in einer Halbhöhle in der Nähe der Gemeinde Marquay in der Dordogne entdeckt worden. Es zeigt eine Frauengestalt, die mit ihrer rechten Hand ein Horn in die Höhe hält, während die linke Hand auf dem deutlich vorgewölbten Bauch ruht. Giedion war mit diesem Relief durch kunsthistorische Publikationen wie von Sydows *Kunst der Naturvölker und der Vorzeit* zwar schon lange vertraut (Abb. 14), im Verlauf seiner Arbeiten an den Texten und Bildern für die *Entstehung der Kunst* kam er aber immer wieder auf die *Frau mit dem Horn* zurück.

Tatsächlich besuchte er das »kleine Museum« in der Nähe von Bordeaux, in dem das Relief seinerzeit aufbewahrt wurde, gleich zweimal: zuerst im Oktober 1950, als dort unter Federführung von Herdeg ein erster Satz von Aufnahmen entstand, und sodann im September 1953, nachdem sich herausgestellt hatte, dass Herdegs Aufnahmen »zwar gut«, aber für den Zweck der Buchveröffentlichung doch noch »nicht befriedigend« waren (Abb. 15). In einem Brief an den Museumsleiter erklärt Giedion das besondere Interesse, das er für die *Frau mit dem Horn* hat: »Ich habe die Absicht, die Venus von Laussel aus historischen, aber auch künstlerischen Gründen ins Zentrum meines Buches über die Kontinuität der menschlichen Natur zu stellen.«[80]

Als knapp zehn Jahre später, 1962, die amerikanische Originalausgabe der *Entstehung der Kunst* erschien, stand das Relief zwar nicht im Zentrum, bildete aber so etwas wie den Fluchtpunkt der gesamten Darstellung. Nach Giedion handelt es sich bei diesem Relief um die »in der ganzen Urzeit [...] am stärksten plastisch durchgebildete Darstellung einer menschlichen Gestalt«.[81] Mit diesem Kunstwerk kommt also zum ersten Mal das zur vollen Abbildung, was der eigentliche Bezugspunkt von Giedions Kontinuitätsgeschichte ist: der Mensch in seiner ewigen Gegenwart. Dabei begegnen sich auch erneut das »Verlangen des heutigen und das Verlangen des urzeitlichen Menschen«. Dass ein entscheidendes Kennzeichnen der Nachkriegskunst in einer Rückkehr zum Motiv der menschlichen Gestalt besteht, ist zumindest eine Beobachtung, mit der

Giedions Frau, Carola Giedion-Welcker, etwa zeitgleich in einer Neuauflage ihrer Studie zur modernen Plastik aufwartet.[82]

Die prominente Platzierung der *Venus von Laussel* im ersten Band der *Ewigen Gegenwart* war von Giedion intensiv vorbereitet worden. Schon 1957, als er im Rahmen der A.W. Mellon Lectures in the Fine Arts einen ersten Überblick über seine Forschungen gab, kam er gleich zu Anfang auf die *Frau mit dem Horn* zu sprechen. Wie das Manuskript der ersten Vorlesung zeigt, schaltete er dort eigens einen Passus ein, um den Übergang von Ritzungen und Malereien zur Plastik anhand dieses Beispiels zu verdeutlichen. Ähnlich wie bei Moholy wird die besondere Form des Reliefs an dieser Stelle und in anderen Notizen auf ein bestimmtes Materialverständnis zurückgeführt: »Der Felsen wird wie ein elastisches Material behandelt.« Zugleich kritisiert Giedion schon hier die gängigen Abbildungen dieses Kunstwerks: »Die üblichen Fotografien der Venus von L[aussel] verdeutlichen nicht ihren künstlerischen Geist. Die Venus erscheint dort flach wie auf einer Ebene.«[83]

Um eine angemessene Darstellung der *Frau mit dem Horn* zu erreichen, ging Giedion bei seiner Buchveröffentlichung entsprechend sorgfältig vor. Mithilfe von detaillierten Maquetten bestimmte er, dass auf insgesamt vier Druckseiten nicht weniger als fünf unterschiedliche Ansichten des Reliefs gezeigt werden (Abb. 16 und Abb. 17). Neben einer frontalen Detailansicht von Kopf und Horn, bei der starkes Seitenlicht die Konturen der Plastik hervortreten lässt, zählen dazu zwei Totalansichten aus seitlichem Winkel. Eine von ihnen, die von oben auf das Relief blickt, zeigt Giedion zufolge, wie der nach hinten geneigte Kopf »fast auf einem Kissen liegt«; die andere, eine Seitenansicht von unten, soll nachvollziehbar machen, wie das Relief in seiner »ursprünglichen Position« an einem Felsen gesehen worden wäre. Die »indifferente Stellung zu jeder Art von Richtung«, von der mit Blick auf die Höhlen*malerei* noch die Rede war, ist an diesem Punkt also außer Kraft gesetzt.[84]

Besonders mit der zweiten Aufnahme scheint Giedion zufrieden gewesen zu sein (Abb. 18). In der amerikanischen Ausgabe der *Entstehung der Kunst* wird sie im laufenden Text in Schwarz-Weiß und auf einer gesonderten Tafel noch einmal in Farbe wiedergegeben. Bei der deutschsprachigen und anderen in Europa publizierten Ausgaben fungiert diese Farbfotografie sogar als Umschlagabbildung. Und damit nicht genug. Um die plastische Intensität des Venus-Reliefs und die besondere Qualität der in seinem Auftrag angefertigten Fotografien zu demonstrieren, reproduziert Giedion als Negativbeispiel auch eine der frontal aufgenommenen Fotografien der Venus, um zu zeigen, wie die *Frau mit dem Horn* üblicherweise »auf Postkarten und in Kunstbüchern« erscheint. Im zugehörigen Text pointiert er: »Überall erscheint sie [die *Venus von Laussel*] in der Frontalansicht. Das hochgradig plastische Relief sieht plattgedrückt wie ein Omelett aus und wird um seine künstlerische Intensität betrogen.«[85]

Genau diese Intensität versuchte er, nicht nur durch die neuen Fotografien, sondern auch durch seinen beschreibenden Text zu transportieren: »Figur und Block greifen unlöslich ineinander. An der Stelle, die der Künstler sich für das Relief aussuchte, ist der Fels leicht überhängend, so daß der Körper selbstverständlich hervorquillt. Er erscheint, von der Seite betrachtet, straff gespannt wie ein Bogen.« Und weiter: »Nichts ist starr an diesem Gebilde. Das Horn mit den Jagdkerben, das normalerweise in einer Ebene liegen würde, greift betont plastisch um den Block.«[86]

Zum leitenden Gesichtspunkt der Analyse wird damit die Art und Weise, wie Struktur und Textur des Felsblocks in die Ausarbeitung der *Frau mit dem Horn* einbezogen wurden. Diesen Aspekt bringt Giedion ebenfalls in seinem *Explorations*-Aufsatz zur Geltung, wenn er gegen Ende die flexible Handhabung von Oberflächen als ein weiteres Merkmal der prähistorischen Raumkonzeption beschreibt. Wie in Bezug auf den Raum spricht Giedion zwar auch in diesem Zusammenhang nicht ausdrücklich von Taktilität, aus dem Kontext wird aber deutlich, dass es genau darum geht.

Prähistorische Kunst basiert demzufolge wesentlich auf einer »Freiheit der Fläche« oder, wie es in der *Explorations*-Fassung treffender heißt: »Freedom of Approach to All Surfaces«.[87] Sie beruht auf einem fortwährenden Wechsel von Oberflächen, die auf unterschiedlichste Weise und zu unterschiedlichsten Gelegenheiten zum Ausgangspunkt und zum Bezugsrahmen der kreativen Gestaltung werden: »Ob die Struktur und Form der Fläche glatt, rissig oder gebogen sein mag, immer wieder zeigt sich die Fähigkeit, sie zur Intensivierung des gewählten Ausdrucks mit heranzuziehen.« Giedion beschreibt dieses Vorgehen als eine kunstvolle *Umarmung von Konturen*. Wie er erklärend hinzufügt, wird eine solche Heranziehung natürlicher Felsformen für die künstlerische Gestaltung im Französischen tatsächlich als *»épouser les contours«* bezeichnet.[88]

McLuhan scheint diese Beschreibung mit besonderer Aufmerksamkeit gelesen zu haben. Ohnehin von der Taktilität als hauptsächlichem Wahrnehmungsmodus des nicht alphabetischen Menschen fasziniert, lagen die Verbindungen zu seinen Beobachtungen an der Textur von Kleidern, Manuskripten und Fernsehbildern offen zu Tage. Die *Gutenberg-Galaxis* zitiert sogar die Giedion'sche Formel vom *»épouser les contours«*, um daran die auf die Gegenwart gemünzte Feststellung anzuschließen: »Die Tatsache, daß wir in uns eine Vorliebe für Konturen wiederentdeckt haben, ist untrennbar von der Erkenntnis der klaren Interdependenz und Funktion und der organischen Natur aller Formen«.[89]

Wenn er von der »Erkenntnis [...] der organischen Natur aller Formen« spricht, dann beschreibt McLuhan die Position eines kunst- und medieninteressierten Morphologen, die durch die Menschen des elektrischen Zeitalters ebenso eingenommen wird wie durch die Höhlenkünstler. Mit Giedion ist diese Position als Ergebnis einer kreativen Reaktion des vorgeschichtlichen Menschen auf seine natürliche Umgebung zu begreifen. Für McLuhan, der in ihr ebenfalls das kreative Moment erkennt, wird sie uns »von der Technik der elektromagnetischen Wellen« aufgedrängt.[90]

Das ist die eigentliche Grundlage für die Parallelisierung von elektrischen Medien und Höhlenkunst. Sie besteht in der Annahme, dass diese Medien dem Prinzip des *»épouser les contours«* folgen. Auch in den *Magischen Kanälen* lehnt McLuhan sich an Giedions suggestive Formel an. Dass die Fernsehkamera ihre Umgebung fortwährend mit einem *»scanning finger«* abtastet, hatte er dort bereits festgestellt. Die Annahme bekräftigend, dass Elektrizität in erster Linie taktil ist, wird diese Feststellung nun aber auf die Gesamtheit der elektrischen (Bild-)Medien ausgedehnt. Egal ob Bildtelegrafie oder Fernsehen, alle elektrischen Medien »liebkosen [*caress*] die Konturen aller möglichen Dinge durch eine Vielzahl von Berührungen«.[91] Aus McLuhans Sicht gilt dies selbst für den von ihm sonst kaum beachteten »Digitalrechner«, denn dieser taste mit einer »Vielzahl von Ja-Nein-Punkten und Strichen« ebenfalls seine Umgebung ab.

Elektrische Medien arbeiten demnach, so kann man diese erneut symmetrische Betrachtung zusammenfassen, genauso wie die Urheber der prähistorischen Höhlenkunst. Sie betreiben keine tief greifende Gestaltung, sondern eine vorsichtige Modellierung, eine Umarmung von Konturen. Die elektrischen Medien, allen voran das Fernsehen, sind Oberflächenmedien *par excellence*.

Fotografie und Historiografie

Die *Venus von Laussel* hält ein Horn in der Hand. Ebenso wie der Entdecker des Reliefs, Jean-Gaston Lalanne, ging auch Giedion davon aus, dass die auf diesem Horn erkennbaren Einritzungen »Jagdkerben« sind. Was McLuhan darüber dachte, wissen wir nicht. Abgesehen von einem Vergleich zwischen dem heutigen Radio und uralten »Stammeshörnern« war das Horn für ihn kein Medium, das näheres Interesse verdiente.[92]

Neuere Forschungen zur *Venus von Laussel* begreifen die Einkerbungen auf dem Horn anders als Giedion und frühere Autoren. Sie erkennen in ihnen zeitliche Markierungen. Dreizehn Striche sind sichtbar, was als Hinweis auf die Mondmonate oder den Menstruationszyklus aufzufassen sei. Manche Autoren gehen sogar so weit, in dem Horn, das die *Venus von Laussel* in der Hand hält, einen halben Mond zu erkennen.[93]

Der hier anklingende Zusammenhang von Horn und Zeit führt uns auf die Frage der Geschichtsschreibung zurück. McLuhans Medientheorie, so wurde hier argumentiert, zeigt das Fernsehen im Rückspiegel der Fotografie. Die Schwarz-Weiß-Fotografien der unterschiedlich strukturierten Oberflächen von Körpern und Dingen, Gemälden und Plastiken, Wänden und Reliefs, auf die er bei seiner Lektüre der Werke von Moholy und Giedion gestoßen war, regten ihn dazu an, die Textur des Fernsehbildes eingehend zu betrachten.

Das paradoxe Resultat war zum einen, die Vergeistigung des Tastsinns, die in McLuhans Schriften durch thomistische und jesuitische Referenzen bereits angelegt war, noch zu verstärken. Die Bauhaus-Pädagogik wurde von ihm zwar als Beispiel eingebracht, um der Psychologisierung des Tastsinns entgegenzuwirken. Im Rekurs auf die Fotografien von Moholy und Giedion wird Taktilität aber nicht als körperliche Berührung, sondern als ein visuelles Phänomen erfasst, als Resultat eines »tastenden Sehens«, das mit dem Auge, aber auch mit der Kamera ausgeführt werden kann.

Das ist aber nur die eine Konsequenz. Zum anderen führt die Vorherrschaft der Fotografie bei McLuhan zu einem weitreichenden Entzug von Zeit. Durch die Orientierung an fotografisch erfassten und wiedergegebenen Texturen von Oberflächen erscheint das Fernsehbild bei ihm weniger als dynamische Entität denn als statisches Gebilde. Zwar wird betont, dass die Fernsehkamera, anders als der Fotoapparat, nicht auf den isolierten Augenblick abstellt, sondern ein »dauerndes Bildabtasten« vornimmt.[94] Unter dem Gesichtspunkt der Textur verliert das Fernsehbild dennoch viele Attribute eines Bewegungs- oder Zeitbildes. Stattdessen wird es zu einem Raum-Bild, das zugleich ein Bild-Raum ist, eine visuelle Hüllenform, die nicht zuletzt aufgrund ihrer vorgängigen Zusammensetzung aus Punkten zu einer bestimmten Form von Architektur führt, so wie Steine zu einem Haus zusammengefügt werden.

Ähnliches gilt bei McLuhan aber für die Geschichte insgesamt. Statt mit einer Historiografie der Medien, die tatsächlich die medial bewirkten Veränderungen in den Impressionen der Moderne untersuchen würde, haben wir es mit einer Zusammenschau von historischen Momentaufnahmen zu tun. Gestützt auf die Fotografien, die er in den Veröffentlichungen von Moholy und Giedion vorfand, geht der Autor der *Magischen Kanäle* bei dieser Zusammenschau letztlich von einer Gleichzeitigkeit aller Epochen aus – und dementsprechend, ähnlich wie Giedion, von einer weitgehenden Konstanz aller menschlichen Erfahrung. In dieser Zusammenschau kann das Fernsehen neben das Bauhaus rücken, aber auch neben die Gotik und die Höhlenmalerei. Die Vorgeschichte trifft sich ebenso mit der Gegenwart wie die Frühe Neuzeit der späten Moderne begegnet. In diesem Sinne sagt McLuhan schon, dass wir nie modern gewesen sind.

Die Produktivität dieses Vorgehens ist allerdings enorm. McLuhans Medientheorie verknüpft eine bislang ungekannte Fülle von Beispielen miteinander, um sie wechselseitig zu beleuchten. Einerseits könnte man sagen, dass seine Darstellung medialer Effekte dadurch ihrerseits pointillistische Züge annimmt. Sie setzt sich aus einer Vielzahl von Punkten zusammen, die in ihren Einzelheiten kaum zu fassen sind, aber in der Gesamtschau ein Bild ergeben sollen.

Andererseits kann über *Die magischen Kanäle* eben das gesagt werden, was McLuhan in eigentlich kritischer Absicht zu Moholys Hauptwerk *Sehen in Bewegung* feststellte: »Das Buch wimmelt von glänzenden Einsichten in Wirkungen und Absichten, die in den unterschiedlichsten Aktivitäten der zeitgenössischen Forschung, Fotografie, Ingenieurswissenschaft, Kunst und Literatur parallel laufen. [...] Die Ansicht der veralteten Ausrüstung eines Bauernhofs bildet einen schlagenden Kontrapunkt zur Sichtweise von Léger, interzelluläre Fotografie verbindet sich plötzlich mit dem Bewusstseinsstrom, und *Finnegans Wake* erscheint als der enzyklopädische Filter für altes Wissen und neuartige Vermutungen.«[95]

McLuhan zufolge kann dieser »Strudel von sich durchdringenden Interessen und Aktivitäten« eigentlich nur durch den Eingriff eines *serious teacher* bewältigt werden, dessen Denken – wie etwa bei Joyce oder Giedion – fest im traditionellen Wissen verankert ist.[96] Als Autor der *Magischen Kanäle* geht er allerdings anders vor. Um seine vielfältigen Beispiele miteinander zu verbinden, verlässt er sich auf die grundsätzliche Annahme, dass zwischen Licht und Materie kein wesentlicher Unterschied besteht. Auch diese Annahme verweist aber auf die Fotografie zurück.

Zwar sollten erst spätere Theoretiker die Fotografie als indexikalisches Zeichen begreifen, das auf einer körperlichen Berührung mit dem Bezeichneten beruht.[97] Doch schon McLuhan geht davon aus, dass die Reflexion von Lichtstrahlen im Grunde genommen ein Phänomen der Berührung ist.

Eben deswegen heißt *absuchen* (scanning) bei ihm immer auch *berühren* (touching), egal ob dieses Absuchen nun durch das menschliche Auge oder die Technik einer Kamera erfolgt. Das Ungreifbare begegnet so dem Handfesten, das eine geht ins andere über. Ähnlich wie in der mittelalterlichen Metaphysik oder der modernen Physik erscheint Licht an dieser Stelle als eine Form von Materie, und dementsprechend löst sich der Tastsinn im »Leben des Geistes« auf. Wenn man so will, ist dies McLuhans Version von Dalís »Nuklearem Mystizismus«, der unter ebenfalls katholischen Vorzeichen in eine Metaphysik des Nichtberührens mündet.

Bei McLuhan verwandelt sich letztlich sogar die Geschichte in Licht. »*All ages are contemporaneous*«, lautet das Zitat des von McLuhan so geschätzten Ezra Pound, das Giedion dem ersten Band der *Ewigen Gegenwart* voranstellt.[98] Giedion pointiert damit sein eigenes Verständnis von Geschichte, das einem weitgehend entkoppelten Blick auf das Archiv der Fotografie verpflichtet ist. Dieser Blick liegt auch der Medientheorie von McLuhan zugrunde. Viele seiner Beobachtungen und Behauptungen – zum Beispiel die berühmte These vom *global village* – entfalten zwar auch mit Blick auf die mobilen und vernetzten Medien der Gegenwart suggestive Wirkung. Angesichts der Konjunktur von Scan-Geräten unterschiedlichster Art (Körperscanner, Buchscanner usw.) erscheinen seine Ausführungen zur Einhüllung und Durchleuchtung von Zuschauerinnen und Zuschauern durch das Fernsehbild von besonderer Aktualität. In ihren historischen Besonderheiten werden die Impressionen der Moderne von dieser Medientheorie aber kaum erfasst.

ZEITZ

Abbildung 1
Zeichnerische Darstellung der charakteristischen Eigenschaften einer Materie (Holz). Übungsaufgabe zur Entwicklung des Auges als des rezeptiven Sinnes und des Tastsinnes als des produktiven Sinnes (L. Leudersdroff-Engstfeld). Übungsaufgabe aus dem Vorkurs von Itten (ca. 1920)

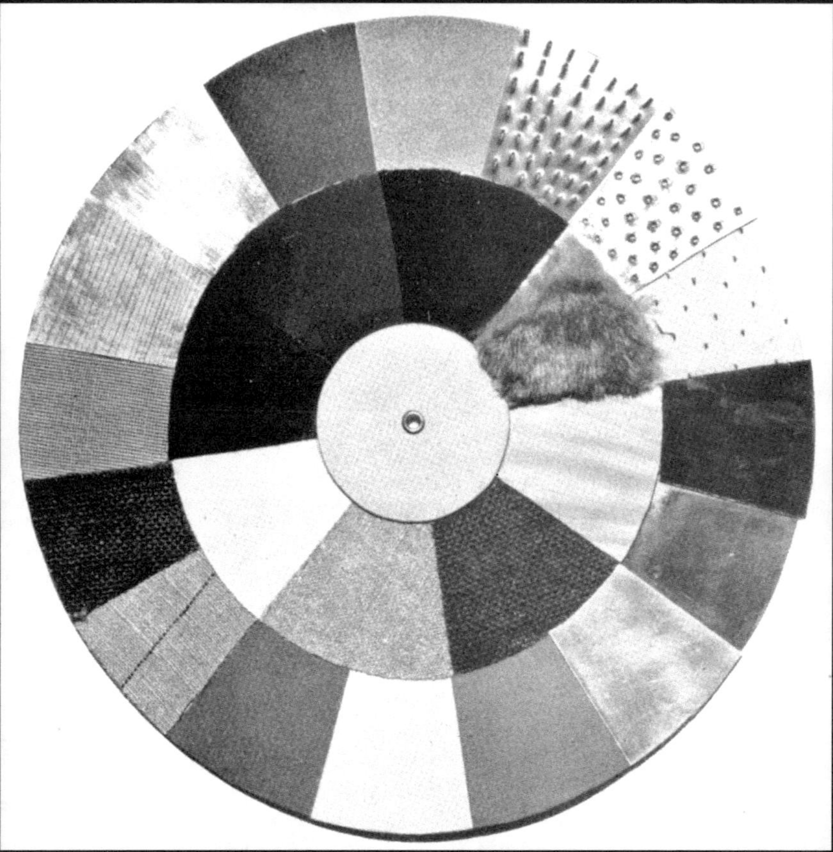

Abbildung 3
zweizeilige, drehbare tasttafel mit nebeneinander liegenden kontrastierenden taktilischen werten von weich zu hart, von glatt zu rauh (W. Kaminski). Übungsaufgabe aus dem Vorkurs von Moholy-Nagy (ca. 1925)

Abbildung 4
László Moholy-Nagy, *holzstruktur*

beide aus: *von material zu architektur*, 1929

foto: moholy-nagy

abb. 22 textur. das fell einer katze. (negativ)

abb. 23 textur
ein 130jähriger amerikaner von minnesota

im grunde ist diese fotografie eine zeitrafferaufnahme der epidermiswandlung: eine flugzeugaufnahme der zeit.

foto: weltspiegel

abb. 24 textur
ein fauler, mit pilzen besetzter apfel

foto: haus und garten

6 moholy-nagy

41

Abbildung 5
László Moholy-Nagy, *Textur als organische Epidermis*
(aus: *von material zu architektur*, 1929)

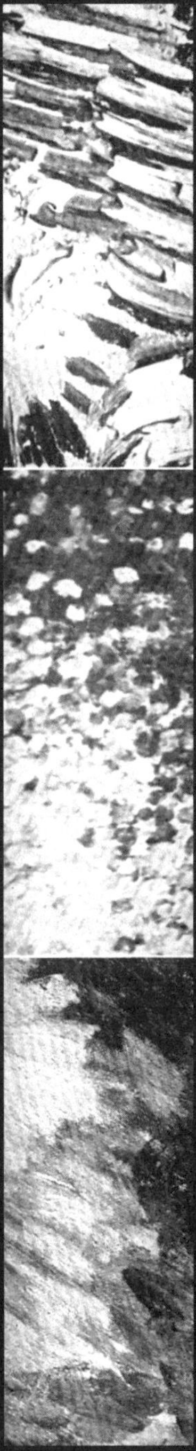

1

2

3

Abbildung 6
László Moholy-Nagy, *textur verschiedener futterseiden* (aus: *von material zu architektur*, 1929)

Abbildung 7
Nahaufnahmen der Pinseltexturen von (1) van Gogh, (2) Seurat und (3) Cézanne (aus: László Moholy-Nagy, *Vision in Motion*, 1947)

Abbildung 8
Die sich wandelnde Qualität von US-amerikanischen Fernsehbildern. Links: ein mechanisch erzeugtes Bild mit 60 Zeilen von 1929; in der Mitte: ein elektronisch erzeugtes Bild von 1936 mit 343 Zeilen; rechts: ein ebenfalls elektronisch erzeugtes Bild von 1937 mit 441 Zeilen. Der zugehörige Bericht des *Life*-Magazins von 1944 ist einer der wenigen Texte, in denen vom *»scanning finger«* der Fernsehkamera die Rede ist.

Abbildung 9
André Girard, Entwurf für ein Glasfenster der St. Ann's Kapelle in Palo Alto. Siebdruck (1953)

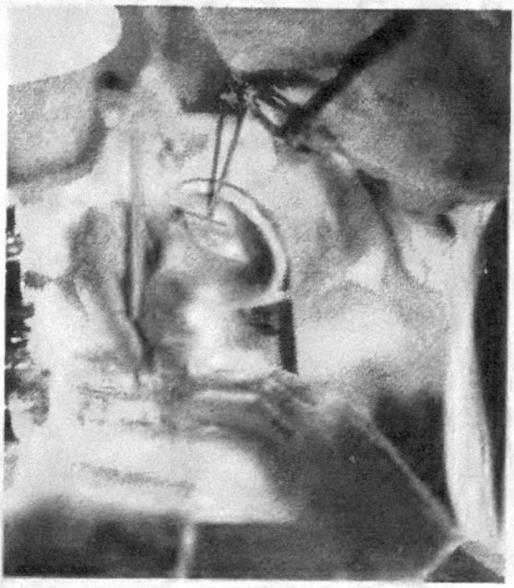

'Painting on light' not easy

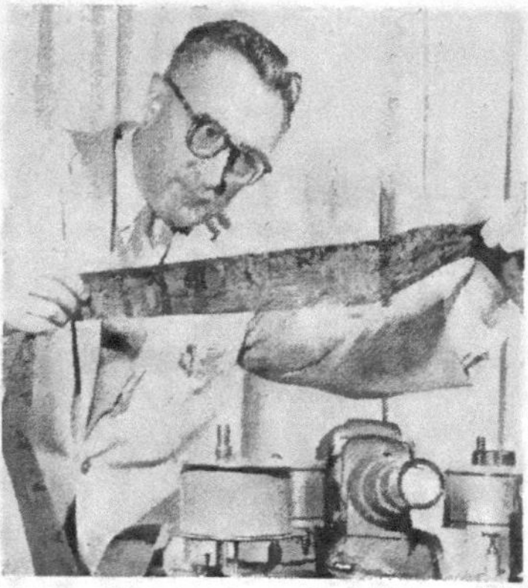

Artist Girard inspects 70mm film

Excerpt from new tv art

Abbildung 10

André Girard bei der Arbeit an einem experimentellen Film (ca. 1959). »Malen auf Licht [ist] nicht einfach. / [Der] Künstler Girard betrachtet den 70mm Film. / Ausschnitt aus der neuen Fernsehkunst.«

Abbildung 11

Lyonel Feininger, *Kathedrale* (1919)

Holzschnitt auf der Titelseite des Bauhaus-Programms

of enigmatic significance. But, taken all in all, Pech-Merle is the most magical of the prehistoric caverns. Even in recent years, amazing new discoveries have been made: scenes with fabulous animals – a lioness-queen, for example – never seen in any other place.

plan after 538

In the center – if one can use this expression for the complicated subterranean caverns of Pech-Merle – there is a high vaulted hall with a fantastic rock pillar and stalactites. This natural setting was perfectly adapted to form a great sanctuary in which different parts, at different levels, were used by men (maybe even by different races), at different periods, to create their own sacred shrines – without ever disturbing the shrines created by bygone generations. How long the religious use of this cavern continued, whether four, five, or ten thousand

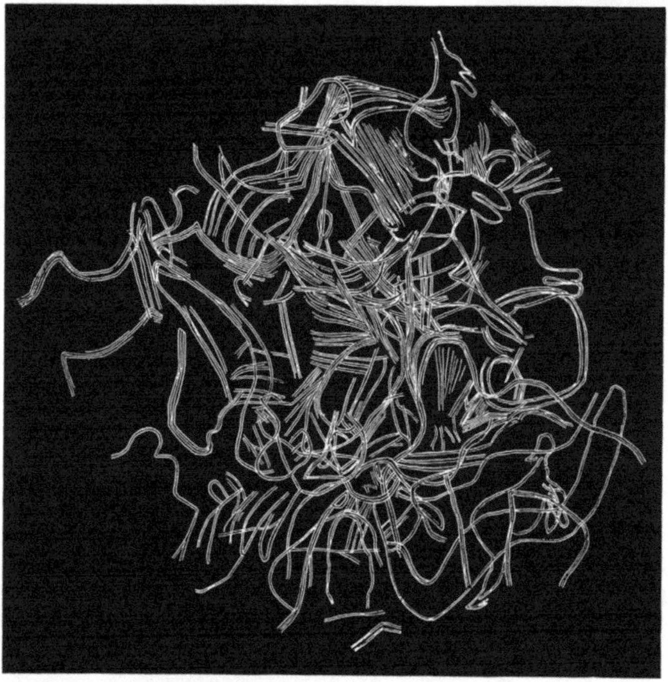

Drawing by Lemozi (in negative; cf. fig. 18)

Abbildung 12
Nebeneinanderstellung von prähistorischer und moderner Kunst

19. GEORGES BRAQUE: *"Hercules and the Stymphalian Birds." Engraving in blackened plaster, 1932*

years—from the Aurignacian until the Magdalenian period or even later—it is useless to ask.

The background of this high hall is perforated by two natural galleries. On the ceiling of the upper gallery is spread a large-scale manifestation of one of man's earliest artistic experiments. Rightly did the Abbé Lemozi baptize the place the Hall of the Hieroglyphs. No other document of Aurignacian times exists which expresses the fundamental conceptions of the time with such intensity. To our eyes, especially at first glance, this ceiling with its crisscross lines

Links: Negativ-Kopie von Fingerzeichnungen auf Lehm in der Pech Merle-Höhle
Rechts: Georges Braque, *Herakles und die Stymphaliden*
(aus: Sigfried Giedion, *The Beginnings of Art*, 1962)

Abbildung 13
Hugo P. Herdeg, Fotografie eines Reliefs in der Cap Blanc-Halbhöhle (aus: Sigfried Giedion, *The Beginnings of Art*, 1962)

Abbildung 14
Weibliche Figur von Laussel in der Dordogne (aus: Eckart von Sydow, *Die Kunst der Naturvölker und der Vorzeit*, 1925)

Aufnahmen
nach Original
Dr. Cheron. Bordeaux

Haare mit Einschnitten
undeutlich.
Figur zu sehr im Profil
& nach hinten geneigt.

? Kopieren.
zu sehr konventioneller
Gesichtspunkt.

Abbildung 15
Hugo P. Herdeg, Probeaufnahmen der Venus von Laussel mit Kommentaren von Giedion (ca. 1950)
»*Aufnahmen nach Original / Dr. Charon. Bordeaux /* Horn mit Einschnitten / undeutlich. / Figur zu sehr im Profil / & nach hinten geneigt. // ? Kopieren. / ein sehr konventioneller / Gesichtspunkt.«

Abbildung 16
Sigfried Giedion, Maquette für eine Buch-Doppelseite zur *Venus von Laussel* (ca. 1960)

320. LAUSSEL: *Detail of the upper part of the "Venus of Laussel," the right arm raising a bison horn in the air*

In this relief of a standing man a new development seems to be inaugurated, destined not to be followed up in prehistoric art. Like the reclining female figures
482
of La Magdeleine (Tarn), it is one of those precocious announcements of the human mind which, from time to time, emerge and then fade away. Its unique quality will be compared in our second volume with an Egyptian wood relief of Hesy-ra, one of the earliest realizations of the full power of Egyptian sculpture.

The standing man from the Solutrean period and the Egyptian relief from the Third Dynasty (around 2600 B.C.) are both depicted in the boxer's stance, with

body turned to the right and left shoulder advanced. Both have the head and the legs shown in profile. Both are naked, except for a girdle, a feature often preserved in solemn rituals from prehistoric times. In Mesopotamia the priests entered the presence of the deity completely naked, except for a narrow girdle similar to that worn by the standing man of Laussel.

The female figures at La Magdeleine

For the Magdalenian era, the two large female figures at La Magdeleine (Tarn) 481, 482
are in their way unique just as the Venus of Laussel is for the foregoing period. Now, however, all physical robustness has disappeared. The figures lie, light as a breath, upon the rock face. They are so delicately modeled that they continually elude the eye, and it is easy to understand that they lay unnoticed by the generations of prehistorians who excavated at the entrance to the cavern (Bétirac, 1954, pp. 125–26). A classic Magdalenian engraving of a horse is situated im- 479

321. LAUSSEL: *The block hewn from the rock face, showing the head of the "Venus of Laussel" reclining as though on a cushion*

Kapitel 5

Horn und Zeit

In diesem Raum begegnen sich der US-amerikanische Schriftsteller Thomas Pynchon und der südafrikanische Künstler William Kentridge. Der Raum ist mit Posthörnern aus unterschiedlichen Epochen und Megafonen in verschiedener Ausführung gefüllt. In einer Glasvitrine liegt das fragmentarische Manuskript für das Anti-IBM-Musical Minstral Island, *an dem Pynchon Ende der 1950er-Jahre arbeitete. Daneben stehen zwei der kinetischen Skulpturen, die Kentridge für sein Documenta-Projekt* The Refusal of Time *konstruierte. Auf dreibeinigen Stativen kombinieren sie Duchamp'sche Fahrrad-Räder, Blasinstrumente und Ziehharmonikas. An den Wänden hängen einige Gemälde von Remedios Varo, auf die sich Pynchon in seinem Roman* Die Versteigerung von No. 49 *bezieht. Auf Bildschirmen sind Ausschnitte aus den Filmen und Performances von Kentridge zu sehen. Das Motto zu diesem Raum stammt aus der* Da Costa Enzyklopädie. *Es lautet: »ÉCRAN [Schirm; Leinwand]. In der Regel rechteckige Oberfläche aus beliebigem Material, auf einen Rahmen gespannt, dazu bestimmt, sich zwischen eine Ursache und ihre Wirkung zu schieben.«*[1]

Die Konstellation ist mittlerweile vertraut. In Thomas Pynchons *Die Versteigerung von No. 49* kommt den Dingen und Medien eine eigene Handlungsträgerschaft zu. Das wird schon in der ersten Szene des Romans deutlich. Die häusliche Umwelt, die die Hauptfigur Oedipa Maas betritt, ist von technischen Wesen bevölkert, die sich wie Lebewesen gerieren. Kaum steht Oedipa im Wohnzimmer, wird sie durch »das grünlich tote Auge des Fernsehers« angestarrt. Im nächsten Moment erinnert sie sich daran, wie das Telefon in ihrem Schlafzimmer durch »plötzliches Losschrillen« von einem »eben noch leblosen Instrument« zu einem überaus aktiven Apparat wird, der eine Vielzahl von Stimmen und Sprachen von sich gibt. Auf ähnliche Weise droht eine »weißgekalkte Büste«, die in einem anderen Schlafzimmer auf einem schmalen Brett steht, sich selbständig zu machen und damit die humanen Akteure in ihrer Umgebung zu gefährden.[2]

In dieser Welt, die Pynchon im Kalifornien der frühen 1960er-Jahre ansiedelt, wohnt letztlich jeder Maschine ein kleiner Dämon inne, der, wenn man ihn nur »sensitiv« genug anblickt, zum Leben erweckt werden kann. Die gesamte Umgebung, durch die sich Oedipa und die übrigen Figuren bewegen, erscheint als beseelt. Jedes Grundstück (*lot*) ist nicht nur gleich ein Parkplatz (*parking lot*) oder ein Autohof, sondern immer auch eine Verhandlungsmasse oder eben ein Versteigerungsobjekt (*lot*), das sich im nächsten Augenblick als ein bestimmtes Schicksal oder Los (*lot*) entpuppen kann, beispielsweise der Stadt Sodom nur scheinbar entkommen zu sein (*Lot*).

Selbst der Wahnsinn und die Grenze zwischen Wahnsinn und Vernunft ist in dieser kalifornischen Wunderwelt den Dingen eingeschrieben. Eine Dose Haarspray, die zufällig herunterfällt und explodiert, verhält sich nur auf den ersten Blick wie eine »verrückt gewordene Rakete«. In Wirklichkeit weiß die Dose genau, wo's langgeht. Deswegen überrascht es auch nicht, dass die Bewohner dieser Welt mit der sie umgebenden materiellen Kultur nicht nur sprechen können, sondern von ihr sogar verstanden werden, selbst wenn sie nichts erwidert: »Du bist ja so kaputt, Oedipa, sagte sie zu sich selbst oder auch zum Zimmer, das aber ohnehin Bescheid wusste.«[3]

Es dauert nicht lange und dieses Eigenleben der Dinge und Medien wird in einer Terminologie, die deutlich an McLuhan erinnert, durch den Hinweis darauf erklärt, dass technische Objekte Ausweitungen oder Verlängerungen des menschlichen Körpers sind. Während Oedipa darauf wartet, dass ihr Mann von seiner Arbeit als Radiomoderator nach Hause kommt, blickt sie auf dessen frühere Tätigkeit bei einem Gebrauchtwagenhändler zurück. Die Autos, mit denen Wendell (»Mucho«) Maas seinerzeit handelte, erscheinen ihr dabei als »motorisierte, metallene Auswüchse [*extensions*]« individueller Körper und sogar ganzer Familien. Ein Fahrzeug, da ist sich Oedipa sicher, ist nichts anderes als eine »automobile Projektion« des Lebens.[4]

Wie sich im weiteren Verlauf des Romans zeigt, ist damit nicht nur ein statisches, formales Verhältnis des Körpers zur Technik beschrieben, sondern auch eine Verhaltensweise oder Funktion, die auf symmetrische Weise zwischen humanen und nonhumanen Akteuren verteilt ist. Am einen Ende steht dabei eine Maschine namens Diaprojektor, die der Englisch-Professor Emory Bortz benutzt, um Oedipa ein paar schmutzige Bilder zu zeigen, die ihr angeblich bei ihren Recherchen helfen sollen. Am anderen Ende befindet sich ein Bühnenkünstler namens Randolph Driblette, dem Oedipa begegnet und der für sich in Anspruch nimmt, wie ein »Projektor im Planetarium« zu arbeiten, schließlich erschaffe er durch seine Inszenierungen im Theater ganze Universen. Zwischen diesen beiden Extremen ist Oedipas Psychiater, Dr. Hilarius, angesiedelt, der von seinen Patienten projektive Verhaltensweisen einfordert, wenn er sie Verfahren wie dem Rorschach-Test oder dem Thematischen Apperzeptionstest (TAT) unterzieht.[5]

Bei näherem Hinsehen fügt sich noch die Stadt, im dem ein Großteil der Romanhandlung angesiedelt ist, mit ihrem fiktiven Namen in den damit aufgespannten Bogen ein. Deutlich an San Francisco anklingend, ist »San Narcisco« nicht bloß eines der aufreizend platten Wortspiele, mit denen Pynchon in seinem Roman an so vielen Stellen aufwartet. Der Städtename weist zugleich auf die ebenfalls von McLuhan stammende These zurück, dass Menschen durch Medien auf ähnliche Weise hypnotisiert oder betäubt werden wie Narziss durch die spiegelnde Wasseroberfläche, in der er sein Bild erblickte. »Verliebt in seine Apparate – Narzissmus als Narkose« heißt das einschlägige Kapitel in den *Magischen Kanälen*.[6]

Tatsächlich erscheinen die Bewohner von San Narcisco, denen Oedipa im Verlaufe der Romanhandlung begegnet, auf vielfältige Weise betäubt – sei es durch Alkohol und Drogen, sei es durch Beat-Musik und entsprechende Kleidung, sei es durch modische Frisuren, die ihnen die Sicht versperren, oder sei es schließlich, die naheliegende Steigerung von individueller Projektionsneigung zu den Beziehungsideen des »Sensitiven« fortführend, durch die Ausprägung einer Paranoia. Durch die Auswirkungen von Kaltem Krieg und der McCarthy-Ära erscheint der Verfolgungswahn freilich als geradezu zeitgemäßer Modus der kalifornischen Weltwahrnehmung.

In diesem Setting wird Oedipa damit beauftragt, das Testament ihres kürzlich verstorbenen früheren Liebhabers Pierce Inverarity zu vollstrecken. Ihre erste Aufgabe besteht dabei darin, eine Bestandsaufnahme des von Inverarity hinterlassenen Reichtums zu machen, was sich angesichts der weitverzweigten Geschäftsaktivitäten ihres Ex-Lovers als überaus schwierig gestaltet. Denn Pierce Inverarity steht, der von Kentridge ersonnenen Figur Soho Eckstein nicht unähnlich,[7] für stadtumgreifenden Immobilienbesitz, dubiose Bauaktivitäten und vielfältige Aktienbeteiligungen. Tatsächlich erweisen sich die Besitztümer von Inverarity als so weit gestreut, dass Oedipa sich fragt, ob dessen »Vermächtnis« nicht letztlich »Amerika selbst« ist.[8]

Im Verlaufe ihrer Recherchen geht Oedipa schnell auf Distanz zur dominanten Kultur der Extension und Projektion. »Soll ich eine Welt projizieren?«, fragt sie sich zwar selbst, nachdem sie Driblette begegnet ist. Aber die Frage ist offensichtlich rhetorisch gemeint, denn zu diesem Zeitpunkt weiß sie schon längst, wie trügerisch die Ausweitungen des Menschen sind. Bereits während der Zeit mit ihrem früheren Geliebten hatte sich dieses Wissen über ein Gefühl angedeutet. Als Oedipa mit Inverarity zusammen war, hatte sie ein Fehlen von Intensität verspürt, »als würde sie einen Film sehen, bei dem der Projektionsapparat kaum merklich unscharf eingestellt ist und der Vorführer sich weigert, das zu beheben.«[9]

Diese Unschärfe der Emotion, die auch im Namen ihres früheren Liebhabers reflektiert wird (so jedenfalls eine Lesart, derzufolge sich in diesem Namen *to pierce* mit *inveracity* verbindet), übersetzt sich in eine taktile Empfindung: »Sie war sich eingemummelt vorgekommen, gepolstert gegen Püffe, isoliert.«[10] Den unaufrichtigen, unwirklichen Durchbohrungen, den Quasi-Intensitäten, versucht sie im Folgenden genauso zu entkommen wie diesem *buffering*, diesem Eingesperrtsein.

Während des Zusammenlebens mit ihrem Mann, dem früheren Gebrauchtwagenhändler, verwandelt sich ihr undeutliches Gefühl in eine bestimmte Auffassung des Sachverhalts der Projektion. Durch die Erfahrungen und Erzählungen von Mucho Maas gelangt Oedipa zu der Einsicht, dass die Extensionen nicht einfach als *Ausweitungen*, sondern ebenso als *Ausscheidungen* des menschlichen Körpers zu begreifen sind. Ein Auto ist demnach nicht allein ein außen chromglänzendes, innen weich gepolstertes Fortbewegungsmittel, durch das ein menschliches Organ – McLuhan würde sagen: der Fuß – verlängert wird. Im selben Moment fungiert ein solches Fahrzeug als »ein Niederschlag von Ausdünstungen, Auspuffgasen, Abfall, Körperausscheidungen«.[11]

Autos sind demnach nicht nur einfach eine Technik des Menschen, sondern immer auch der Müll einer Gesellschaft, und wie buchstäblich vielsagend dieser Müll sein kann, erfährt Oedipa an dem geheimen Postsystem W. A. S. T. E., in dem Mülleimer als Briefkästen fungieren. Nicht allein das Medium, sondern auch der Abfall ist demzufolge die Botschaft.

Aus der Perspektive dieser Medienökologie können sich selbst Dinge und Medien, die zunächst gar nicht als Ausweitungen des Menschen erscheinen, als Abfall entpuppen, im Zweifelsfall sogar als Menschenabfall – so die Filter der Zigarettenmarke »Beaconsfield«, in denen die Asche von verbrannten Menschenknochen verarbeitet wird. McLuhans Extensionsgedanke erweist sich insofern als durchaus unkritisch. Wie Oedipa deutlich sieht, bekräftigt dieser Gedanke den Irrglauben, dass das, was die kapitalistische Produktion an Waren bereitstellt, wirklich Extensionen oder Projektionen des Lebens sind. Mit ihrem Mann teilt sie die grundlegenden Zweifel an einer Kultur und Gesellschaft, die den Menschen wie einen x-beliebigen Kunden auf einem Autohof (*lot*) darauf zurückwirft, »eine verbeulte, schlecht funktionierende Version seiner selbst für eine andere, mindestens ebenso zukunftslose automobile Projektion irgendeines anderen Lebens [...] einzutauschen«.[12]

Es sind diese »endlosen Tauschrituale«, dieser »nach rückwärts gewandte Inzest«, in den Oedipa durch ihre frühere Beziehung zu Inverarity zwar verstrickt ist, von dem sie sich durch ihre Ehe aber auch bereits distanziert hat. Im Roman wird diese Distanzierung weiter voranschreiten. Oedipa wird sich von ihrem Mann trennen, während sie versucht, genauer oder zumindest schärfer in den Blick zu bekommen, wie der kapitalistische Inzest funktioniert. Das Leitmotiv dieses Unterfangens ist in einer drastischen Äußerung gegenüber ihrem Psychiater enthalten. Zu Dr. Hilarius sagt Oedipa entschlossen, sie wolle »nicht beschissen werden, in keiner Weise«.[13]

Bei der Schilderung von Oedipas Suche folgt Pynchons Roman in vieler Hinsicht dem Schema einer Detektivgeschichte à la Raymond Chandler, auch wenn es am Ende nicht zur Ergreifung eines Täters und noch nicht einmal zur Sicherung eindeutiger Beweise kommt. Zudem ist die Detektivgeschichte nur eines der Modelle, auf die der Roman sich stützt, um sie zugleich abzuwandeln. So erinnern die in der *Versteigerung von No. 49* dominanten Themen des rätselhaften Auftrags und der geheimen Inschriften an die Romane von Roussel, in denen sich ebenfalls Geschichten miteinander verschachteln, sich in Gesangstexten und abenteuerlichen Erfindungen reflektieren und variieren, um sich gegenseitig zu erläutern – ohne zu einer endgültigen Auflösung zu kommen.

Neben vielfältigen Reminiszenzen an die Literatur der *Beat Generation* spielt Pynchons Roman auch auf die Gestalt des Benjamin'schen Flaneurs an. Tatsächlich unternimmt es Oedipa immer wieder, die Stadt als Text zu lesen und die über den Raum der Stadt verteilten Schriften und

Zeichen zu entziffern. Wie schon bei dem von Benjamin so geschätzten Aragon greifen auch bei Pynchon die öffentlichen Aushänge, Schilder und Banner in das Gewebe des Texts ein. Der Umschlag der Erstausgabe unterstreicht die damit hergestellte Verbindung zum Surrealismus. Ähnlich wie auf den Fotografien von Man Ray und Helen Levitt, die mit Kreide gezeichnete Graffitis an Häuserwänden zeigen, ist auf diesem Umschlag eine Kreidezeichnung des gedämpften Horns auf einer Mauer zu sehen (Abb. 1).

Pynchon bekräftigt diese Assoziationen, wenn er sich am Ende des ersten Kapitels auf ein Gemälde der Surrealistin Remedios Varo beruft, um zu beschreiben, welche alternative Fassung Oedipa dem Extensionsgedanken vorläufig gibt.[14] Varos Gemälde *Den Erdmantel besticken* (1961) zeigt eine Gruppe von sechs »zerbrechlichen Mädchen«, die wie eine Gruppe von Spitzenklöpplerinnen eingesperrt in einem Turm sitzen und, angeleitet durch die Vorschriften eines »Großen Meisters«, einen Stoff besticken, der sich durch Briefschlitze in die umgebende Landschaft ergießt, oder besser: die umgebende Landschaft hervorbringt (Abb. 2).[15]

Durch diese buchstäbliche Verknüpfung zwischen innen und außen wird die Beziehung von Körper und Technik deutlich anders konzipiert als bei McLuhan. Statt von der klar umrissenen Gestalt des Menschen auszugehen, dem die Dinge und Medien sozusagen in sicherer Distanz gegenüberstehen, wird auf eine Ebene der stofflichen Verwobenheit abgezielt, die dieser Relation voraus oder zugrunde liegt. Mensch und Technik werden auf eine Fläche oder Hülle, einen »Erdmantel«, zurückbezogen, der beide verbindet, sozusagen noch bevor die Amputation von Organen eine Trennung bewirkt.

Dementsprechend versammelt dieses Gewebe, das nicht nur ein Stoff, sondern ebenso ein Text ist, Ausweitungen *und* Ausscheidungen auf derselben Konsistenzebene.[16] Pynchons Text-Gewebe macht in der Tat keinen grundsätzlichen Unterschied zwischen Technik und Müll – und unterläuft damit auch die immer wieder thematisierten Alternativen von Paranoia einerseits und Erkenntnis andererseits, von Wahn und Wirklichkeit, Heiligem und Profanem, tiefer Magie und platten Wortspielen.

Oedipas Epistemologie

In einem solchen Netz wird Zeit zum entscheidenden Faktor. Varos Gemälde deutet darauf hin, indem es den alchimistischen Ausgangspunkt der von den Mädchen genutzten Fäden in Form einer Sanduhr darstellt. Pynchon nimmt diese Andeutung auf, wenn er feststellt, dass ein einsames Mädchen wie Oedipa »viel Zeit hat zum Nachdenken«.[17] Vor allem aber schreibt er das Motiv der Temporalität tief in den Erkenntnisprozess der Hauptfigur ein.

Oedipas Recherchen folgen tatsächlich einer zeitbasierten Epistemologie, die ihre Körperlichkeit als zentrales Medium der Erkenntnis ins Spiel bringt. Wie ihr Körper durch unterschiedliche Arten von Zeichen affiziert wird, was, umgekehrt, der Körper jener Zeichen ist, die sie affizieren, und wie Oedipa, wiederum gegenläufig dazu, die Zeichen affizieren kann, sind zentrale Fragen des Romans. Der Konsistenzebene des Erdmantels entsprechend, wird diese Epistemologie allerdings nicht nur mit Blick auf Oedipas Person, sondern auch anhand des zentralen Emblems des Romans, des gedämpften Posthorns, erörtert.

Die erste Zeitform, die Pynchon dabei beschreibt, ist die der Plötzlichkeit. Wenn Oedipa auf ihrer Autofahrt nach San Narcisco den Blick hinunter auf die noch entfernte Stadt mit dem Erinnerungsbild vom Schaltplan eines Radios verknüpft, dann wird nicht nur das Ergebnis dieser Assoziation benannt – in beiden Fällen sei »eine feste Entschlossenheit zur Kommunikation« zu erkennen –, sondern ebenso betont, dass Oedipa von dieser »Offenbarung« gleich im ersten Moment ihrer Begegnung mit der Stadt ergriffen, regelrecht »angesprungen« wird. Tatsächlich bindet Pynchon Oedipas Einsicht an einen »religiösen Augenblick« zurück, in dem, den schockhaften Einsichten von Benjamin vergleichbar, das Heilige im Profanen auftaucht.[18]

Umgekehrt macht der Roman deutlich, worin die überaus weltliche Voraussetzung für eine solche Offenbarung liegt. Die von Oedipa erlebte »Hierophanie«[19] wird dadurch möglich, dass sie mit ihrem Auto aus dem fließenden Verkehr ausgeschert ist. Ihre blitzartige Einsicht in die Bedeutung von Kommunikation verdankt sich der Tatsache, dass sie ihren Wagen am Straßenrand oder auf einem Rastplatz geparkt hat, um in Ruhe auf die Stadt blicken zu können. Der epistemologische Schock ereignet sich hier nicht mitten in der großstädtischen Menge, sondern in einer bewusst gewählten Distanz zum herrschenden Verkehrs- und Geschwindigkeitsregime.

Auf der performativen Ebene des Texts entspricht dieser Zeitform das erste Auftauchen des gedämpften Horns, das sich im Weiteren als das Erkennungszeichen des W.A.S.T.E.-Systems erweisen wird. Dem Charakter der Hierophanie, den Pynchon der ersten Einsicht von Oedipa verleiht, entspricht die plötzliche Erscheinungsweise dieses Erkennungszeichens als »Hieroglyphe«.[20] Eben dies ist die Bezeichnung, die Oedipa verwendet, als sie das fragliche Zeichen zum ersten Mal auf einer Wand in der Damentoilette einer Kneipe entdeckt.

Pynchon inszeniert die Plötzlichkeit dieser Entdeckung. Er unterbricht den Buchstabenfluss, indem er eine Handzeichnung des gedämpften Horns in den Textkörper montiert und damit den Fluss der Lektüre zeitweise außer Kraft setzt (Abb. 3). Die Tätigkeit des Lesens wird an dieser Stelle mit dem Abdruck eines Körpers konfrontiert, der, wie die Linienführung der Zeichnung zeigt, ein eigenes Ethos, eine nicht zu reduzierende Singularität aufweist. In Anlehnung an das Gemälde von Remedios Varo könnte man sogar die taktilen Aspekte dieser semiotischen Geste herausstellen: Der Autor hat an dieser Stelle ein persönliches Muster in das Gewebe seines Romans gestickt.

Der zugehörige Text weist allerdings in eine andere Richtung. Er verlässt sich auf eine distanzierte, sachliche, an geometrischen Formen orientierte Beschreibung. Das gedämpfte Posthorn ist hier noch nicht als solches erkannt, sondern erscheint als abstraktes Muster, das durch »eine runde Windung, ein Dreieck und ein Trapez« gebildet wird. Sozusagen dem *context of discovery* entsprechend, wird die unklare Bedeutung dieser Figur mit »irgendetwas Sexuellem« und dem »Spaß am Besonderen«, von dem auf der Toilettenwand die Rede ist, in Zusammenhang gebracht.[21]

Die Tatsache, dass Oedipas Mann am Anfang des Romans von seinem Chef als *horny* bezeichnet wurde, passt dazu, weist aber schon auf eine andere Auffassung des Signets voraus.[22] In den Vordergrund treten dessen postalische Aspekte jedoch erst, wenn Oedipa anlässlich der späteren Besichtigung des von Inverarity finanzierten Yoyodyne-Werks ein zweites Mal mit dem fraglichen Zeichen konfrontiert wird.

Einer der Yoyodyne-Ingenieure kritzelt das Signet gerade auf einen Briefumschlag, als Oedipas Blick darauf fällt. Erneut wird die Plötzlichkeit dieser Begegnung von Pynchon unterstrichen, indem er eine entsprechende Handzeichnung in den Text einfügt, diesmal in etwas kleinerer und gedrängter Form (Abb. 4). Als ob der semiotische Status dieser Einfügung eigens betont werden sollte, wird sie durch die Bemerkung »dieses Zeichen:« angekündigt. Spätere Ausgaben der amerikanischen Roman-Fassung verwischen die Spuren dieser Geste allerdings, indem sie diese und die frühere Zeichnung durch eine identische Computergrafik ersetzen.[23]

An diesem Punkt der Romanhandlung ist jedenfalls deutlich, dass die Hieroglyphe ein abgewandeltes Posthorn ist. Spätestens hier ist damit ebenfalls klar, dass die eindrückliche Plötzlichkeit der beiden Begegnungen mit dem Signet auch in diesem Fall, ähnlich wie bei Oedipas erstem Blick auf San Narcisco, in der Distanz zu einem bestimmten Geschwindigkeitsregime stattfindet.

Tatsächlich war es das Horninstrument, das im Zusammenspiel von Postsendungen, Reitern und Pferdestationen seit den Anfängen der Thurn und Taxis-Post eine entscheidende Funktion erfüllte, wie der Roman vor allem im letzten Drittel erklären wird: Es diente zur vorauslaufenden Benachrichtigung der Stafettenreiter, die in den aneinandergereihten Posten der jeweiligen Strecke auf die Übernahme und den Weitertransport der Felleisen warteten (Abb. 5).[24] Die besondere Schnelligkeit und damit auch der wirtschaftliche Erfolg der Thurn und Taxis-Post basierten auf diesem Prinzip, und eben deswegen wurde das Horn schon in der Frühen Neuzeit ins Familienwappen aufgenommen (Abb. 6). Bei Pynchon markiert das abgewandelte Horn eine Distanz zu dieser Beschleunigung von Kommunikation. Wie sich gleich zeigen wird, haben wir es mit einem verstopften, zum Schweigen gebrachten Posthorn zu tun, und dementsprechend erweist sich das W.A.S.T.E.-System als eine genuin langsame Art der Verständigung.

Sobald die Verbindung zum Posthorn hergestellt ist, tritt eine weitere Form der epistemologischen Zeit auf den Plan. Es ist die der Ankündigung oder Vorwegnahme. Während ihres Besuchs bei dem Briefmarkenspezialisten Genghis Cohen, der eine Schätzung der von Inverarity hinterlassenen Briefmarkensammlung vornehmen soll, hat Oedipa eine zweite Einsicht: Sie sieht »zum allerersten mal«, weit man sich im Gewebe der Zeichen verlieren kann.[25]

Begründet wird diese Einsicht in einer bemerkenswerten Passage, in der eine Parallele zwischen der Arbeit der Entzifferung und einem epileptischen Anfall gezogen wird: »Man sagte ja auch, daß sich ein epileptischer Anfall schon vorher ankündigt – durch einen Geruch, eine Farbe, durch reine, aber durchbohrende Anmut.« Diese Struktur ist schon bekannt: Bevor von Bedeutung oder Wissen die Rede sein kann, geht es um ein bestimmtes Gefühl, eine Vorahnung. Der Anfall selbst und mit ihm »all das«, was sich durch ihn als Wahrheit »offenbart«, wird Pynchon zufolge aber nicht mehr bewusst erfahren. Er sei für die oder den Betroffenen »verloren« und »vergessen«. Es ist, wie es ausdrücklich heißt, die »winzige Zeitspanne«, die hier zwischen der Ankündigung und dem Ereignis liegt, die Oedipa zur Einsicht in ein mögliches Verschwinden im Reich der Zeichen führt: »Vielleicht hatte sie eben einen [Anfall] gehabt, in dieser vergangenen Sekunde – aber es gab keine Möglichkeit, es zu erfahren.«[26]

Die epileptische »Aura«, von der hier und an anderen Stellen des Romans die Rede ist, hat nur wenig mit der von Benjamin durch denselben Ausdruck beschriebenen Erfahrung zu tun. Natürlich kennt auch der Autor des *Passagen-Werks* die Motive der Erleuchtung und des Aufblitzens,[27] aber mit seiner Formel von der Aura als »Erscheinung einer Ferne, so nah sie auch sein mag«, betont er, wie wir gesehen haben, den räumlichen Aspekt visueller Erfahrungen. Pynchon dagegen hebt die temporalen und taktilen Dimensionen von Oedipas Erleben hervor. Was sie als Analogie zu ihren Vorahnungen aufruft, ist ein Anfall (*seizure*), also ein buchstäbliches Gepacktwerden, das zudem durch das Gefühl eines Durchbohrtwerdens, eines wirklichen *piercings*, angekündigt wird.

Demzufolge wäre es nun aber nicht die Paranoia mit ihren endlosen Verweisungen, die in der *Versteigerung von No. 49* das entscheidende Modell der Erkenntnis liefert, sondern die schubartig auftretende Epilepsie. Mit Brian Massumi könnte man sagen, dass Erkenntnis hier zu einer Angelegenheit weitgehend autonomer Affekte wird, Affekte, die den Körper erfassen, bevor sich dieser darüber im Klaren sein kann.[28] An einer anderen Stelle des Romans scheint Pynchon dies zu bestätigen, indem er von einem »Zeitdifferential« spricht, das, wenn es auf einen »verschwindend kleinen Augenblick« begrenzt wird, »jede Art von Veränderung« als das erscheinen lässt, was sie in Wirklichkeit ist – also das Gegenteil von *inveracity* zeigt.[29] Menschen sind diese extrem kurzen Zeiten aber offenbar nicht zugänglich, und so bleibt Wahrheit für sie zunächst außer Reichweite. Sie sind zurückgeworfen auf die Ankündigungsstruktur des Affekts.

Wenn im Gespräch mit Cohen die Nähe des fraglichen Signets zum Postsystem bestätigt wird, ist damit auch die von Oedipa erfahrene Zeitform des Aufschubs gemeint. Denn das Posthorn macht zwar eine Mitteilung, aber diese Mitteilung ist eigentümlich leer, sie kündigt andere Mitteilungen nur an. Das mit dem Horn gegebene Signal – ein Ton oder eine kurze Melodie – ist ein Signal, das nur auf andere Signale – Briefe oder Paketsendungen – vorausweist. Genau diese Art der Kommunikationskommunikation erlaubt einerseits den schnellen Zugriff auf manchmal sehnlich erwartete Mitteilungen. Andererseits ermöglicht es diese Struktur aber auch, den Zugriff auf die Mitteilung aufzuschieben. Wenn der Roman die berühmte Formel »Die Post ist da!« zitiert,[30] dann macht er zugleich deutlich, dass diese Formel eben nicht schon bedeutet, dass ein Brief übergeben und gelesen wurde.

Das Posthorn steht demnach nicht nur für eine erhöhte Geschwindigkeit der Zustellung von Mitteilungen. Zugleich symbolisiert es jenen

Aufschub, den man im 19. Jahrhundert als Zwischenzeit, als Intervall oder als »verlorene Zeit« der Kommunikation bezeichnet hat: Ein Brief mag an seinem Bestimmungsort angekommen sein, das heißt aber lange noch nicht, dass er bereits in Empfang genommen worden ist. Das wussten die Experten des Post- und Telegrafenwesens ebenso wie jene Physiologen und Psychologen, die sich um 1850 für die Versendung von Botschaften innerhalb des menschlichen Körpers interessierten.[31]

Die dritte Zeitform in Oedipas Epistemologie ist die Erinnerung. Sie ergibt sich aus den Eigentümlichkeiten der Epilepsie. Da sich die Epileptikerin an den Anfall selbst nicht erinnern kann, nimmt sie sozusagen immer nur Briefe in Empfang, kann sich aber nie an deren Inhalt erinnern – nicht einmal daran, ob sie sie gelesen hat. Die »zentrale Wahrheit« bleibt auf diese Weise unzugänglich. Sie ist gewissermaßen zu stark, zu strahlend für das Gedächtnis. Bei ihrer ziellosen Bewegung durch die Stadt und die Nacht begreift Oedipa allerdings auch, dass sie sich durch ihre Recherchen gerade gegen diesen systematischen Entzug wehrt. Sie erkennt ihre Berufung: *»[S]ie schien dazu bestimmt zu sein, sich erinnern zu müssen.«*[32]

Die Erinnerung, so affektiv sie motiviert sein mag und so unzuverlässig sie auch ist, wird damit zur entscheidenden Grundlage dafür, die unterschiedlichen Zeichen, Indizien und Schriften der Stadt aufeinander zu beziehen – was auch bedeutet, sie in der ihnen jeweils eigenen Zeitlichkeit zu akzeptieren: »Jeder Schlüssel des Rätsels soll seine eigene Klarheit haben und seine eigenen schwachen Überlebenschancen.« Und selbst wenn diese Form der Erkenntnis überaus fragil ist – tatsächlich wird sie gleich wieder hinterfragt –, stellt sie doch das entscheidende Werkzeug dafür da, die Frage der Erbschaft, mithin des »Vermächtnisses Amerika«, zu klären, um sich selbst innerhalb der Formation des kapitalistischen Inzests verorten zu können.

Diese dritte Zeitform des Erkennens lässt sich ebenfalls am Posthorn festmachen – und zwar nicht nur, indem auf seine entfernte Ähnlichkeit mit dem Kegel der Bergson'schen Gedächtnistheorie hingewiesen wird. Wenn Cohen in dem kleinen Ding, das aus dem Posthorn hervorkommt, nichts anderes als einen »Dämpfer«, einen »*mute*«, erkennt, ist das kulturgeschichtlich zwar als Anspielung auf den Jazz der 1950er-Jahre zu verstehen. Literaturgeschichtlich weist das gedämpfte Horn allerdings deutlich weiter zurück, nämlich auf das verstopfte Posthorn, wie es, in Weiterführung eines Motivs von Rabelais,[33] beispielhaft in den Lügengeschichten auftaucht, die dem Baron von Münchhausen zugeschrieben werden.

In der Fassung, die Gottfried August Bürger diesen Geschichten gegeben hat, ist es ein Postillon, der auf seiner Kutsche bei großer Kälte vergeblich versucht, »mit seinem Horne ein Zeichen zu geben«. Erst in einer Herberge, nachdem er das Horn in der Nähe des Küchenfeuers aufgehängt hat, werden die entsprechenden Töne vernehmbar: Sie »waren in dem Horne festgefroren und kamen nun, so wie sie nach und nach auftauten, hell und klar zu nicht geringer Ehre des Fuhrmanns heraus.«[34] Das Posthorn fungiert hier als Medium der Erinnerung.

Die vielschichtige Verknüpfung von Horn und Zeit bestätigt und bekräftigt Pynchon auf der Inhaltsebene seines Romans. Zum einen erscheint, wie bereits bemerkt, das Kommunikationssystem W.A.S.T.E., auf das durch das gedämpfte Posthorn hingewiesen wird, als ein eminent langsames System. Es ist nicht nur Oedipas Suche nach diesem System, die stockend vorankommt. Auch die Briefträger, die für W.A.S.T.E. tätig sind, bewegen sich nur schleppend und scheinbar ziellos, ähnlich wie Stadtstreicher, durch den Raum der Stadt.[35] Zum anderen tritt das gedämpfte Horn immer wieder in die Nähe von Motiven des Rauschs, der Sexualität und des Todes, die ihrerseits auf die Endlichkeit menschlichen Lebens bezogen sind. Wiederholt vermutet Oedipa, nachdem sie das Signet auf der Toilettenwand einer Kneipe entdeckt hat, es handele sich um »ein Homosexuellenabzeichen oder so was«, stehe also für »einen Kommunikationskanal für Leute mit unorthodoxen sexuellen Neigungen«. Allerdings ist sie auch mit der Tatsache konfrontiert, dass das gedämpfte Horn mitunter von den Buchstaben DEATH begleitet wird, deren Bedeutung allerdings in durchaus kämpferischem Sinn aufgelöst wird: *Don't ever antagonize the horn*.[36]

Damit wird Oedipas temporale Epistemologie in einen gesellschaftlichen Zusammenhang eingebettet, in dem Zeit – man könnte auch sagen: *Arbeit* – die entscheidende Größe darstellt. Ironisch gebrochen, aber doch zielgerichtet wird die Verbindung zwischen gedämpftem Posthorn und sozialer Zeit in einer der Geschichten thematisiert, die der Roman über die Entstehung des W.A.S.T.E.-Systems erzählt. Demzufolge war es ein leitender Angestellter von Yoyodyne, der seinen Job durch eine Rationalisierungsmaßnahme verloren hatte und sich danach mit Selbstmordgedanken trug, der dieses System begründet hat – als eine Art Seelsorgedienst für enttäuschte Liebende. Wie der frühere Prokurist nämlich feststellen musste, hatte seine Frau ein Verhältnis mit eben jenem »Effizienzexperten« des Unternehmens, der für die Ersetzung seiner Arbeit durch einen Computer verantwortlich war. Als das Verhältnis auffliegt, macht sich der Effizienzexperte über die Unschlüssigkeit des suizidgefährdeten Ex-Kollegen lustig und verweist zum Vergleich auf die rasanten Entscheidungszeiten elektronischer Rechenmaschinen: »Wissen Sie eigentlich, wie lange der IBM 7094 gebraucht hätte? Zwölf Mikrosekunden. Kein Wunder, dass man sie ersetzt hat.«[37]

Die Tatsache, dass Menschen für ihre Überlegungen und Schlussfolgerungen mehr Zeit als Computer brauchen, erscheint hier als wichtiger Anstoß für die Einrichtung des W.A.S.T.E.-Systems. Das Problem, auf das dieses System antwortet, ist demnach nicht die enttäuschte Liebe, sondern Rationalisierungsmaßnahmen in der Arbeitswelt, die in zunehmendem Maße zu einer Vorherrschaft von Maschinen über Menschen führen. So betrachtet ist es die Dominanz bestimmter Techniken, die die Menschen selbst zu Müll werden lässt.

An dieser Stelle greift Pynchon Motive aus seinem dystopischen, gegen die zunehmende Macht von IBM gerichteten Musical *Minstral Island* auf, an dem er Ende der 1950er-Jahre zusammen mit seinem Cornell-Kommilitonen Kirkpatrick Sale arbeitete. Wie ernst es Pynchon mit der Haltung des Maschinenstürmers ist, die in diesem unvollendet gebliebenen Stück gegen die Technik ins Spiel gebracht wird (und die Sale später in einer historischen Studie über die Ludditen aufgearbeitet hat), verdeutlicht die erneute Profilierung dieser Haltung durch das Motiv des gedämpften Posthorns in der *Versteigerung von No. 49*.[38]

Wenn dieser Roman im Folgenden nämlich »jede Entfremdung, jede Art des Rückzugs oder der Verweigerung« mit dieser Art von Horn assoziiert, wenn es »nicht für den aktiven Verrat, sondern für den berechneten Rückzug vom Leben der Republik und seinem Räderwerk« steht, sind damit immer auch Formen der Verweigerung benannt, die durch den Anspruch des Menschen auf selbstbestimmte Zeit begründet sind und sich gegen die technisch und gesellschaftlich dominanten Formen von Arbeit wenden.[39]

Pynchon bekräftigt diese Perspektive, wenn er in einem denkwürdigen Essay von und über 1984 erklärt, man brauche keinen »deutschen Philosophen« (gemeint ist offensichtlich Marx), um gegen das Missverständnis anzugehen, eine Ablehnung der Maschine sei immer nur schlichte Technikfeindlichkeit oder platte Maschinenstürmerei. Schon den Ludditen sei es nicht einfach um eine Zerstörung von Spinnmaschinen gegangen, sondern um den Kampf gegen zwei allgemeinere Phänomene: »Eins war die Konzentration von Kapital, die jede Maschine darstellte, und das andere war die Fähigkeit jeder Maschine, eine bestimmte Zahl von Menschen arbeitslos zu machen«. Letztlich ist es dieser Kampf, in dem Oedipas zeitbasierte Epistemologie verankert ist, und das gedämpfte Posthorn ist ihr Wegweiser zu möglichen Verbündeten.[40]

Die Ablehnung der Zeit

Fünfzig Jahre nach Erscheinen von Pynchons Roman erweitert und vertieft William Kentridge die Temporalisierung des Horns mit seiner Installation *The Refusal of Time*. Die »5-Kanal-Projektion mit Megafonen und einer Atmungsmaschine (Elefant)«, die 2012 zuerst auf der Documenta 13 gezeigt wurde,[41] inszeniert diese Verzeitlichung vor dem Hintergrund der mittlerweile fortgeschrittenen Techniken medialer Kommunikation. Wie

Pynchon interessiert sich auch Kentridge für die Geschichte der Medien. Angesichts der zunehmend globalisierten Infrastruktur des Internets ist der historische Bezugspunkt seiner Installation aber nicht länger der traditionelle Postdienst, sondern das weltweite Netz von Verbindungen für elektrische Telegrafie, das in der zweiten Hälfte des 19. Jahrhunderts von den westlichen Industrienationen eingerichtet wurde (Abb. 7). Dieses Netz aus Überland- und Unterwasserkabeln, das Stromquellen, Sende- und Empfangsstationen sowie eine ungeheure Menge von Telegrafenmasten umfasste, bildet sozusagen den Erdmantel von *The Refusal of Time*, jenes Gewebe, in dem die Installation sich als ein komplexes Arrangement von Körpern und Bewegungen, von Wörtern und Bildern, von Zeichnungen und Gedanken entfaltet (Abb. 8).

Das Kasseler Publikum, das sich von diesem Mantel einhüllen ließ, fand sich in einem überaus beziehungsreichen Zeit-Kino wieder, das zugleich als Tanztheater und als politische Arena, aber auch als Atelier des Künstlers fungierte. In dieser höhlenartigen Vielheit, die ähnlich abseits von den herrschenden Geschwindigkeitsregimen zu liegen schien wie der Parkplatz, von dem aus Oedipa auf San Narcisco blickt, avancierten Hörner und hornartige Instrumente – das Megafon, die Trompete, die Tuba – zu Symbolen für eine Distanzierung von der globalisierten Internetkultur des 21. Jahrhunderts, aber auch zu Emblemen für eine Eigenzeit der Kunst, die – zumindest im Verständnis der damaligen Documenta-Chefin Carolyn Christov-Bakargiev – zugleich eine »Zeit der Materialien« ist.[42]

Der Aufbau der Installation war vergleichsweise einfach. Den fünf Videokanälen entsprachen fünf Projektionsflächen innerhalb eines rechteckigen Raums, der sich im alten Nordflügel des Kasseler Hauptbahnhofs befand. Die Projektionen auf den weiß gestrichenen Backsteinwänden reichten von der Decke bis fast an den Boden. Jeweils zwei der Videokanäle liefen nebeneinander auf den beiden längeren Seiten des Raumes, der fünfte an der kürzeren Kopfseite. Vorübergehend auch als Splitscreens verwendet, dienten die Projektionsflächen zur Präsentation von ineinanderfließenden Filmstücken in Farbe und Schwarz-Weiß, die in der komplexen

Montage von Catherine Meyburgh teilweise synchron, zumeist aber mit zeitlicher Versetzung gezeigt wurden. Zunächst waren nur einzelne Dinge und Personen sichtbar, die sich im Rahmen von zusehends länger werdenden Sequenzen miteinander verbanden, um nach einer buchstäblich explosiven Engführung neue Formen auszubilden, die abschließend wieder im Dunkel der Höhle verschwanden.

Im Zentrum des Raums stand eine kinetische Holzskulptur. Im unterem Teil dieser »Atmungsmaschine (Elefant)« bewegten sich zwei rechteckige Gitterkästen wie auf einer kurzen Eisenbahnstrecke aufeinander zu und voneinander weg, als ob sie den Kasseler Bahnhof aus der Umgebung ins Innere der Installation holen wollten. Der obere Teil der Maschine bestand aus einem seitlich angebrachten Rahmengestänge, das sich quer zu den Gitterkästen bewegte. Der längere Abschnitt der drei Rahmenstangen, die unten jeweils über ein Gelenk verfügten, schwankte vor und zurück, während das obere, kürzere Segment, das ebenfalls an einem Gelenk befestigt war, auf und ab wippte. Der künstliche Elefant im Zentrum atmete also nicht nur, er bewegte auch Kopf und Rüssel nach oben und wieder nach unten.

Dem Grundschema dieses Aufbaus entsprechend verteilte sich das Publikum im Zwischenraum von Atmungsmaschine und Projektionsflächen. Neben einigen Stühlen war eine Handvoll blank polierter Megafone auf dreibeinigen Stativen über diesen Zwischenraum verteilt. Aus diesen hornartigen Gebilden, die in unterschiedliche Richtungen zeigten (nach oben, nach unten, zu den Projektionsflächen hin, von ihnen weg), kam nicht nur der Soundtrack, der die Bewegungsbilder begleitete: die Geräusche, die Stimmen und die von Philip Miller komponierte Musik. Wie wir noch genauer sehen werden, verband und verknüpfte das Motiv des Horns auch die räumlichen und bildlichen Bestandteile der gesamten Installation.

Einmal im Raum angekommen, erwartete die Besucherinnen und Besucher die Vorführung eines etwa halbstündigen Stücks. Tatsächlich ist »Stück« der treffende Ausdruck, denn Kentridges Installation war nur die Momentaufnahme eines künstlerischen Prozesses, der, durch Kuratoren angestoßen, von einem Dialog mit dem Physiker und Wissenschaftshistoriker Peter Galison seinen Ausgang nahm, über die Performance der *Sechs Zeichenstunden* führte, die Kentridge an der Harvard-Universität zeigte, sich zwischenzeitlich in einer experimentellen Fernsehfassung von *The Refusal of Time* niederschlug, um dann in der Aufführung von *Refuse the Hour*, der Theaterversion der Installation, einen vorläufigen Abschluss zu finden.[43] Tatsächlich erschließt sich die Vielschichtigkeit der Installation erst, wenn dieser Prozess der künstlerischen Recherche mit in Rechnung gestellt wird. Kentridge fordert von den Betrachterinnen und Betrachtern seiner Arbeit also deutlich mehr, als sich kurzfristig durch ein Kunsterlebnis entschleunigen zu lassen.

Das wird auch daran deutlich, dass Zeit in dieser Installation *nicht* als abstraktes Herrschaftsinstrument gezeigt wird. Zwar werden die Standardisierung von Zeit und die Beschleunigung der Kommunikation durchaus als Teil jener dialektischen Geschichte der Aufklärung begriffen, deren »wichtigste politische Folgeerscheinung«, Kentridge zufolge, der Kolonialismus ist.[44] Angelehnt an Galisons Studie über Einsteins Uhren wird in diesem Sinne etwa der Sachverhalt reflektiert, dass die telegrafische Übermittlung von standardisierter Zeit im späten 19. Jahrhundert auch dazu diente, die englischen und französischen Kolonien in Afrika einem Regime der Kommunikation und Kontrolle zu unterwerfen.[45]

Dennoch erscheint Zeit als ein lokal verankertes und materiell sowie körperlich gebundenes Phänomen, das nicht per se gut oder schlecht ist. Eben deshalb beginnt Kentridges Stück nicht mit einer allmächtigen Uhr, sondern mit einzelnen Dingen und Personen, die mehr oder weniger regelmäßige Bewegungen ausführen: so etwa das anfängliche Hin und Her der Metronompendel, die zunächst synchron laufen, sich dann aber doch dazu entschließen, gemeinsam zu musizieren; oder das Gehen und Stehen des Künstlers im Atelier, sein Hinsetzen und Aufstehen, während er Blätter betrachtet und verwirft, erneut betrachtet und erneut verwirft; oder – gleichsam im Gegenzug dazu – das Umblättern von Seiten in alten Büchern oder Atlanten sowie in Skizzenheften von heute.

Die Akzentuierung von Bewegung verwischt die Differenz zwischen humanen und nonhumanen Akteuren. Ein Signalbaum aus den Zeiten der optischen Telegrafie verwandelt sich in einen tanzenden Körper. Der dicke Bauch eines ganz in Weiß gekleideten Manns wippt uns als Globus entgegen. Der Künstler, dessen Stimme aus dem Off Zeitangaben vorliest, wird zu einer »sprechenden Uhr«.[46] Die Ordnung der Metamorphose, die in der Serie der *Drawings for Projection* (1989–1999) dazu geführt hatte, dass eine Katze zu einem Telefon oder eine Kaffeekanne zu einem Grubenschacht wurde, ist also einem Regime der Kinematik gewichen, das unterschiedlichste Entitäten miteinander verbindet. Das »allgemeine Äquivalent«, das Rosalind Krauss zufolge den fließenden Verwandlungen in Kentridges gefilmten Kohlezeichnungen zugrunde liegt, erscheint hier in Gestalt rhythmisierter und getakteter Bewegungen.[47]

Auch die Bilder sind diesem Regime unterworfen. Das ist die medientechnische Voraussetzung des gesamten Stücks, wird während seines Ablaufs aber auch eigens betont. So entsteht aus scheinbar zufällig daliegenden Zeitungsschnipseln eine weibliche Figur, die zunächst tanzt, sich dreht, streckt und beugt, dann aber zu einem Espressokocher und im nächsten Moment zu einem (Uhr-)Pendel wird. Aus einer verstreuten Masse schwarzer Papierflocken formt sich das Bild einer Schreibmaschine, um gleich darauf wieder aufgelöst und in eine liegende Frau verwandelt zu werden, die sich danach erneut auflöst und wenig später als Megafon erscheint (Abb. 9). Besonders eindrücklich ist eine Sequenz im Stil der *Drawings for Projection*, die zeigt, wie optische Telegrafenlinien sich in das Kabelnetz der elektrischen Telegrafie verwandeln, um kurz darauf in eine globale Ausstrahlung von elektromagnetischen Wellen überzugehen. Prägnanter lässt sich die Technikgeschichte des »ätherischen« Miteinanders, von dem Teilhard und McLuhan sprechen, kaum darstellen.[48]

Kentridge intensiviert die expliziten Bezüge auf das Bewegungsbild noch weiter, wenn er kurze Handlungssequenzen in Schwarz-Weiß zeigt, die formal an die Ära der Stummfilme erinnern. Das Ruckeln der Filmbilder überführt die Dinge und Personen, die bis zu diesem Punkt getrennt präsentiert wurden, in zeitbedingte Kombinationen und Konfrontationen: Ein Mann kommt früher als erwartet von der Arbeit nach Hause und erwischt seine Frau mit einem Liebhaber. Eine Blaskapelle gibt ein wildes Konzert, scheint aber dennoch einem bestimmten Takt zu folgen.

In weiteren Sequenzen wird verdeutlicht, dass solche dynamischen Gefüge von Dingen und Personen auch der Produktion und Distribution von standardisierter Zeit zugrunde liegen. In einer Sternwarte betrachtet ein Astronom ein Modell von Planetenumlaufbahnen, während seine Assistentin durch ein Fernrohr blickt, um präzise Zeitbestimmungen vorzunehmen. Daneben arbeitet ein Mechaniker in einem Kontrollraum für ein System elektrischer Uhren, mit dem die Zeitsignale der Sternwarte an Schulen, Fabriken oder ganze Städte gesendet werden können (Abb. 10). Im benachbarten Kartenraum bemalt ein Kartograf einen weißen Körperglobus, während in einem Telegrafenbüro zwei Arbeiter eine ziehharmonikaartige Luftdruckmaschine bedienen, mit der Rohrpostbriefe und Zeitsignale versendet werden.

Gegen diese Arbeit mit und an der Zeit regt sich allerdings auch Widerstand. Unweit der Sternwarte bastelt ein anarchistisches Pärchen an der Herstellung einer Bombe. Wenig später erfasst eine Explosion alle Räume. Telegramme und Karten, Buchseiten und Bilder wirbeln durch die Luft wie zuvor die schwarzen Papierflocken.

Dieser Tumult ruft Tänzerinnen auf den Plan – in erster Linie: Dada Masilo –, die mit ihren wirbelnden Kleidern die Räume der Wissenschaft und Technik in Besitz nehmen. Schnell wird jedoch deutlich, dass es keinen einfachen Sieg über die Zeit gibt. Über die Bewegungen schlägt sie sich nämlich nicht nur in Uhren und Telegrafen nieder, sondern ist auch in den Tanz und in die Musik, in die Sprache und in die Bilder eingeschrieben.

Das zumindest suggeriert der Schluss des Stücks, der eine über alle fünf Projektionsflächen wandernde Reihe von Schatten zeigt. Langsamen Schrittes bewegt sich ein dunkler Zug von Personen und Dingen in einen weiteren Wirbel von schwarzen Papierflocken hinein. In einer Art Exodus tragen, ziehen oder schieben die Überlebenden der Zeit-Explosion jene

Gegenstände, mit denen sie im Verlaufe des Stücks hantierten, in die Dunkelheit hinaus: Uhren, Telefone, Telegrafenmasten, Duschen, Schreibmaschinen, Fahrrad-Räder und immer wieder Hörner, in allen möglichen Formen und Formaten: als Megafon, als Posaune, als Lautsprecher, als Tuba (Abb. 11).

Dass diese Dunkelheit nicht einfach ein Abgrund, ein Tod oder ein Schwarzes Loch ist, sondern durchaus für einen Aufbruch oder einen Neubeginn steht, macht der Epilog deutlich. In ihm tanzen eine Frau und ein Globus im Kartenraum unbeschwert miteinander. Das ist Kentridges Fassung der Dialektik der Aufklärung. Sie beinhaltet die Einsicht, »dass die Dinge erst durch Dunkelheit und Schatten für uns sichtbar werden« – und nur dann neu geordnet werden können.[49]

Luft als Medium der Zeit

Der Tendenz zur einfachen Entschleunigung wirkt *The Refusal of Time* also durch eine komplexe Montage von Bewegungsbildern entgegen. Kentridge selbst spricht in diesem Zusammenhang von einer »chaotischen Serie von sich überschneidenden Filmen, Tänzen und Zeichnungen«.[50] Der schlichten Rückbesinnung auf die Eigenzeit der Betrachterinnen und Betrachter schiebt die Installation dadurch einen zusätzlichen Riegel vor, dass sie eine Fülle von Referenzen auf die Kunst- und Kulturgeschichte enthält, einschließlich früherer Arbeiten des Künstlers.

Der gesamte Aufbau der Installation und besonders die Schatten am Schluss verweisen natürlich auf das platonische Höhlengleichnis, ebenso allerdings auf Kentridges Arbeit *Shadow Procession* (1999), die ihrerseits auf Goyas Darstellung von Prozessionen und Pilgerzügen in den *Pinturas Negras* Bezug nimmt.[51] Man täusche sich aber nicht. Neben solchen gelehrten Anspielungen transportiert die Schattenprozession auch und vor allem Referenzen auf die komplexe, konfliktgeladene Situation in Südafrika. Tatsächlich ruft die Ikonografie dieser Prozession die der politischen Kämpfe und Demonstrationen wieder auf, mit der sich Kentridge schon in den *Drawings of Projection* auseinandergesetzt hatte. Die Hörner, die in beiden Fällen zu sehen sind, beziehen sich jedoch nicht pauschal auf widerständige Aktionen. Konkret evoziert werden die Prozessionen der Shembe Church, deren Mitglieder bei ihren Zusammenkünften traditionell auf langen Hörnern spielen. Kunst, Politik und Religion treten damit in einen komplexen Zusammenhang.[52]

Ähnlich beziehungsreich sind die kurzen, in Schwarz-Weiß gefilmten Handlungssequenzen. Sie stellen nicht nur eine abstrakte Reminiszenz an die Ästhetik des Stummfilms dar, sondern sind konkret an den Filmen von Georges Méliès orientiert, mit denen sich Kentridge schon in *Journey to the Moon* (2003) und *7 Fragments for Georges Méliès* (2003) beschäftigt hatte. Die Sternwarte in *The Refusal of Time* spielt sicherlich auf die Anfangssequenz von *Voyage dans la lune* an. Zusammen mit dem Telegrafenbüro und dem Kartenraum ist dieses Observatorium aber zugleich als Bezugnahme auf die wissenschaftshistorischen Studien von Galison zu verstehen, der die Bedeutung solcher Räume des Wissens und der Technik für die Entstehung der Einstein'schen Relativitätstheorie herausgestellt hat.[53]

Mit einer künstlerischen Vermittlung von Wissenschaftsgeschichte hat das freilich nichts zu tun. Das Material der Geschichte steht bei Kentridge im Dienst einer Visualisierung von Gegenwart. Der Künstler ist sich vollkommen darüber im Klaren, dass die »relativistische« Korrektur der Zeitsignale, die von heutigen Satelliten gesendet werden, eine wesentliche Voraussetzung für das präzise Funktionieren des Global Positioning Systems (GPS) und ähnlicher Navigationsdienste ist. Einsteins Theorie interessiert also nicht als eine historische Idee, sondern als aktuelle Realität einer Medientechnik, durch die – neben vielem anderen – auch die Kolonialisierung der Welt vorangetrieben wird.[54]

Weitere Referenzen kommen hinzu. Die Metronome am Anfang des Stücks greifen auf Ligetis Metronom-Konzert *Poème symphonique* zurück und auf Man Rays *Object to be destroyed*, das ebenfalls auf der Documenta gezeigt wurde.[55] Der tanzende Telegrafenbaum erinnert einerseits an eine weitere Arbeit Goyas, die Zeichnung *Telégrafo*, die einen kopfüber auf einem Tisch liegenden Mann zeigt, der mit seinen Beinen wilde Signale in die Luft tanzt. Andererseits ist das Element des Tanzes als Reflex auf eines der Leitmotive der Documenta zu verstehen, die sich programmatisch als eine komplexe »Choreographie« unterschiedlichster künstlerischer und wissenschaftlicher Arbeiten verstand.[56]

Das anarchistische Pärchen schließlich, das gegen Ende eine Bombe zusammenbaut, ist eine Reminiszenz an Joseph Conrads Roman *Der Geheimagent*, der die Vorbereitung eines Bombenanschlags auf die Sternwarte von Greenwich zum Inhalt hat (und später angeblich den »Unabomber« alias Ted Kaczynski zu seinen technikfeindlichen Attentaten motivierte).[57] Ähnlich wie das Posthorn bei Pynchon kann das Motiv des Anschlags aber auch als Anspielung auf die Maschinenstürmerei der Ludditen begriffen werden.

Die ungezählten Verweise, mit denen *The Refusal of Time* aufwartet, laufen natürlich Gefahr, die Installation zu überfrachten. Allerdings sind sie nur scheinbar gesucht oder beliebig. Insofern sich diese Installation nämlich als »Collage aus Fragmenten diverser Modernismen« begreifen lässt,[58] ist ihr Beziehungsreichtum wiederum an jenen situierten Kontext zurückzubinden, in dem Kentridge seit Langem arbeitet. Wie der Künstler selbst erklärt, besitzt Johannesburg »keine eigenen Traditionen, die weit zurückreichen«.[59] Der »kulturelle Synkretismus«, der für diese Stadt ebenso charakteristisch ist wie für das hier infrage stehende Werk, ist insofern weder als ein Resultat von übertriebener Gelehrsamkeit noch von postmoderner Wahllosigkeit zu begreifen, sondern im Gegenteil als selbstbewusster Hinweis auf die historisch gewachsene Besonderheit eines geopolitischen Raumes.

Vielleicht kann man sogar so weit gehen, in diesem Hinweis die reflektierte Inanspruchnahme von sich überlagernden Zeitschichten zu erkennen, wie sie als generelles Charakteristikum postkolonialen Daseins beschrieben worden sind: »Als Epoche umfasst die Postkolonie in Wahrheit vielfältige Zeiträume, die aus überlappenden, ineinander verschachtelten und sich umschließenden Diskontinuitäten, Umstürzen, Trägheiten,

Schwankungen bestehen.«[60] Die Relativität der Zeit wäre damit nichts anderes als eine gelebte Wirklichkeit des südafrikanischen Alltags.

Der Tatsache, dass *The Refusal of Time* den zentrifugalen Kräften, die sie mit ihren Bewegungsbildern freisetzt, auf einer anderen Ebene entgegenwirkt, wird damit allerdings noch nicht Rechnung getragen. Natürlich enthält auch die zentral platzierte »Atmungsmaschine (Elefant)« ein ganzes Bündel von Referenzen. Sie ist zum einen eine explizite Hommage an die *Honigpumpe* von Beuys, die 1977 auf der Documenta gezeigt wurde, spielt zum anderen aber auf den *Luft-Webstuhl* von James Tilly Matthews, die »Atmungsmaschine« auf den ersten Seiten des *Anti-Ödipus* und ähnliche Beeinflussungsapparate an.[61]

Auch hier ist aber eine Präzisierung möglich und nötig. Wie Kentridge wiederholt erklärt hat, lehnt sich die Gestaltung seiner Atmungsmaschine nämlich an eine Schilderung von Charles Dickens an. In *Harte Zeiten* beobachtet Dickens in einer Textilfabrik, dass der Kolben der dort installierten Dampfmaschine »eintönig auf- und niederarbeitete wie der Kopf eines Elefanten im Zustand trübsinniger Narrheit«.[62] Wenn Kentridge diesen Vergleich aufgreift, um ihn zum Ausgangspunkt für seine Gestaltung der Atmungsmaschine zu machen, wird daraus ein prägnantes Bild für jene ökonomischen Abhängigkeitsverhältnisse, die der Kolonialismus hervorbrachte und verstärkte (Abb. 12).

Eben dieses Bild trägt nun wesentlich dazu bei, die Installation zusammenzuhalten. Einerseits verbindet sich der Körper des künstlichen Elefanten mit den Bildern auf den Projektionsflächen durch die Schattenspiele, die die sich bewegenden Rahmenstangen und Kästen auf den Bildern hinterlassen. Andererseits werden auch kurze Filmsequenzen in Farbe projiziert, die das Funktionieren einzelner Aspekte der zentralen Maschine aus der Nähe zeigen. Parallel dazu wird die Verbindung zwischen Zentrum und Peripherie über das Motiv des Horns betont. Es tritt in einer regelrechten Staffelung auf.

Als materiell realisiert erscheint es zunächst in den Megafonen, die auf Stativen im Raum verteilt sind. Sodann wird es akustisch durch die

Begleitmusik transportiert, die aus den Megafonen erklingt. Sie setzt vor allem auf Blasinstrumente wie Trompete, Flügelhorn, Posaune und Tuba. Dann taucht das Horn-Motiv in den Filmen auf. Zuerst erscheint eine Tuba im kurzen Melodram während des ersten Drittels, wo das Instrument auf magische Weise den unter einer Tischdecke versteckten Liebhaber ersetzt. Neben der Schreibmaschine und dem Espressokocher taucht das Megafon sodann als einer der Gegenstände auf, die sich in schwarze Papierflocken auflösen. Und in Gestalt kegelförmiger Hauben oder Ohrschützer ist das Horn-Motiv bei den zwei Tänzerinnen zu finden, die durch die zerstörte Uhrenzentrale tanzen.

Die prominente Rolle des Horns bei der Verdichtung der gesamten Installation ist kein Zufall. Tatsächlich zählen Megafone, Lautsprecher und Blasinstrumente zu den Leitmotiven von Kentridges Arbeit, ebenso wie beispielsweise die Katze, die Persona des Künstlers oder Blätter aus alten Büchern, Zeitschriften und Atlanten.[63] Schon in den *Drawings for Projection* taucht das Horn-Motiv wiederholt auf. So verwandeln sich in *Monument* (1990) die Zettel, von denen Soho Eckstein eine Rede abliest, in Megafone (Abb. 13). In *Sobriety, Obesity and Growing Old* (1991) bevölkern Lautsprecher, Hörrohre und tubaähnliche Gebilde die Landschaften, in denen Felix Teitlebaum, Ecksteins Gegenspieler und Alter Ego, zu Hause ist (Abb. 14). Gleichzeitig sind diese Gebilde auf den Dächern der Hochhäuser von Eckstein zu sehen. In einer bemerkenswerten Sequenz tragen sie, ähnlich wie die Posaunen von Jericho, zum Einsturz der städtischen Gebäude bei und bekräftigen damit die politischen Konnotationen des Motivs.

In einem Interview von 1999 erklärt Kentridge, dass er sich bei der Verwendung dieses Motivs durch Gemälde von Max Beckmann und Fotografien von Konzerten italienischer Futuristen hat anregen lassen (Abb. 15 und 16). Auch eine Abbildung, die Lenin zeigt, wie er bei einer Schallplattenaufnahme in einen Trichter spricht, habe ihn dazu motiviert (Abb. 17). Eine explizite politische Positionierung verbindet sich mit diesem Motiv dennoch nicht. Kentridge zufolge handelt es sich beim Megafon um eine allgemeine Chiffre für die Verbindung von Kunst und Leben.[64]

In *The Refusal of Time* ist das ganz buchstäblich zu verstehen. In ihrer Staffelung verweisen die Hörner auf die Atmungsmaschine zurück, die tatsächlich so etwas wie das lebendige Zentrum, die Lunge oder das Herz der gesamten Installation darstellt. Allerdings geht es Kentridge um mehr, als eine abstrakte Analogie zwischen dem präzisen Ticken von Uhren oder Metronomen und dem mehr oder weniger regelmäßigen Ein- und Ausatmen von Organismen zu etablieren. Die Analogie, auf die er zurückgreift, ist zugleich historisch und materialistisch fundiert.

Die Sequenz mit den schwarzen Papierflocken macht es deutlich. Über der rasanten Blasmusik, die diese Sequenz begleitet, erklärt Kentridge mit seiner »Springbok Radio Voice«, dass im 19. Jahrhundert nicht nur Elektrizität dazu verwendet wurde, um Zeitsignale von A nach B zu senden. Auch Luft wurde zu diesem Zweck eingesetzt. In der Tat wurden in den 1880er-Jahren in Großstädten wie Paris und Wien Uhrensysteme installiert, die die auf den Sternwarten präzise bestimmte Zeit mithilfe von unterirdisch verlegten Röhren über das gesamte Stadtgebiet verteilten. Auf öffentlichen Uhren und in privaten Wohnungen rückten die Zeiger weiter, sobald sie einen Luftstoß aus der mit der Sternwarte verbundenen Pressluftzentrale erhielten.[65]

Luft erscheint an dieser Stelle als Medium der Zeit, als die Instanz oder – mit Deleuze und Guattari gesprochen – der Strom (*flux*), der Maschinen und Organismen immer schon verbindet, bevor sie sich als separate Entitäten gegenübertreten. Dementsprechend würden Megafone, Lautsprecher und Blasinstrumente für eine Wiederaneignung der Zeit durch den menschlichen Körper stehen. Gegen eine vorherrschende Technik der Kommunikation bindet das, was McLuhan den »Duft der Zeit« genannt hat,[66] die Hörner als technische Objekte wieder an das Verhalten und Erleben der Subjekte zurück. Die Frage ist nur, welcher Körper damit ins Spiel gebracht wird: ein ganzheitlicher Leib oder einzelne, abgegrenzte Organe, die gegenwärtig ›zu kurz kommen‹ – das Ohr oder etwa die Nase, für die Kentridge sich in letzter Zeit interessiert – oder etwas vollständig anderes?

Noch an dieser Stelle können sich die Betrachterinnen und Betrachter von *The Refusal of Time* auf die anfängliche Position von Pynchons Oedipa zurückgeworfen fühlen. Auch bei Kentridge erscheint das Horn bisher vor allem als Hieroglyphe, als ein beziehungsreiches Zeichen für »Underground-Gruppen«,[67] die zwar ganz offensichtlich versuchen, sich einem herrschenden Betrieb zu entziehen, ohne aber deutlich werden zu lassen, worin dieser Entzug genau besteht und wohin er eigentlich führt.

Erst eine weitere Metamorphose versieht das Horn mit einer genaueren Bedeutung. Eine der kinetischen Skulpturen, die für die Installation gebaut wurden, kombiniert ein Megafon nämlich mit einem Duchamp'schen Fahrrad-Rad (Abb. 18). Auf einem Stativ neben dem Rad angebracht wechselt das Horn in dieser Metamorphose vom pneumatischen ins optische Register: Während das Fahrrad-Rad für die Filmrolle (oder, wie bei Duchamp, für das Bewegungsbild) steht, wird das Megafon zum Objektiv einer Filmkamera oder eines Filmprojektors. Tatsächlich steht Kentridge dem Modus der Projektion mit sehr viel weniger Vorbehalten als Pynchon gegenüber. Während dieser, wie wir gesehen haben, in der Projektion eine Strategie der Verhüllung und einen Zustand der Unschärfe erkannte, fungiert sie bei Kentridge als Chiffre für diejenigen Praktiken, die zumindest das Künstler-Subjekt aus der platonischen Höhle der Aufklärung herausführen können.

Für Kentridge ist nicht die Projektion als solche das Problem, sondern ihre gesellschaftliche Aufteilung. »Jeder/m sein eigener Projektor« lautet ein programmatischer Slogan des Künstlers, der sich gegen jede einseitige Vereinnahmung und die soziale Standardisierung des Projizierens richtet.[68] Tatsächlich erscheint in seinen jüngeren Arbeiten immer wieder das filmende oder projizierende Horn an der Stelle des individuellen menschlichen Kopfs. Auch *The Refusal of Time* nimmt diese Programmatik auf, denn die Installation thematisiert nicht allein die Bedeutung der Relativitätstheorie für die globalisierte Medientechnik der Gegenwart, sondern befasst sich ebenso aktualitätsorientiert mit der Vor- und Frühgeschichte der Kinematografie.

In der Tat entwirft Kentridge in seiner Installation eine regelrechte Archäologie des Kinos. So steht die Prozession der Schatten für die früheste Form der projizierten Bewegungsbilder, das fortwährende Umblättern von Buchseiten für das Daumenkino, die Endlosschleifen, die das Gehen oder Aufstehen und Hinsetzen des Künstlers zeigen, für die Bewegungsstudien von Marey und Muybridge sowie für die Ansichten von Bewegungsbildern, die andere optische Spielzeuge aus der Vorgeschichte des Kinos vermitteln (stroboskopische Scheiben, Phenakistiskop usw.).[69] Wie bereits bemerkt, ist ein Teil der Stummfilmsequenzen der Filmästhetik von Méliès verpflichtet. Der Tanz im zerstörten Telegrafenbüro ist dagegen eine Reprise des Serpentinentanzes à la Loïe Fuller, wie er von den Gebrüdern Lumière festgehalten wurde.

Kentridge parallelisiert auf diese Weise aber nicht einfach die Epoche, in der die Relativitätstheorie entstanden ist, mit jener Zeit, in der auch das Kino seinen ersten großen Aufschwung erlebte. Was ihn besonders interessiert, sind die Formen der Zeit, die bis heute für das Medium Film charakteristisch sind. Dadurch erhält auch die durch das Horn symbolisierte Ablehnung der Zeit einen präzisen Sinn.

Die Kinematografie ist eine Form der technischen Reproduzierbarkeit. Sie erlaubt es, Bilder von Bewegungen aufzunehmen und sie als Bewegungsbilder wieder vorzuführen. Schon insofern agiert sie aber im Sinne einer Zurückweisung standardisierter Zeit. Bei Pynchon war die Erinnerung die dritte Zeitform, die Oedipa bei ihrer Suche nach Wahrheit für sich in Anspruch nahm. In Kentridges Epistemologie der Medien steht sie an erster Stelle.

Wie schon die frühe Kinotheorie wusste, ist Film als »eine Objektivierung unserer Gedächtnisfunktion« zu verstehen.[70] Über eine bloße Wiederholung geht das Medium allerdings hinaus. Der Film erlaubt es, wie bei Hugo Münsterberg weiterzulesen ist, »den Fluss der natürlichen Ereignisse durch die Macht des Geistes« neu zu gestalten. Er ermöglicht zum Beispiel, Bewegungsabläufe aufzunehmen, um sie dann rückwärts laufend vorzuführen. Münsterberg beschreibt die Magie dieses Effekts: »Die Taucher springen, Füße voran, aus dem Wasser hinauf auf das Sprungbrett. Es sieht aus wie Zauberei, und doch muß der Kameramann seinen Film nur umdrehen und ihn vom Ende zum Anfang der Handlung ablaufen lassen.«[71]

Wie empfänglich Kentridge für diese »Zauberei« ist, lässt sich daran ablesen, dass er diese Zeitachsenmanipulation in *The Refusal of Time* wiederholt zur Geltung bringt: so etwa bei den Büchern, die sich wie von selbst vom Boden erheben und in der Hand der ertappten Ehefrau landen; bei den Bildern, die sich wie von Geisterhand aus Papierflocken perfekt zusammensetzen; oder bei den Telegrammen, die während des Serpentinentanzes nach oben zu fliegen scheinen, obwohl sie eigentlich herunterfallen.

In den *Sechs Zeichenstunden* spricht der Künstler in diesem Zusammenhang sogar von einem »utopischen Umkehrtrieb«, der mit dem Kino verbunden ist. Dieses Medium erscheint dann nicht nur als Gedächtnis, sondern steht darüber hinaus für eine Art Wiedergutmachung, die in die Zeit zurückgreifen kann: »Was geschehen ist, kann ungeschehen gemacht werden. Ein Schritt nach vorne wird zu einem Schritt zurück.«[72] Genau solche Möglichkeiten sind es, die aus dem Kino eine Ablehnung der Zeit werden lassen.

Der springende Punkt ist nun, dass die Eigenzeiten des Kinos sich nach Kentridge nicht einfach durch die Betrachtung eines Films erschließen. Sie werden auch nicht bloß durch das Medium »verkörpert« und verstehen sich somit gewissermaßen von selbst. Für den Künstler manifestieren sich die spezifischen Zeiten der Kinematografie vielmehr erst durch eine Arbeit im Atelier oder im Filmstudio, die die Verkopplung von Maschinen und Organismen konkret zur Geltung bringt.

Diese Arbeit erkundet mit technischen *und* körperlichen Mitteln den Zwischenraum zwischen dem Dargestellten und der Darstellung. Ihr eigentliches Territorium ist aber der Raum zwischen unterschiedlichen Arten von Darstellungen. Seit den *Drawings for Projection* besteht darin die für Kentridge charakteristische Form der Medienkunst: »Es ist genau dieses Hin- und Herwandern, dieses fortwährende Pendeln zwischen der Filmkamera auf der einen Seite des Ateliers und der an die Wand gehefteten Zeichnung auf der anderen Seite, das das Feld des für Kentridge spezifischen Verfahrens begründet.«[73]

In diesem Raum des Hin-und-Her werden die Zeitformen der Plötzlichkeit und der Vorwegnahme, die bei Oedipa an erster und zweiter Stelle stehen, zusammengeführt und neu ausgerichtet. Einerseits ist Kentridges Verschränkung von Zeichnen, Filmen und Ausradieren, erneutem Zeichnen, erneutem Filmen und erneutem Ausradieren, eine einsame und langsame Prozedur, die sich – anders als etwa beim konventionellen Zeichentrickfilm – der Rationalisierung und Industrialisierung weitgehend entzieht,[74] ganz so wie Oedipa sich auf einem Parkplatz vom Autoverkehr entfernt. Andererseits verhindert diese Verschränkung aber, dass der Körper nur augenblicklich durch Bilder »angesprungen« wird. Der Affekt ist nicht mehr ein passiv erlebter Zustand, sondern manifestiert sich, wie sich mit Guattari sagen lässt, als eine »komplexe subjektive Territorialität«, die sämtlichen Äußerungsakten vorgelagert ist – als Sitz einer Arbeit, einer potenziellen Praxis, die sich auf das Subjekt des Künstlers ebenso bezieht wie auf das ästhetische Objekt.[75]

Konsequenterweise wird Pynchons Vorausahnung bei Kentridge durch eine Form des tentativen Projizierens ersetzt, die auf der Verknüpfung von Maschine und Organismus beruht. Das ist der systematische Ansatz, der in den *Sechs Zeichenstunden* entwickelt wird: »Wir reden von einem Vertrauen ins Körperliche. Das heißt, dass durch die körperlichen Materialien und Techniken – Zeichnen, Filmen, Gehen – neue Gedanken, neue Bilder entstehen werden. Vom Körper geführt zu werden, anstatt sich vom Kopf herumkommandieren zu lassen. Keine wahllose Tätigkeit, sondern Aktion, Probe, Vor- und Aufführung [*performance*], wie sie von der Disziplin selbst erwartet oder gefordert werden.«[76]

Letztlich ist es diese »Praktische Epistemologie«, für die das Horn-Motiv steht und die den Kern von *The Refusal of Time* ausmacht. Im Rahmen dieser Epistemologie gewinnt das Zeichnen bemerkenswert taktile Qualitäten. Eine Zeichnung ist nicht mehr allein das Resultat einer »Mischung aus Sehen und Machen«. Sie ist zugleich ein Schirm oder eine Art Haut zwischen innen und außen: »Eine Zeichnung ist eine Membran zwischen der Welt, die auf uns zukommt, und unserer Sicht der Welt, die wir hinausprojizieren, ein Austausch zwischen uns und der externen Realität.«[77]

Die Relativität der Bilder

Aber nicht nur das Kino, auch das Internet verfügt über eine Eigenzeit. Kentridge zufolge schlägt sich die Zeit dieses Mediums jedoch nicht allein in den koordinierten Geschwindigkeiten nieder, mit der die globale Verbreitung von Daten geschieht, sondern ebenso in einer spezifischen Form von Dauerhaftigkeit. Das Internet erlaubt nahezu global blitzschnelle Kommunikationen, aber es ist auch ein universales Archiv: »Alles wird in einem Gedächtnis abgespeichert. Das ist ebenso unvermeidbar wie die Idee, dass kein Tastendruck spurlos verschwindet. Was getan ist, lässt sich nicht mehr rückgängig machen.«[78]

Mit solchen Überlegungen verdeutlicht Kentridge die Aktualität seiner Epistemologie. Zunächst verfährt er dabei wie ein Bildwissenschaftler. Es ist nur ein kurzer Moment, dafür ist er umso eindrücklicher, denn er führt uns nach Südafrika zurück. In der Sequenz aus *The Refusal of Time*, in der aus schwarzen Papierflocken unterschiedliche Alltagsgegenstände zusammengefügt werden, um durch den Lufthauch der wieder zurückgespulten Zeit weggeblasen zu werden, taucht ein Nashorn auf (Abb. 19).

Seit seinen frühesten Arbeiten hat Kentridge sich mit diesem Motiv immer wieder beschäftigt.[79] In *The Refusal of Time* wird der Anblick des archaisch wirkenden Tieres zum einen aufgerufen, um eine »Verbindung zu einer lange vergangenen Urzeit« herzustellen und auf diese Weise die Relativität von Zeit noch weiter zu profilieren.[80] Zum anderen spielt Kentridge bewusst auf Dürers Darstellung des Rhinozeros an, um die historischen und gesellschaftlichen Bedingungen für die (Nicht-)Wahrnehmung des Fremden, des zeitlich und räumlich Entfernten zu thematisieren.

In den *Sechs Zeichenstunden* wird das ausführlich erklärt. In offenkundiger Anlehnung an Ernst Gombrich führt Kentridge dort aus, dass unser Blick auf das Nashorn untrennbar mit den Bildern verbunden ist, die wir uns seit Langem von diesem Tier gemacht haben, selbst wenn wir es – wie Dürer – nie lebendig gesehen haben. Unter Bezugnahme auf die berühmte Zeichnung von 1515, aber auch auf das stärker phallisch zentrierte, allerdings weniger wirkungsmächtige Nashorn-Gemälde von Pietro Longhi (1751) spricht der Künstler davon, dass auf den »Panzerplatten« dieses Tieres »langlebige Vorstellungen« von dem lasten, was ein Rhinozeros ist oder sein kann.[81] Demnach gibt es keinen unschuldigen, direkten Blick, weder auf das Nashorn noch auf Afrika. Unser Sehen ist immer schon durch Zeichnungen und Gemälde geprägt – und durch die Medien, die zur Verbreitung dieser Bilder beigetragen haben und immer noch beitragen: vom Holzschnitt, auf den Dürer setzte, über illustrierte Bücher, Fotografien und Filme bis hin zum Internet.

Die Aktualität von Kentridges praktischer Epistemologie ist damit nur vorläufig umrissen. Gegen die Bilderflut der Gegenwart besteht sie darauf, durch geduldiges Zeichnen, Radieren und Neuzeichnen – man könnte auch sagen: Wiederholen, Erinnern und Durcharbeiten – sich buchstäblich vorzutasten zu eigenen Bildern, und zwar unabhängig davon, ob der Ausgangspunkt von Dürers *Rhinocerus* geprägt wurde, von Méliès' *Voyage dans la lune* oder aber von den Fotografien des Massakers von Sharpeville, die Kentridge als Kind auf dem Schreibtisch seines Vaters entdeckte.

Um die Aktualität seiner Epistemologie enger zu fassen, wechselt Kentridge vom bildwissenschaftlichen ins wissenschaftshistorische Register. In der Sequenz über den tanzenden Telegrafen, der sich in ein ätherisches Netzwerk von Sendern und Empfängern verwandelt (Abb. 20), resümiert seine Stimme die Spekulationen über Raum, Zeit und Ewigkeit, die Felix Eberty in den 1840er-Jahren veröffentlichte und die der junge Albert Einstein fasziniert zur Kenntnis nahm. Die Auseinandersetzung mit der Relativitätstheorie erhält dadurch eine neue Wendung. Für Kentridge ist es nicht mehr nur die materielle Kultur der Uhrenkoordination, von der der maßgebliche Anstoß für Einsteins epochalen Aufsatz von 1905 ausging. Es sind die deutlich früher von Eberty entwickelten Überlegungen zur Weitergabe und Speicherung von Bildern, die einen mindestens ebenso wichtigen Impuls dazu gegeben haben.[82] Die Relativität der Zeit verbindet sich so mit der Relativität der Bilder.

In der besagten Sequenz erklärt die Stimme von Kentridge, Eberty sei vor dem Hintergrund der zeitgenössischen Messungen zur Lichtgeschwindigkeit zu der Auffassung gelangt, dass der gesamte Weltraum als ein »Universalarchiv von Bildern« zu verstehen sei: »Alles, was auf der Erde geschehe, finde sich im Weltall wieder. In der Nähe eines Sterns in 2.000 Lichtjahren Entfernung könne man Jesus Christus am Kreuz sehen. In der Nähe eines Sterns in 500 Lichtjahren Entfernung schlage Luther seine Thesen an das Kirchenportal in Wittenberg. Jede heroische oder schändliche Handlung, jede heimliche Tat sei dort zu finden.«[83]

Es ist bekannt, dass diese Vorstellung eines allumfassenden Bildarchivs durch die von Charles Babbage im Bridgewater-Fragment entwickelte Idee angeregt worden ist, dass die Luft, weil sie alle Schallwellen der Vergangenheit enthalte, als »eine gewaltige Bibliothek« (*one vast library*) zu betrachten sei. Die Luft als Medium der Zeit begegnet uns hier wieder. Ebenso bekannt ist, dass Ebertys Überlegungen um 1900 zur Konzeption eines kosmischen Kinos ausgeweitet wurden. Wissenschaftsschriftsteller wie Camille Flammarion, aber auch Philosophen wie Henri Bergson griffen die Vorstellung auf, dass das von der Erde abstrahlende Licht einen kontinuierlichen Strom von Bildern ins Weltall schickt, um daraus die populäre Vorstellung eines »Himmelskinos« oder die philosophische Auffassung der Materie als einer dynamischen Gesamtheit von Bildern zu bilden.[84]

Kentridge schließt an diese Überlegungen und Betrachtungen an, um den Status der Bilder im Zeitalter des mobil genutzten Internets zu beschreiben: »Wir übertragen uns ständig alle selbst, nicht nur hier auf der

Bühne, sondern im ganzen Universum. Mit jedem Atemzug übermitteln wir unsere Bilder und uns selbst und die Spuren der Übertragung unserer Bilder. [...] Wir sind Sendestationen und Empfangsstationen, stets erfüllt von dem, was uns erreicht: Bilder, Klänge, Fragmente, die durch die Welt, durch das Universum fliegen.«[85]

Es ist die medientechnische Bedingung des drahtlosen Versendens und Empfangens, auf die Kentridge mit seiner Epistemologie antwortet: »Die Luft ist voller Bilder.«[86] Damit sind die dominanten Formen der Drahtlosigkeit ebenso gemeint wie die zweifelhaften Versprechungen von *cloud computing* und Internet-Ballons. Kentridge geht es also nicht nur allgemein um eine selbstbestimmte Produktion von Bildern. Sehr viel spezifischer wendet er sich gegen die globale Ablösung der digitalen Bilder von den Materialien, den Körpern und den Landschaften, die ihnen zugrunde liegen – was sich abschließend auch durch eine weitere Radierung von Markus Raetz zu Roussels *Eindrücken aus Afrika* pointieren lässt (Abb. 21).

Ein naiver Feind der Digitalisierung oder des Internets ist Kentridge allerdings nicht. Seine Praxis der Aufführung, Aufzeichnung und Wiederaufführung ist, sofern es um die Bewegungsbilder des eigenen Körpers geht, offensichtlich der Verfügbarkeit von digitalen Filmkameras verpflichtet, und eine seiner letzten Publikationen erlaubt es, die herkömmliche Lektüre zu erweitern, indem über ein Smartphone, das als eine Art Leselupe verwendet wird, einzelne Abbildungen via Internet in Bewegtbilder verwandelt werden.

Kentridge hat aber deutlich erkannt, dass die mobil genutzten Bildmedien einen massiven Eingriff in den Zusammenhang von Subjektivität und Zeit bedeuten: »Keine Geste ist zu einfältig, um mit 299.000 Kilometern pro Sekunde verbreitet zu werden. Das Universalarchiv der Bilder wird zu einer übervollen Ansammlung kläglicher, überschüssiger Bilder. Wir sind gefangen, wollen uns einerseits ausbreiten. *Hier bin ich.* Und wollen andererseits jede Tat und so viele Handlungen aufhalten, rückgängig machen, annullieren und auslöschen. Wollen sie ungetan, ungesagt, ungesichert, unerinnert, ungeschehen machen.«[87]

Genau deswegen zielt seine Arbeit mit und an den Bildern auf die Herstellung einer affektiven »Territorialität«. Kentridge hat begriffen, dass erst die Konstruktion eines solchen Terrains die Möglichkeit eröffnet, die dominanten Formen der Zeit abzulehnen, um im körperlichen Zusammenspiel mit Kohlestift und Papier, mit Druckerpressen, Kameras und Projektoren eigene Zeiten zu bestimmen, zu beanspruchen und zu behaupten. Im Kleinen wie im Großen, in seinem Atelier in Johannesburg wie in der Stadt Johannesburg erfolgt dies durch ein »Ensemble von materiellen Praktiken, Zeichen, Figuren, Aberglauben, Bildern und Fiktionen«.[88]

Auch und gerade im Zeitalter der Digitalisierung insistiert Kentridge daher auf einer individuellen, zugleich technischen und körperlichen Kultur des Umgangs mit Medien, einer lokalen Aneignung von *media devices* durch jene Zwischenräume hindurch, die in ihnen vorhanden sind, selbst wenn die heute gängigen Geräte zum *black boxing* tendieren. Insofern lässt sich tatsächlich sagen, dass die Ablehnung der Zeit, die Kentridge in seiner Kasseler Installation durch Hörner und Nashörner auf so wirkungsvolle Weise in Szene gesetzt hat, auf einer »Zeit der Materialien« beruht – der Materialien des Körpers ebenso wie der Materialien der Technik.

Abbildung 6

Frühes Wappen der Familie Thurn und Taxis

Abbildung 1

Umschlag der Erstausgabe von Thomas Pynchon, *The Crying of Lot 49* (1966)

Abbildung 2
Remedios Varo, *Den Erdmantel besticken* (1961)

wearing a Yoyodyne badge. What do you make of that?"

"Some inter-office mail run," Oedipa said.

"This time of night?"

"Maybe a late shift?" But Metzger only frowned. "Be back," Oedipa shrugged, heading for the ladies' room.

On the latrine wall, among lipsticked obscenities, she noticed the following message, neatly indited in engineering lettering:

"Interested in sophisticated fun? You, hubby, girl friends. The more the merrier. Get in touch with Kirby, through WASTE only, Box 7391, L. A."

WASTE? Oedipa wondered. Beneath the notice, faintly in pencil, was a symbol she'd never seen before, a loop, triangle and trapezoid, thus:

It might be something sexual, but she somehow doubted it. She found a pen in her purse and copied the address and symbol in her memo book, thinking: God, hieroglyphics. When she came out Fallopian was back, and had this funny look on his face.

"You weren't supposed to see that," he told them. He had an envelope. Oedipa could see, instead of a postage stamp, the handstruck initials PPS.

"Of course," said Metzger. "Delivering the mail is a government monopoly. You would be opposed to that."

Fallopian gave them a wry smile. "It's not as rebellious as it looks. We use Yoyodyne's inter-office

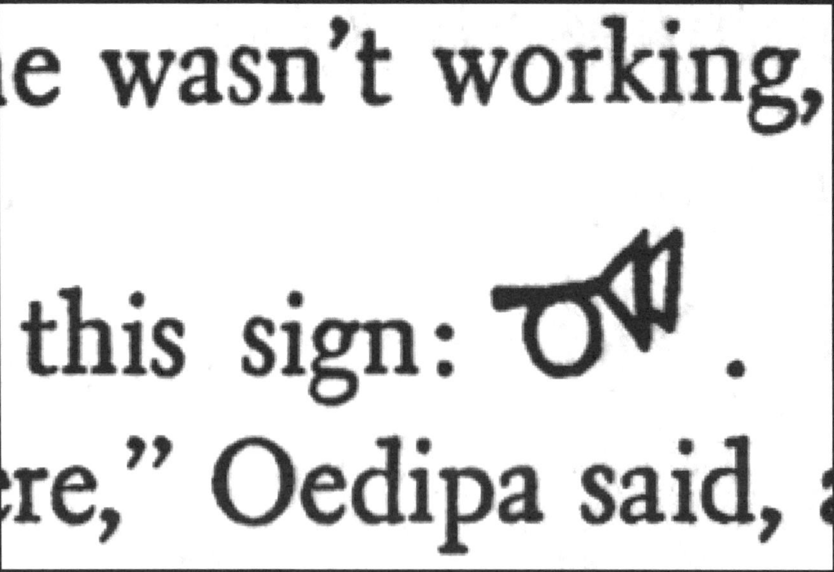

Abbildung 3
Das erste Auftauchen des gedämpften Posthorns
in Pynchons Roman

Abbildung 4
Detailansicht des zweiten gedämpften Posthorns

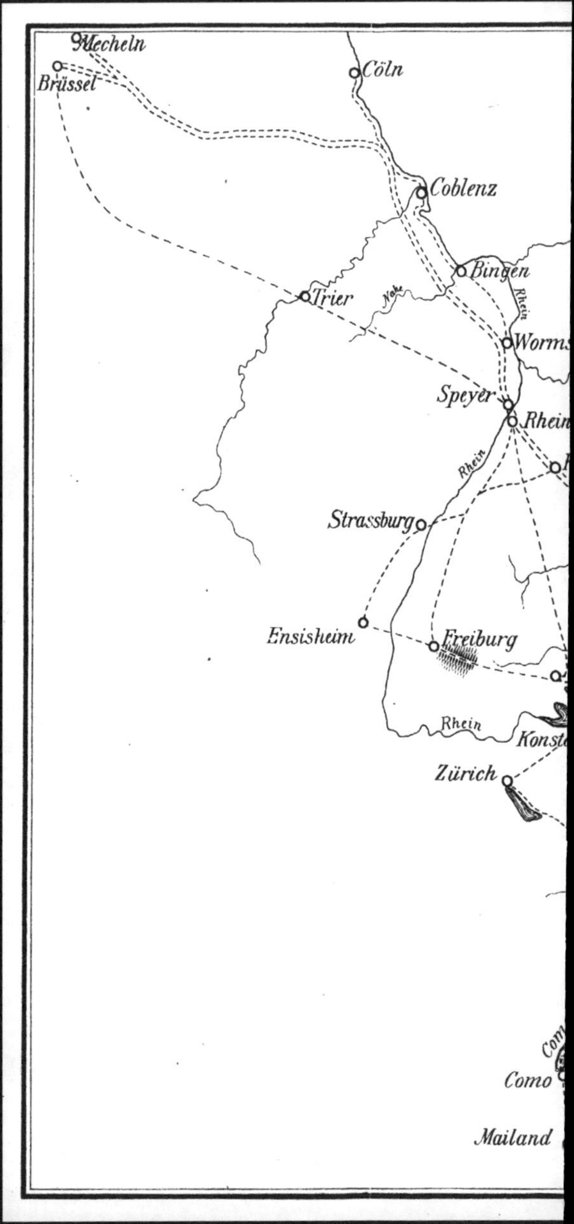

Abbildung 5
Ein frühes Netzwerk der Kommunikation
Die Routen der Thurn und Taxis-Post, 1490–1520

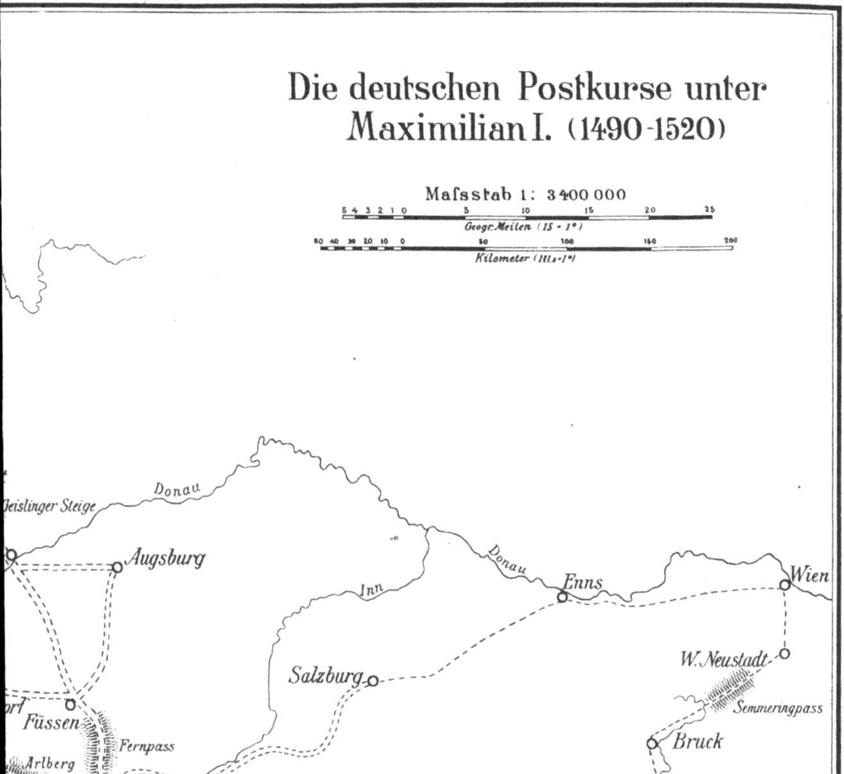

LITH. CARL GEORGI, BONN.

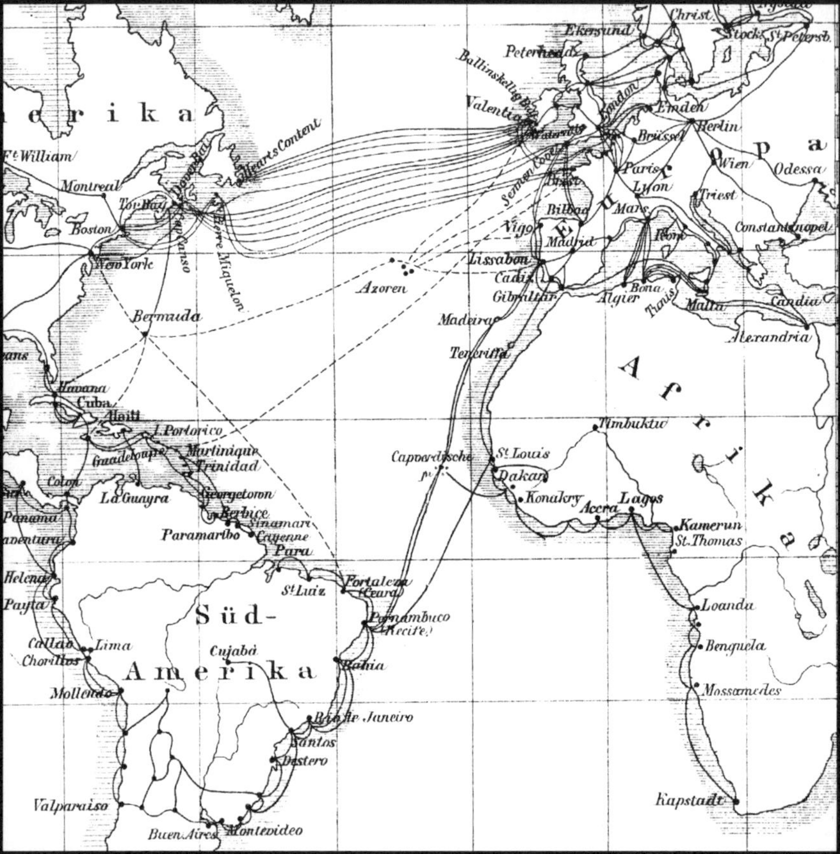

Abbildung 6 siehe oben

Abbildung 7
»Die wichtigsten Telegraphenverbindungen der Erde«
(ca. 1900, Ausschnitt)

Abbildung 8
Ansicht von William Kentridges Installation
The Refusal of Time im Metropolitan Museum of Art,
New York (Oktober 2013–April 2014)

Abbildung 9
William Kentridge, Vier Motive aus
The Refusal of Time (2012)

Abbildung 10
William Kentridge, Standbild aus einer der
»Stummfilm-Sequenzen« von *The Refusal of Time* (2012)

Abbildung 11
William Kentridge, Die Schattenprozession

The elephant.

Machines moving "like an elephant in a state of MELANCHOLY MADNESS"

(Hard Times - CD)

Abbildung 12
William Kentridge, Entwürfe für die »Atmungsmaschine (Elefant)« von *The Refusal of Time* (2012)
»*The elephant*. Machines moving like an elephant in a state of MELANCHOLY MADNESS (Hard Times – C[harles] D[ickens]).«

Abbildung 13
William Kentridge, Zeichnung für *Monument* (1990)

Abbildung 14
William Kentridge, Zeichnung für
Sobriety, Obesity and Growing Old (1991)

Abbildung 15
Max Beckmann, *Stillleben mit Saxofonen* (1926)

Abbildung 16
Luigi Russolo, *Intonarumori* (1913)

Abbildung 17
Lenin spricht auf Schallplatte. Fotografie im Kreml am 29. März 1919

Abbildung 18
William Kentridge, Kinetische Skulptur für *The Refusal of Time* (2012)

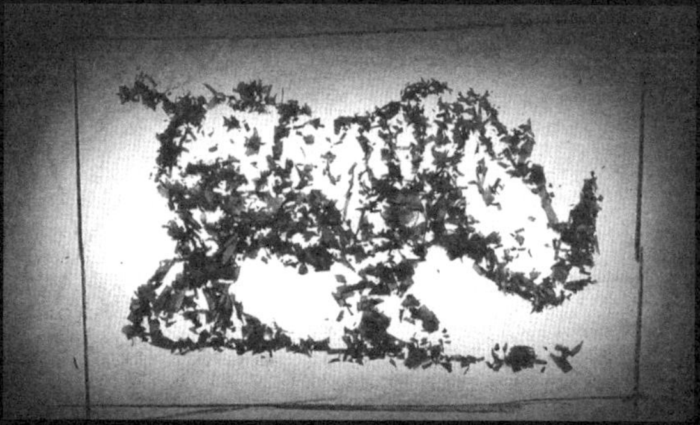

Abbildung 19
William Kentridge, Motiv aus
The Refusal of Time (2012)

Abbildung 20
William Kentridge, Zeichnung für
The Refusal of Time (2012)

Abbildung 21
Markus Raetz, *Ohne Titel* (1980)
Radierung zu Raymond Roussel, *Eindrücke aus Afrika*

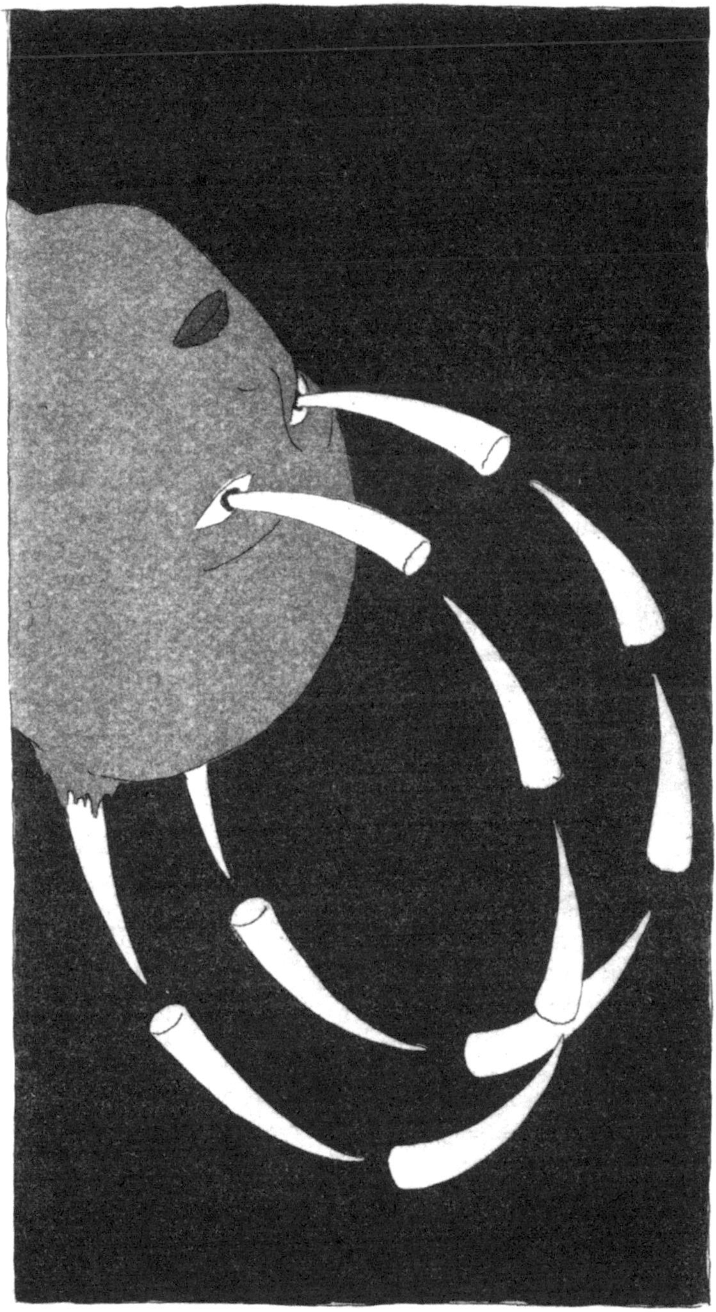

Schluss

Ionesco hatte Recht. Wir verwandeln uns in Nashörner. Wir dachten, wir wären aufgeklärte Zweibeiner, smarte Wesen des aufrechten Gangs, grazil in unseren Bewegungen, kultiviert in unserem Benehmen und immer bestens informiert in unseren Überlegungen. Jetzt stellt sich heraus, dass wir etwas ganz anderes sind: massige, dickhäutige Vierbeiner, die mit hoher Geschwindigkeit durch die Städte trampeln, die zu keiner Rücksicht und keiner Vorausschau fähig scheinen und die auch deswegen untereinander immer ähnlicher werden.

Der Hinweis darauf, dass Nashörner in Wirklichkeit nicht so sind, bietet kaum einen Trost. Sicher, die echten Nashörner sind keine Herdentiere, und anders als ihr grobes Äußeres vermuten lässt, sind sie durchaus empfindungsfeine Organismen, geduldige Pflanzenfresser, die keinen natürlichen Grund haben, sich gegen den Menschen zu wenden. *Diese* Nashörner sind allerdings vom Aussterben bedroht. Sie sind zur Zielscheibe eines auf enormer Brutalität beruhenden und mit krimineller Logistik betriebenen Handels mit ihren Hörnern geworden, der nicht mehr nur von den afrikanischen Ländern ausgeht, sondern längst die zoologischen Gärten in Europa und den Vereinigten Staaten einbezieht.

Was Ionesco nicht wusste, was er nicht wissen konnte: Die »verhärtete Haut« des Nashorns, der er auf einer im Zoo gemachten Fotografie noch lächelnd die Hand entgegenstreckt,[1] ist keine natürliche Oberfläche, sondern eine künstliche Epidermis. Im Zeitalter der mobilen und vernetzten Medien besteht diese Haut aus Blechteilen und Schutzscheiben, aus flachen Fernsehern und ebenso flachen Telefonen, aus Tablet-Computern, Smartphones und *wearables*, die sich wie eine Rüstung um den lebendigen Körper legen. Im Inneren *dieses* Nashorns, das sich außerdem sprunghaft vom Vierbeiner zum Vierrad entwickelt hat, sitzen menschliche Wesen, die auf Bildschirme blicken und tippen. Von innen betrachtet erscheint jeder Screen als ein neues Fenster zur Welt, eine Öffnung zu wesentlichen

Informationen, Kommunikationen und Interaktionen. Von außen gesehen sind diese Bildschirme nichts anderes als Schutzscheiben, Panzer, mit denen sich die *user* von der Außenwelt abschirmen und damit zugleich immer kalkulierbarer werden.

Das ist keineswegs metaphorisch gemeint. Tatsächlich kann heute aus der Anzahl, der Reihenfolge und dem Rhythmus von Anschlägen auf einer Tastatur und aus den Bewegungen und Klicks auf den zugehörigen Pads die Identität individueller Benutzerinnen und Benutzer von Internetportalen berechnet werden. Smartphones und Autos registrieren und versenden die Bewegungsdaten ihrer Nutzerinnen und Nutzer, was in der Kombination mit Daten aus sozialen Netzwerken, E-Mail-Korrespondenzen und Chat-Verläufen die Erstellung von persönlichen Profilen erlaubt, die weit aussagekräftiger sind als die Persönlichkeitstests der Psychologie. »Where do you want to go today?«, lautete vor vielen Jahren einmal der Werbeslogan eines großen Software-Anbieters. Durch die Zusammenführung von Daten über Internetseiten-Besuche, Kaufvorlieben und Straßennutzung scheinen die IT-Konzerne von heute diese Frage beantworten zu können, ohne sie überhaupt noch zu stellen.[2]

Die Nähe von Tasten und Testen, die uns auf dem Gang durch diese fiktive Ausstellung immer wieder begegnet ist, erhält damit eine neue Bestimmung: Ihr Schwerpunkt liegt nicht mehr beim Subjekt, das eine von ihm selbst geschaffene Umwelt erprobt und erkundet, sondern umgekehrt bei einer Umwelt, die in entscheidenden Teilen von anderen geschaffen wurde und mit der jedes Subjekt, das in sie eintritt, erfasst, geprüft und beurteilt werden kann. Auf diese Weise verschiebt die im Entstehen begriffene *sensor society* die gewohnten Grenzen zwischen Privatheit und Öffentlichkeit, Subjektivität und Ökonomie, Macht und Vernunft, während den in ihr lebenden Menschen nicht viel anderes zu bleiben scheint, als auf »die Medien« zu blicken und sich an abgründige Zukunftsszenarien zu erinnern. Nur dass der viel zitierte Große Bruder seine in Kunden verwandelten Bürger nicht mehr ins Auge fasst, sondern sie abtastet und ihnen nachspürt. *Big Brother is touching you.*

Die Schwierigkeiten, solche Verschiebungen medientheoretisch abzubilden und kritisch zu reflektieren, sind nicht nur in der Aktualität dieser Entwicklungen und der Komplexität ihrer technischen Grundlagen begründet. Sie liegen auch darin, dass die Geschichte der Moderne auf weite Strecken als eine Geschichte optischer Ordnungen geschrieben wurde. Von Michel Foucaults »Panoptismus« über Jonathan Crarys *Techniken des Betrachters* bis hin zu Latours »Drawing Things Together« ist die Entstehung und Entwicklung moderner Gesellschaften vor allem als eine Formierung des Auges, des Blicks und der Sichtbarkeit dargestellt worden.[3] Der Tastsinn hat in dieser Historiografie keine Berücksichtigung gefunden – sieht man einmal von den Bemerkungen ab, die Norbert Elias über die sich in der Frühen Neuzeit verändernde Einstellung zu Körperberührungen gemacht hat, oder dem Versuch von Klaus Theweleit, die Verpanzerung von Männerkörpern um 1900 zu untersuchen. Als Nahsinn *par excellence* fehlt der Taktilität offensichtlich das distanzierte, raumgreifende und überlegen kontrollierende Moment, das für die Moderne insgesamt als charakteristisch gilt. Eben dies beginnt sich mit der zunehmenden Verbreitung von Sensoren, Trackern und Tracern aber zu ändern.[4]

Dem Leitfaden des Horns folgend, sind wir bei der Auseinandersetzung mit Positionen der klassischen Medientheorie auf einige Beispiele für eine andere Geschichte der Moderne gestoßen. Das wäre als das erste Ergebnis dieser Untersuchung festzuhalten. Bei Freud, Benjamin und McLuhan fungiert das Tasten als der primäre Modus moderner Subjektivität. So unterschiedlich die Gegenstände, die Methoden und die Ergebnisse dieser Autoren auch sind, sie stimmen doch darin überein, dem »Prinzip Hautnähe« zu folgen,[5] d.h., sie gehen davon aus, dass menschliche Individuen ihre Umgebung vor allem dadurch erschließen, dass sie sie körperlich berühren, anfassen und verändern. Und obwohl sich Freud, Benjamin und McLuhan bei der Befolgung dieses Prinzips auf durchaus unterschiedliche Grundlagen berufen – biologische, psychologische, aber auch theologische –, stimmen sie ebenfalls darin überein, dass das moderne Subjekt auch durch seine Umgebung abgetastet und berührt wird, dass es dem Druck der Moderne ausgesetzt ist, in ihr mit vielfältigen Eindrücken und Berührungen, Vibrationen und Schocks konfrontiert wird.

Besonders Benjamin und McLuhan haben den Sachverhalt reflektiert, dass der Wandel von medialen Welten auch zu Veränderungen im Tast- und Berührungsverhalten der Subjekte führt – von der Zunahme von Gesten des Schaltens, Drückens und Tippens bis hin zu neuen Körpererfahrungen beim Fahren, Schwimmen und Tauchen. Zugleich haben sie prägnant darauf hingewiesen, dass es in zunehmendem Maße solche Medien wie die Fotografie, der Film und das Fernsehen sind, die uns in häuslichen Umgebungen »entgegenkommen« und uns im Raum der Stadt auf den Leib rücken. Demnach treffen uns Film- und Fernsehbilder mit ihren Lichtstrahlen so wie Pfeile oder Projektile einen lebenden Körper. Sie durchleuchten uns, umhüllen uns und schließen uns in ganze Architekturen ein.

Mit Blick auf diese Gegenseite der Medien spricht McLuhan in einer auch heute noch treffenden Weise von der »durchdringenden Eindrücklichkeit« (*pervasive impression*) der elektrischen Medien, und obwohl er sich nicht ausführlich über den Computer und das Internet geäußert hat, zögert er nicht, die digitalen Medien als Ausgangspunkt für eine neue Form von Ökologie zu begreifen: »Im Zeitalter der Information ist es die Information selbst, die zu einer Umwelt wird.«[6] Schon an dieser Stelle geht die Frage nach der Taktilität der Medien also in eine Auseinandersetzung mit Medienökologien und Medienarchitekturen über.[7]

Benjamin und McLuhan unterscheiden sich allerdings deutlich in der historischen Kontextualisierung der von ihnen beschriebenen Sachverhalte. McLuhan erkennt in der zunehmenden Taktilisierung unserer Kultur den Auftakt zu einem neuen Zeitalter ganzheitlicher Wahrnehmung. Zugleich sieht er in ihr eine Rückkehr in die alten, wenn nicht prähistorischen Zeiten der synästhetischen Einbettung der menschlichen Gesamtpersönlichkeit in ihre Umwelt. Historiografisch entspricht dem die vergleichsweise pauschale Annahme, dass die Kultur der Gegenwart dadurch gekennzeichnet ist, dass alle Zeitalter in ihr koexistieren.

Benjamin versieht seine Analyse der taktilen Erfahrungen in der Moderne mit deutlich konkreteren Markierungen. In Anlehnung an Marx bezieht er die Veränderung dieser Erfahrungen auf die kulturelle Logik des Kapitalismus zurück. Dass Kunstwerke durch fotografische Reproduktionen fast jederzeit und überall verfügbar sind, dass sie zu Hause oder in einer Bibliothek nicht nur angesehen werden können, sondern umgekehrt auch zurückblicken, dass Augenmuskeln sich in Federmechanismen verwandeln, die Kollisionen mit Kinobildern abdämpfen – all dies sind nach Benjamin Erscheinungen, die letztlich durch die »phantasmagorische Form« der kapitalistischen Warenproduktion bestimmt sind. Es ist die Verwandlung von Personen in Dinge, nämlich Waren, und die Transformation von Waren in subjekthafte, personenartige Entitäten, die sich aus seiner Sicht auch in der taktilen Handlungsträgerschaft der Medien niederschlägt.

Obwohl Benjamin zu den am häufigsten zitierten Medientheoretikern zählt, haben seine Beobachtungen zur Herausbildung einer Tastkultur in der Historiografie der Moderne kaum Resonanz gefunden. Allein Wolfgang Schivelbusch hat im Anschluss an Marx, Freud und Benjamin einen exemplarischen Versuch unternommen, der Taktilität einen Platz in ihr zuzuweisen. In seiner berühmten *Geschichte der Eisenbahnreise* entwirft er jedenfalls eine Theorie der »*zivilisatorischen Rindenbildung*«, in der Wahrnehmungen, die mit der Verbreitung neuer Formen von Technik einhergehen, an das Phänomen des Reizschutzes zurückgebunden werden.[8] In der Moderne beruht Wahrnehmung demzufolge nicht mehr einfach auf dem Empfang von Reizen, sondern mindestens ebenso sehr auf dem Schutz vor ihnen. Perzeptionen werden in dieser Epoche nicht dadurch besser oder genauer, dass mehr Reize aufgenommen werden. Erforderlich ist vielmehr eine protektive Filterung – eine »Wahrnehmungsunlust«, wie es bei Freud einmal heißt –, die das Funktionieren des gesamten Prozesses sichert.[9]

So beobachtet Schivelbusch, dass die Eisenbahnreisenden des späten 19. Jahrhunderts, die sich während der Zugfahrt routiniert ihrer Lektüre widmeten, eine »dickere Rindenschicht« hatten als die Reisenden in der Frühzeit des Personenzugverkehrs. Jemand, für den die Fahrt im Waggon noch ein anstrengendes Abenteuer der Wahrnehmung war, konnte an Lesen gar nicht denken. Daraus schließt Schivelbusch: »An der Stärke oder Dichte des Reizschutzes läßt sich ablesen, welche Stärke und Dichte die Reize haben, mit denen er es aufnimmt, und die Stärke und Dichte dieser Reize wiederum ist ein Indikator für den jeweiligen historischen Stand der Zivilisation.«[10] Analog dazu müsste sich für den heutigen Umgang mit mobilen und vernetzten Medien eine Art Reizschutz-Koeffizient bestimmen lassen.

Nun stellt Schivelbusch mit Blick auf Benjamin zwar die Bedeutung des Schocks als körperlicher Berührung – als Stoß, Schlag oder Zusammenprall – ausdrücklich heraus. Dennoch vollzieht sich der Großteil seiner Analyse nicht im Register des Haptischen, sondern verbleibt im Rahmen einer auf optische Regime zentrierten Historiografie. Es ist das Aufkommen des »panoramatischen Blicks«, das bekanntlich im Zentrum seiner Untersuchung steht. Diese Priorisierung des Visuellen ist durch eine bestimmte Auffassung des Reisens bedingt, hängt aber auch damit zusammen, dass bei Schivelbusch kein Übergang zwischen den taktilen Aktivitäten des Subjekts und der Entstehung von Technik und Medien erkennbar ist.

Schon bei Benjamin war die Auseinandersetzung mit der Rindenschicht, die der Großstädter in der aufdringlichen Hektik der Moderne ausprägt, auf die Funktion der Bewusstseinssteigerung begrenzt gewesen, und selbst bei Freud gibt es keinen erkennbaren Zusammenhang zwischen seiner Beschreibung der Schutzschicht, die den lebendigen Organismus umgibt, und seiner Rede vom Menschen als dem »Prothesengott« der technisierten Gesellschaft.[11]

Um diesen Übergang zur Geltung zu bringen, könnte man, wie wir gezeigt haben, an Aby Warburg anschließen, der zumindest in einigen Fragmenten den Zusammenhang zwischen der ornamentalen Umzirkung des Körpers und der Herstellung von Werkzeugen reflektiert. Allerdings stuft Warburg den Sachverhalt, dass der Mensch »durch das Hantieren oder Tragen« von Gegenständen (Kleidung, Geräten usw.) »unorganisch seinen Umfang erweitern« kann, als eine »Tragödie der Verleibung« ein.[12]

Die Reflexionsmöglichkeiten, die sich damit eröffnen, ließen sich mit Adorno ohne Weiteres noch forcieren. In einer bemerkenswerten Passage über die Philosophie des Idealismus vergleicht der Autor der *Negativen Dialektik* nämlich das Subjekt als solches mit einem Nashorn. Den ihn schützenden Panzer schleppe dieses Subjekt als ein »angewachsenes Gefängnis« mit sich herum, das es – »so scheint es zumindest anthropomorphistisch« – vergebens abwerfen will: »Die Gefangenschaft in der Apparatur ihres survival mag die besondere Wildheit der Nashörner ebenso erklären wie die uneingestandene und darum desto furchtbarere des homo sapiens.«[13]

Unsere Untersuchung ist einen anderen Weg gegangen. Sie hat sich auf eine Medienkunst eingelassen, die den Tastsinn aus der Perspektive einer produktiven Verschränkung von Körper, Bild und Technik thematisiert. Diese Perspektive wird durch Rebecca Horns »Aktions-Experimente«, die mithilfe der von ihr selbst gebauten Kopf-, Arm- und Finger-Extensionen zu neuen interpersonellen Wahrnehmungen kommt, ebenso umschrieben wie durch Salvador Dalís Auseinandersetzung mit künstlichen und natürlichen Bildoberflächen, die zu einer künstlerischen Praxis der *augmented reality* führt, lange bevor es diesen Begriff überhaupt gibt. Auch William Kentridges Inszenierung einer praktischen Epistemologie, die sich im tentativen Hin und Her zwischen manueller Zeichnung und technischer Aufzeichnung ansiedelt, nimmt diese Perspektive ein. In allen diesen Fällen wird die Entstehung von und der Umgang mit Medien als eine Arbeit mit einer Art von Körperrinde begriffen, die als Instrument und Werkzeug, aber auch als Zierde und Schutz sowie als Gewand und Gehäuse fungieren kann.

Dabei bleibt die Kunst aber nicht stehen. Das wäre das zweite Ergebnis dieser Untersuchung. Die hier betrachteten Werke thematisieren nicht allein die Passage von der Körperlichkeit zur Medialität, sondern reflektieren umgekehrt auch jene Taktilität der Medien, die für die mobilen und vernetzten *media devices* von heute charakteristisch ist. Raymond Roussel erfindet eine Tarotkarten-Insekten-Uhr, deren Lichtkegel sich schmerzlos in die menschliche Haut bohren. Dalí verdeutlicht, in welch erheblichem Ausmaß »zwanghafte Bilder« von uns Besitz ergreifen, sodass manche Gemälde wie Nadeln auf ihre Betrachterinnen und Betrachter einzustechen scheinen.

Rebecca Horn erfindet nicht nur zahlreiche Maschinen, die Berührungsbewegungen ausführen, sondern konstruiert auch einen *Messkasten*, der den Körper unter der Bedingung abtasten *und* darstellen kann, dass er sich einsperren und fixieren lässt. Bei Kentridge erscheint dieses Gefängnis der Gestaltung im Gewand des 19. Jahrhunderts, aber auf dem neuesten Stand der Technik: als »Universalarchiv der Bilder« auf das wir über Datenwolken fortwährend und blitzschnell zugreifen können, das uns aber zugleich die Zeit zum kreativen Atmen nimmt, weil es jedes denkbare Bild bereithält und sich an jeden darauf zielenden Tastendruck erinnert.

Auch diese Kunst trägt dazu dabei, unsere Auffassung der Medien neu zu akzentuieren. Indem sie sich hier nicht nur qua Analogie, sondern in buchstäblich handgreiflicher Weise als Extensionen des Körpers manifestieren, erscheinen Medien in ihr nicht mehr nur als zentrale Instanzen der Information, Kommunikation und Interaktion. Mindestens ebenso sehr erweisen sie sich als beispielhafte Abschirmungen von Welt, als »zivilisatorische Rindenbildungen«.

Nun weiß jede bessere Mediensoziologie, dass Systeme, ob es sich nun um Medien, Personen oder Institutionen handelt, zuerst einmal Geschlossenheit erreichen müssen, um sich überhaupt öffnen zu können. Entsprechende Phänomene werden auf der Seite der Medienmacher etwa in Form von Kommunikationskommunikationen beobachtet (Berichte über andere Berichte, Sendungen über andere Sendungen usw.), während sie sich auf der Seite der Mediennutzer im Sinne des *cocooning* oder des in letzter Zeit breit diskutierten Phänomens der Informations- oder Filterblase niederschlagen. Über das Motiv des Horns werden solche Sachverhalte auf der körperlichen Ebene des Mediengebrauchs bestätigt und bekräftigt. Damit verdeutlicht sich das Ausmaß, in dem Medien jene Funktion des *buffering*, der Polsterung und Abschottung, erfüllen, der Oedipa Maas, die Heldin von Thomas Pynchons Roman *Die Versteigerung von No. 49*, sich entschlossen zu entziehen versucht.

Im erneuten Rekurs auf Benjamin lässt sich dieses Phänomen der Schließung genauer charakterisieren. Den allgemeinen Befund eines zunehmend taktilisierten Kapitalismus übersetzt der Autor des Kunstwerk-Aufsatzes in eine konkrete, nur scheinbar paradoxe Diagnose. Sie betrifft die *Spurlosigkeit* des Daseins in der Moderne. Wenn die taktil gewordene Kultur zu einer »Liquidierung« ihrer Traditionen führt,[14] dann heißt das nämlich, Benjamin zufolge, nichts anderes, als dass es keinen festen Grund mehr gibt, auf dem das Bürgertum noch seine Spuren hinterlassen könnte. Es sieht sich mit der eigenen Geschichtslosigkeit konfrontiert.

Auf das Ausbleiben von Spuren reagiert die Bourgeoise, so Benjamin weiter, indem sie sich in Wohnungen zurückzieht, auf deren Innenseiten aus Teppich, Plüsch und Samt sie deutliche Abdrücke hinterlassen kann, über die sie sich ihrer selbst zu vergewissern versucht. Allerdings reagiert auch der Staat auf die Spurlosigkeit des modernen Daseins. Er installiert neuartige Techniken und Verfahren, mit denen Menschen »dingfest« gemacht werden können: von der Anbringung von Hausnummern in den Straßen der Großstadt über die Einführung der Ausweispflicht bis hin zu den ebenso anthropometrischen wie polizeilichen Identifikationsverfahren Bertillons.[15]

Auf der Aktualität dieser Diagnose kann nicht genug insistiert werden. Mit ihr skizziert Benjamin nicht nur eine Genealogie der von Deleuze ins Auge gefassten Kontrollgesellschaft, die auch ohne Hausnummern zu jedem Zeitpunkt die genaue Position jedes einzelnen Bürgers kennen wird. Mit Benjamin kann zudem vermutet werden, dass noch der heute dominant gewordene Gebrauch von Medien auf die Spurlosigkeit des Daseins verweist. Konkret wären es dann einerseits die protektiven, abschirmenden Eigenschaften der Medien, die in erheblichem Maße zur Nutzung von Smartphones, Tablets und anderen *media devices* beitragen, eben weil sie als eine Art Hülle, Rüstung oder Gehäuse fungieren. Andererseits ist es genau diese Nutzung, die die wachsende Kontrolle und Überwachung ihrer Benutzerinnen und Benutzer ermöglicht. Spätestens an diesem Punkt geht die Symmetrie des Taktilen in eine Dialektik des Mediengebrauchs über.

Das Futteral, in das das heutige Bürgertum fest eingesenkt ist, ist allerdings kein flauschiger Stoff mehr, sondern besteht aus verkabeltem, von hinten beleuchtetem Glas, und das Gehäuse, das mit ihm ausgeschlagen ist, stellt keine üppige Wohnung mehr dar, sondern eine mobile Unterbringung ohne Wände. Dementsprechend verändert sich auch der Status der Spuren. Benjamin dachte die Spur noch ausgehend von einem hylemorphischen Modell. Paradigmatisch war für ihn der Abdruck, den die Hand des Töpfers auf dem von ihm geformten Gegenstand hinterlässt.[16] Heute dagegen reichen die Häufigkeit der Berührungen von harten, weitgehend unveränderlichen Oberflächen und die Wiederholung von Bewegungen durch einen in Funkzellen aufgeteilten Raum aus, um identifiziert *und* adressiert zu werden.

Mit einem aus der Semiotik und der neueren Ästhetik entlehnten Begriff könnte man diese Konstellation als eine Vervielfältigung und Verallgemeinerung *indexikalischer Zeichen* beschreiben, wenn man mit Charles Sanders Peirce darunter Zeichen versteht, die durch die große Nähe oder sogar den direkten Kontakt zwischen Bezeichnetem und Bezeichnendem entstehen.[17] Anders als beim traditionellen Fingerabdruck oder in der analogen Fotografie befinden sich die indexikalischen Zeichen, die mit den aktuellen *media devices* hervorgebracht werden, aber von Anfang an im Zustand des Symbols. Es sind Daten, die durch die Nähe des menschlichen Körpers zur Technik generiert werden, aber weit entfernt von diesem Körper gespeichert und verarbeitet werden. Dennoch stellen sie Indizes dar, funktionieren sie doch wie stets aktualisierte Register oder Verzeichnisse, mit deren Hilfe eine bestimmte Person oder eine bestimmte Sache aufgefunden werden kann. Es handelt sich also nicht mehr um Spuren im traditionellen Sinn, nicht mehr um den vereinzelten, dauerhaften Abdruck im Raum. Die digitalen Spuren der Gegenwart basieren auf einer Vielzahl flüchtiger Abdrücke in der Zeit.

Vor diesem Hintergrund lässt sich die taktile *agency* der mobilen und vernetzten Medien abschließend noch etwas präziser charakterisieren. Insofern sie potenziell »Universalarchive« (Kentridge) sind, verändern die digitalen Register von Berührungs- und Bewegungsdaten sozusagen den

Modus medialer Taktilität. Es handelt sich nicht allein um ein punktuelles Abtasten und Verorten des menschlichen Körpers, sondern um ein regelrechtes *Festsaugen* daran. Was Jean-Paul Sartre vor langer Zeit auf einigen denkwürdigen Seiten über die »taktile Faszination des Klebrigen« geschrieben hat, erweist sich in der entstehenden *sensor society* als überraschend aktuell. Was er zu den Berührungseigenschaften von Honig und Leim beobachtet, kehrt heute nämlich über den ungreifbaren Raum des digitalen Universalarchivs wieder.

Das Klebrige ist nach Sartre eine Entität, die zwar berührt, aber nicht ergriffen werden kann; es ist zunächst »fügsam«, heftet sich dann aber an den an, der es angefasst hat: »In einer Hinsicht ist es wie eine äußerste Gefügigkeit des Besessenen, wie die Treue eines Hundes, der sich *anbietet*, auch wenn man nichts mehr von ihm wissen will, und in anderer Hinsicht ist hinter dieser Fügsamkeit eine heimtückische Aneignung des Besitzenden durch das Besessene.«[18] Damit ist fast alles gesagt. Das Universalarchiv der Berührungs- und Bewegungsdaten versieht unsere *media devices* mit einer extremen Klebrigkeit, obwohl ihre Oberflächen hart und glatt sind. Sie ist umso heimtückischer, als sie nicht im Raum zu spüren ist, sondern nur in der Zeit.

Vor diesem Hintergrund lässt sich sagen, dass die Arbeit der Medienkunst für die Medientheorie eine wichtige, wenn nicht entscheidende Ressource darstellt. Das ist das dritte und letzte Ergebnis dieser Untersuchung. In der Tat stehen die beiden Bereiche in einem sehr viel engeren Verhältnis, als es die heutige Einteilung von Disziplinen nahelegt. So unterschiedlich nämlich ihre jeweiligen Analysen, Methoden und Resultate sind – sowohl Benjamin als auch McLuhan beziehen sich auf eine gemeinsame, durch die Medienkunst geprägte Grundlage. Es sind die theoretischen Arbeiten des Medienkunstpioniers und früheren Bauhaus-Meisters László Moholy-Nagy sowie die technik- und architekturhistorischen Studien des ebenfalls dem Bauhaus verpflichteten Wölfflin-Schülers Sigfried Giedion, die in beiden Fällen als Basis für die Auseinandersetzung mit den taktilen Aspekten von Fotografie, Film und Fernsehen dienen.

Vermittelt durch Moholy und Giedion greift der Verfasser des Kunstwerk-Aufsatzes ebenso wie der Autor der *Magischen Kanäle* auf einen Kontext zu, der einerseits durch die Diskurse der Kunstgeschichte und andererseits durch einen experimentellen Umgang mit Medien geprägt ist. Auf der einen Seite gewinnen Benjamin und McLuhan damit Anschluss an die Ausführungen von Heinrich Wölfflin und Alois Riegl, Bernard Berenson und Adolf von Hildebrand, die seit dem späten 19. Jahrhundert dem Tastsinn in der Auseinandersetzung mit der Kunst zu neuer Prominenz verholfen haben. Auf der anderen Seite knüpfen die beiden Medientheoretiker an die Tastübungen und Materialstudien an, die im Kontext des Bauhauses zur innovativen Arbeit mit Lichtprojektionen, Textilien und Fotogrammen führten. Tatsächlich sind es besonders die Erläuterungen, die Moholy zu diesen experimentellen Praktiken gegeben hat, die sowohl bei Benjamin als auch bei McLuhan zu einer neuartigen Betrachtung medialer Phänomene und Prozesse führen.

Angesichts der erheblichen Resonanz, die der Kunstwerk-Aufsatz und die *Magischen Kanäle* gefunden haben, bedeutet dieser Befund nichts anderes, als dass der experimentelle Umgang mit Medien eine wichtige Grundlage für die Etablierung desjenigen Diskurses darstellt, den wir heute Medientheorie nennen. Benjamins Interesse für den taktilen Zusammenhang von Typografie, Fotografie, Kinematografie und Architektur speist sich ebenso aus dieser Quelle wie McLuhans Interesse für die pointillistischen Lichtarchitekturen des Fernsehens. Vielleicht kann man sogar so weit gehen, Vilém Flussers Betrachtung der abzutastenden »Bildflächen« der Fotografie und seine Ausführungen zum »Punkte-Universum der Komputation« in diesen Zusammenhang zu rücken. Selbst die bemerkenswerten Überlegungen, die Deleuze und Guattari unter dem Titel »Das Glatte und das Gekerbte« dem Verhältnis des Haptischen zum Optischen gewidmet haben, greifen – via McLuhan – auf diesen Kontext zurück (Riegl, Worringer, Kandinsky usw.).[19]

Es war uns wichtig, diesen Zusammenhang von Medientheorie und Medienkunst nicht einfach als diskursive, inhaltliche Verbindung begreiflich zu machen. Orientiert an der neueren Wissenschaftsgeschichte bestand unser Ziel vielmehr darin, Medientheoretiker und -theoretikerinnen und Medienkünstlerinnen und -künstler, so weit es geht, *in action* zu betrachten. Die Künstlerin sollte nicht als einsames Genie erscheinen, das allein mit seiner Einbildungskraft vor der weißen Leinwand sitzt, genauso wenig wie der Medientheoretiker als ebenso einsames Genie auftreten sollte, das seine originellen Ideen vor allem aus der Betrachtung ungewohnter Gegenstände (Fernsehen, Computer, Sensoren usw.) bezieht. Wie besonders die Beispiele von Dalí und McLuhan zeigen, haben wir es auf beiden Seiten mit durchaus vergleichbaren Praktiken zu tun, die sich auf einem Kontinuum zwischen Schrift, Bild und Technik bewegen.

Bei McLuhan sind es in erster Linie künstlerisch arrangierte Fotografien, die seine Auseinandersetzung mit der Textur des Fernsehbilds in Gang bringen und immer wieder in die Struktur seiner Argumentation eingreifen, während Dalí hauptsächlich mit wissenschaftlichen Büchern arbeitet, deren Abbildungen er überzeichnet, kopiert und ausschneidet, um sie in Gemälde und Filme umzusetzen. In beiden Fällen verlängern sich diese Durchgänge durch unterschiedliche Materialien und unterschiedliche Semiotiken auch in Auftritte und Performances, die ihrerseits von Medien wie der Fotografie oder dem Fernsehen Gebrauch machen. Auch in diesem Sinne ist hier von der Gegenseite der Medien die Rede gewesen.

Das ändert nichts daran, dass McLuhan als Medientheoretiker bekannt geworden ist, während Dalí als Medienkünstler Furore gemacht hat. Aber es zeigt, wie eng und produktiv die Verbindung ist, die zwischen theoretischen und künstlerischen Mediendiskursen besteht. Es ist davon auszugehen, dass diese Verbindung auch für die weitere Auseinandersetzung mit jenen Phänomenen und Prozessen fruchtbar sein wird, die man mit Deleuze und Guattari im Sinne einer »Kerbung« der geglätteten taktilen Räume unserer Gesellschaft begreifen kann.

Quellen

Einleitung **1** Gilles Deleuze, »Postskriptum über die Kontrollgesellschaften«, in ders., *Unterhandlungen 1972–1990*, übers. von Gustav Roßler, Frankfurt am Main 1993, S. 254–262, hier S. 261. **2** Robert Scoble und Shel Israel, *Age of Context. Mobile, Sensors, Data and the Future of Privacy*, North Charleston 2014. **3** Vilém Flusser, *Lob der Oberflächlichkeit. Für eine Phänomenologie der Medien*, Bensheim/Düsseldorf 1993, S. 59. An diesem Punkt konvergieren unsere Überlegungen mit Ausführungen von Derrida, der über die Taktilität des Computers schreibt: »Man müßte die Oberflächen, die räumlichen Ausfüllungen und die Grenzen dieses neuen Wunderblocks beschreiben, an den die Herausschreibung anders rührt, mit einer anderen Art ›Exaktheit‹, zu Recht, oder ›Punktualität‹, von der Tastatur (*clavier*) bis zum Gedächtnis einer sogenannten ›hard‹disc/›Fest‹platte.« Jacques Derrida, *Berühren, Jean-Luc Nancy*, übers. von Hans-Dieter Gondek, Berlin 2007, S. 385. Aus medienwissenschaftlicher Sicht siehe dazu insgesamt Christina Lechtermann und Stefan Rieger (Hrsg.), *Das Wissen der Oberfläche. Epistemologie des Horizontalen und Strategien der Benachbarung*, Zürich/Berlin 2015, und aus der Perspektive der historischen Epistemologie François Dagognet, *Faces, surfaces, interfaces*, Paris 1982. **4** Hartmut Winkler, *Switching, Zapping. Ein Text zum Thema und ein parallellaufendes Unterhaltungsprogramm*, Darmstadt 1991, Thierry Bardini, *Bootstrapping. Douglas Engelbart, Coevolution, and the Origins of Personal Computing*, Stanford, CA 2000, Claudia Benthien, *Haut. Literaturgeschichte – Körperbilder – Grenzdiskurse*, 2. Aufl., Reinbek 1999, S. 265–279, sowie Mark Paterson, *The Senses of Touch. Haptics, Affects and Technologies*, Oxford 2007. **5** Lisa Parks, »Points of Departure. The Culture of US Airport Screening«, in *Journal of Visual Culture* 6/2 (2007): S. 183–200, David Parisi, »Fingerbombing, or ›Touching is Good‹. The Cultural Construction of Technologized Touch«, in *Senses and Society* 3/3 (2008): S. 307–327, Katherine Hayles, »RFID. Human Agency and Meaning in Information-Intensive Environments«, in *Theory, Culture & Society* 26 (2009): S. 47–72, sowie Mark Andrejevic und Mark Burdon, »Defining the Sensor Society«, in *Television & New Media* 16/1 (2015): S. 19–36. Im deutschsprachigen Raum siehe etwa Florian Sprenger und Christoph Engemann (Hrsg.), *Internet der Dinge. Über smarte Objekte, intelligente Umgebungen und die technische Durchdringung der Welt*, Bielefeld 2015. **6** Bruno Latour, *Wir sind nie modern gewesen. Versuch einer symmetrischen Anthropologie*, übers. von Gustav Roßler, Frankfurt am Main 2008. **7** Walter Benjamin, »Über einige Motive bei Baudelaire«, in ders., *Gesammelte Schriften, Bd. 1/2*, hrsg. von Rolf Tiedemann und Hermann Schweppenhäuser, Frankfurt am Main 1974, S. 605–653, hier S. 630. Siehe dazu bereits ausführlich Norbert Bolz, *Theorie der neuen Medien*, München 1990, S. 67–110. **8** Marshall McLuhan, *Die magischen Kanäle. Understanding Media* [1964], übers. von Meinrad Amann, 2. Aufl., Dresden/Basel 1995, S. 37 und S. 167–185. **9** Walter Benjamin, »Das Kunstwerk im Zeitalter seiner technischen Reproduzierbarkeit« [Erste Fassung], in ders., *Das Kunstwerk im Zeitalter seiner technischen Reproduzierbarkeit*, hrsg. von Burkardt Lindner, Berlin 2012, S. 7–51, hier S. 39, und McLuhan, *Die magischen Kanäle*, S. 473. **10** Adolf von Hildebrand, *Das Problem der Form in der bildenden Kunst*, 3. Aufl., Straßburg 1901, S. 19 f., Wassily Kandinsky, *Über das Geistige in der Kunst* [1912], 8. Aufl., Bern 1965, S. 64, Filippo Tommaso Marinetti, »Der Taktilismus. Futuristisches Manifest« [1921], in Wolfgang Asholt und Walter Fähnders (Hrsg.), *Manifeste und Proklamationen der europäischen Avantgarde* (1909–1938), Stuttgart/Weimar 1995, S. 219–223. **11** Siehe in diesem Sinn auch Siegfried Zielinski, *Archäologie der Medien. Zur Tiefenzeit* *des technischen Hörens und Sehens*, Reinbek 2002, S. 9–22 und S. 81. Mit konkretem Blick auf Benjamin und McLuhan siehe dazu auch die exzellente Studie von Klemens Gruber, »Taktile Medien. Theorien aus der Vorgeschichte. Dreieinhalb Vereinfachungen«, in *Maske und Kothurn* 62/2–3 (2016): S. 207–234, die ich leider zu spät entdeckt habe, um sie hier angemessen berücksichtigen zu können. **12** Siehe dazu insgesamt François Dagognet, *La peau découverte*, Paris 1993. **13** Zur Instrumentengeschichte des Horns siehe zum Beispiel Kurt Janetzky und Bernhard Brüchle, *Das Horn. Eine kleine Chronik seines Werdens und Wirkens*, Bern/Stuttgart 1977. **14** Vilém Flusser, »Von den Möglichkeiten einer Leibkarte«, in *Lab. Jahrbuch der Künste und Apparate*, hrsg. von der Kunsthochschule für Medien, Köln 2000, S. 115–124, ders., »Haut«, in *Flusser Studies* 2 (2006), online abrufbar: http://www.flusserstudies.net/archive/flusser-studies-02-may-2006 (zuletzt aufgerufen: 15. Mai 2017). **15** Flusser, *Lob der Oberflächlichkeit*, S. 19. **16** Eugene Thacker, *Biomedia*, Minneapolis/London 2004, Robert Mitchell, *Bioart and the Vitality of Media*, Seattle/London 2010. Selbst diese Arbeiten können sich aber noch auf Flusser berufen. Wie er in seiner bemerkenswerten Untersuchung des Vampirtintenfischs gezeigt hat, ist es eben nicht die Anthropologie, sondern die Biologie, die näheren Aufschluss darüber bietet, worin das mediale Vermögen eines Köpers besteht: »Konkret ist weder Organismus noch die Umwelt, weder Subjekt noch Objekt, weder Ich noch Nicht-Ich, sondern das Zusammentreffen beider.« Letztlich ist dies der Hintergrund, vor dem sich sein Satz versteht, dass die charakteristische Geste der Gegenwart der Druck auf die Taste ist. Siehe Vilém Flusser und Louis Bec, *Vampyroteuthis infernalis. Eine Abhandlung samt Befund des Institut Scientifique de Recherche Paranaturaliste*, hrsg. von Andreas Müller-Pohle, 3. Aufl., Göttingen 2002, S. 37. **17** Thor Hanson. *Federn. Ein Wunderwerk der Natur*, übers. von Nina Sottrell, Meike Herrmann und Daniel Fastner, Berlin 2016. **18** Karen Barad, *Agentieller Realismus. Über die Bedeutung materiell-diskursiver Praktiken*, übers. von Jürgen Schröder, Berlin 2012, S. 76. **19** Hayles, »RFID«, S. 47. Wo nicht anders gekennzeichnet, stammen hier und im Folgenden alle Übersetzungen fremdsprachiger Zitate von mir (H. Sch.). **20** Michel Serres, *La naissance de la physique dans le texte de Lucrèce*, Paris 1977, S. 134. Zur Verkörperung aus kunstphilosophischer Sicht siehe exemplarisch John M. Krois, *Bildkörper und Körperschema. Schriften zur Verkörperungstheorie ikonischer Formen*, hrsg. von Horst Bredekamp und Marion Lauschke, Berlin 2011.

Kapitel 1 **1** Lukrez, *Über die Natur der Dinge*, übers. von Klaus Binder, 3. Aufl., Berlin 2015, S. 136. **2** Raymond Roussel, *Locus Solus* [1914], übers. von Cajetan Freund, revidiert von Stefan Zweifel, Berlin 2012, S. 221. Zur grammofonischen »Ritzschrift« siehe László Moholy-Nagy, »Neue Gestaltung in der Musik. Möglichkeiten des Grammophons« [1923], in Krisztina Passuth, *Moholy-Nagy*, übers. von Heribert Thierry, Dresden 1982, S. 308 f. **3** Roussel, *Locus Solus*, S. 221. **4** Raymond Roussel, »Wie ich einige meiner Bücher geschrieben habe«, übers. von Hanns Grössel, in Hanns Grössel (Hrsg.), *Raymond Roussel. Eine Dokumentation*, München 1977, S. 78–97. »Ich möchte auch in diesen Aufzeichnungen Jules Verne huldigen, dem Manne von unvergleichlichem Genie. Meine Bewunderung für ihn ist grenzenlos.« (S. 90). **5** Roussel, *Locus Solus*, S. 226. **6** Gilles Deleuze, »Raymond Roussel oder der horror vacui«, in ders., *Die einsame Insel. Texte und Gespräche von 1953 bis 1974*, übers. von Eva Moldenhauer, hrsg. von David Lapoujade, Frankfurt am Main 2003, S. 107–110, hier S. 109. **7** Siehe beispielhaft Rebecca Horn, »Die Bastille-Interviews I, Paris 1993. Rebecca Horn im Gespräch mit Germano Celant«, in Guggenheim Museum (Hrsg.), *Rebecca Horn*, New York/Ostfildern 1994, S. 23–31, hier S. 29. **8** Marcel Duchamp, *Affectionately, Marcel. The Selected Correspondence of Marcel Duchamp*, übers. von Jill Taylor, hrsg. von Francis M. Naumann und Hector Obalk, Amsterdam 2000, S. 282,

Max Ernst, *Écritures*, Paris 1970, S. 51–53, und Astrid Ruffa, »Roussel lu par Dalí. Logiques imaginatives et figures du Génie«, in François Piron (Hrsg.), *Locus Solus. Impressions de Raymond Roussel*, Dijon 2012, S. 221–231. Siehe ausführlich zu Dalí Kapitel 3. **9** Rebecca Horn, »Die Bastille-Interviews II, 1993. Rebecca Horn im Gespräch mit Stuart Morgan«, in Guggenheim Museum (Hrsg.), *Rebecca Horn*, New York/Ostfildern 1994, S. 33–38, hier S. 34 f. **10** Alexandra Tacke, *Rebecca Horn. Künstlerische Selbstpositionierungen im kulturellen Raum*, Köln/Weimar/Wien 2011. **11** Die Filmgesellschaft *Universal* kontaktierte Roussel in den frühen 1920er-Jahren, um eine Filmversion der *Eindrücke aus Afrika* zu produzieren. Roussel wandte sich in diesem Zusammenhang offenbar an den Filmemacher Alexandre Devarennes. Siehe François Piron, »Entretien avec John Ashbery«, in François Piron (Hrsg.), *Locus Solus. Impressions de Raymond Roussel*, Dijon 2012, S. 279–288, hier S. 283. **12** Armin Zweite, »Rebecca Horns Bodylandscapes. Zehn Anmerkungen über den Wettlauf der Gefühle und das Zeichnen in postmechanischen Zeiten«, in *Rebecca Horn. Bodylandscapes. Zeichnungen, Skulpturen, Installationen 1964–2004*, Ostfildern 2004, S. 13–45, hier S. 36. **13** Raymond Roussel, *Eindrücke aus Afrika* [1910], übers. von Cajetan Freund, München 1980, S. 236. Zur Bedeutung der autobiografischen Einsätze von Rebecca Horn siehe auch Tacke, *Rebecca Horn*, S. 20 f. und S. 75 f. **14** Siehe zum Beispiel Barbara Engelbach, *Zwischen Body Art und Videokunst. Körper und Video in der Aktionskunst um 1970*, München 2001. **15** Giuliana Bruno, »Innenansichten. Die Anatomie der Brautmaschine«, in *Rebecca Horn*, S. 93–111. **16** Alfred Gell, »Vogel's Net. Traps as Artworks and Artworks as Traps«, in *Journal of Material Culture* 1/1 (1996): S. 15–38, hier S. 31 f. (Irrtümlich schreibt Gell allerdings »Judith Horn«.) Zu Fallen und Maschinen siehe auch Hugo Theodor Horwitz, »Über die Konstruktion von Fallen und Selbstschüssen« [1924], in Thomas Brandstetter und Ulrich Troitzsch (Hrsg.), *Das Relais-Prinzip. Schriften zur Technikgeschichte*, Wien 2008, S. 117–146, Marcel Mauss, *Handbuch der Ethnographie*, übers. von Lars Dinkel und Andreas Haarmann, München 2013, S. 77, sowie Hans Blumenberg, *Theorie der Unbegrifflichkeit*, Frankfurt am Main 2007, S. 13 f. Zu digitalen Medien als Fallen siehe Frank Schirrmacher, *Ego. Das Spiel des Lebens*, München 2013, S. 13 f. **17** Roussel, *Locus Solus*, S. 70. **18** Ebd., S. 71. **19** Ebd., S. 256 f. Auf die Bedeutung dieser Reprise hat schon Michel Carrouges hingewiesen. Siehe Michel Carrouges, *Les machines célibataires*, Paris 1954, S. 72. Siehe dazu auch John Tresch, »In a solitary place. Raymond Roussel's brain and the French cult of unreason«, in *Studies in History and Philosophy of Biological and Biomedical Sciences* 35 (2004): S. 307–332, hier S. 314. **20** Roussel, *Locus Solus*, S. 256. **21** Ebd., S. 259. **22** Ebd., S. 262. **23** Henri Bergson, *Materie und Gedächtnis. Eine Abhandlung über die Beziehung zwischen Körper und Geist* [1896], übers. von Julius Frankenberger, Hamburg 1991, S. 14. **24** Roussel, *Locus Solus*, S. 136. **25** Ebd., S. 69. **26** Ebd., S. 127. **27** Siehe dazu auch Engelbach, *Zwischen Body Art und Videokunst*, besonders S. 135–140, wo die Bedeutung des Tastsinns im Werk Rebecca Horns erörtert wird. **28** Bazon Brock, »Wiederholte Anmerkungen zu Körperplastik und Körperbemalung (Aus Anlass der Veröffentlichung von Arbeiten Rebecca Horns)«, in *Interfunktionen* 8 (1972): S. 49–55. **29** »Rebecca Horn«, in *Junge Hamburger Künstler*, Eine Ausstellung des Berufsverbandes Bildender Künstler e. V., Hamburg 1970, ohne Paginierung. **30** Ernst Grosse, *Die Anfänge der Kunst*, Freiburg/Leipzig 1894, S. 58. **31** Eckart von Sydow, *Primitive Kunst und Psychoanalyse. Eine Studie über die sexuelle Grundlage der bildenden Künste der Naturvölker*, Leipzig/Wien/Zürich 1927, S. 174. **32** Emil Stephan, *Südseekunst. Beiträge zur Kunst des Bismarck-Archipels und zur Urgeschichte der Kunst überhaupt*, Berlin 1907, S. 121. **33** In diesem Sinn siehe etwa Herbert Spencer, *The Principles of Psychology*, London 1855, S. 456: »Thus, the great diversity of tactual and manipulatory powers possessed by the elephant's proboscis, is not less remarkable than is the creature's high sagacity – a sagacity which, dwelling in so ungainly a body, would otherwise be altogether inexplicable.« **34** Rebecca Horn und Wulf Herzogenrath (Hrsg.), *Rebecca Horn. Zeichnungen, Objekte, Fotos, Video, Filme*, Berlin 1977, S. 34 und S. 41. **35** Marshall McLuhan, *Die magischen Kanäle / Understanding Media*, übers. von Meinrad Amann, 2. Aufl., Dresden/Basel 1995. Die 1964 erschienene Originalausgabe trägt den Titel *Understanding Media. The Extensions of Man*. Siehe dazu ausführlich Kapitel 4. **36** Claude Bernard, *Einführung in das Studium der experimentellen Medizin* [1865], übers. von Paul Szendrö, hrsg. von Karl E. Rothschuh, Leipzig 1961, S. 19. **37** Horn und Herzogenrath, *Rebecca Horn*, S. 93. **38** Bernard, *Einführung in das Studium der experimentellen Medizin*, S. 20. **39** Horn und Herzogenrath, *Rebecca Horn*, S. 40. **40** Ebd., S. 93. **41** Ebd., S. 36. **42** Bernard, *Einführung in das Studium der experimentellen Medizin*, S. 40. **43** Siehe in diesem Sinne Linda Dalrymple Henderson, »Impressions d'Afrique de Raymond Roussel, le Grand verre de Marcel Duchamp et la fascination exercée par les sciences et la technologie au début du XXe siècle«, in François Piron (Hrsg.), *Locus Solus. Impressions de Raymond Roussel*, Dijon 2012, S. 161–176, hier S. 175. **44** Roussel, *Locus Solus*, S. 261. **45** Ebd., S. 242 f. und S. 162. **46** Ebd., S. 200. **47** Ebd., S. 179, S. 62 und S. 77. **48** Ebd., S. 259. **49** Zum Begriff der »Intraaktivität« siehe Barad, *Agentieller Realismus*, S. 19 f. **50** Siehe dazu Andrew Pickering, *Kybernetik und Neue Ontologien*, übers. von Gustav Roßler, Berlin 2007, sowie ders., *The Cybernetic Brain. Sketches of Another Future*, Chicago 2010. **51** Siehe Ronald D. Laing, *Phänomenologie der Erfahrung*, übers. von Klaus Figge und Waltraud Stein, Frankfurt am Main 1969, S. 134–153, und Mary Barnes, *Meine Reise durch den Wahnsin*n [1971], aufgezeichnet von Mary Barnes und kommentiert von ihrem Psychiater Joseph Berke, München 1973. Zur Kritik an Laing und Barnes siehe Félix Guattari, »Der geteilte Laing«, übers. von Hans-Joachim Metzger, in ders., *Schizoanalyse und Wunschenergie*, Bremen 1980, S. 44–51. **52** »Rebecca Horn«, in *documenta 5. Befragung der Realität – Bildwelten heute*, Kassel 1972, S. 109 f., hier S. 109. **53** Ronald D. Laing, Herbert Phillipson und A. Russell Lee, *Interpersonelle Wahrnehmung*, übers. von Hans-Dieter Teichmann, Frankfurt am Main 1971, S. 14. **54** Horn und Herzogenrath, *Rebecca Horn*, S. 24. **55** Donna Haraway, »Lieber Kyborg als Göttin! Für eine sozialistisch-feministische Unterwanderung der Gentechnologie«, übers. von Gabi Mischkowski und Nora Räthzel, in dies., *Monströse Versprechen. Die Gender- und Technologie-Essays*, Hamburg 1995, S. 165–184. **56** Rainer Maria Rilke, *Die Aufzeichnungen des Malte Laurids Brigge* [1910], Frankfurt am Main 1973, S. 119–121. Siehe dazu insgesamt Dietmar Kamper, *Das gefangene Einhorn. Texte aus der Zeit des Wartens*, München 1983, ein Werk, auf das der Titel dieses Kapitels nicht zufällig anspielt. Zum Einhorn allgemein siehe Chris Lavers, *Das Einhorn. Natur, Mythos, Geschichte*, übers. von Josef Billen, Darmstadt 2010. **57** Horn und Herzogenrath, *Rebecca Horn*, S. 31. Siehe dazu beispielsweise László Moholy-Nagy, *Malerei – Fotografie – Film*, 2. Aufl., München 1927, wo es heißt: »Die Kunst versucht[,] zwischen den bekannten und den noch unbekannten optischen, akustischen und andern funktionellen Erscheinungen weitgehende *neue Beziehungen* herzustellen und diese in bereichernder *Steigerung* von den Funktionsapparaten aufnehmen zu lassen.« (S. 28, erste Hervorhebung im Original, zweite von mir, H. Sch.). **58** Horn und Herzogenrath, *Rebecca Horn*, S. 31. **59** Ebd., S. 28. **60** Ebd., S. 40. **61** »Rebecca Horn«, in *documenta 5*, S. 109. **62** Horn und Herzogenrath, *Rebecca Horn*, S. 24. **63** Gregory Bateson (Hrsg.), *Perceval's Narrative. A Patient's Account of His Psychosis*, 1830–1832, Stanford, CA 1961, S. xiv. Siehe dazu Pickering, *The Cybernetic Brain*, S. 178. Siehe auch Laing, *Phänomenologie der Erfahrung*, S. 107. **64** Laing, *Phänomenologie der Erfahrung*, S. 17. **65** Ebd., S. 15. **66** Ebd. **67** Fritz Heider, *Ding und Medium* [1926], herausgegeben und mit einem Vorwort versehen von Dirk Baecker, Berlin 2005. Zur Diskussion dieses Textes in der Medienwissenschaft siehe Jörg Brauns (Hrsg.), *Form und Medium*, Weimar 2002. **68** Fritz Heider, *Psychologie der interpersonalen Beziehungen* [1958], übers. von Georg Deffner, Stuttgart 1977, S. 33. **69** Ebd., S. 36 f. **70** Ebd., S. 36. Heider unterscheidet in diesem Sinn »proximale« von »distalen Reizen«. **71** Heinz von Förster, »Wahrnehmen wahrnehmen«, in Karlheinz Barck u. a. (Hrsg.), *Aisthesis. Wahrnehmung heute oder Perspektiven einer anderen Ästhetik*, Leipzig 1990, S. 434–443. **72** Pickering, *The Cybernetic Brain*, S. 171–211. **73** Horn und Herzogenrath, *Rebecca Horn*, S. 24. **74** Ebd. **75** Ebd. **76** Ebd., S. 26. **77** Ebd. **78** Ebd. **79** Siehe dazu etwa den Ausstellungskatalog *Misura d'uomo. Strumenti, teorie e pratiche dell'antropometria e della psicologia sperimentale tra '800 et '900*, Florenz 1986. **80** Laing, *Phänomenologie der Erfahrung*, S. 55. **81** Horn und Herzogenrath, *Rebecca Horn*, S. 99. **82** Horn, »Die Bastille-Interviews I«, S. 24. **83** László Moholy-Nagy, *von material zu architektur*, München 1929, S. 13. **84** Michel Foucault, *Raymond Roussel*, übers. von Renate Hörisch-Helligrath, Frankfurt am Main 1989, S. 68. **85** Rebecca Horn, *Buster's Bedroom. A Filmbook*, Zürich/Frankfurt/New York 1991, S. 75.

Kapitel 2 **1** Moholy-Nagy, *Malerei – Fotografie – Film*, S. 36. **2** »Durch drei einsame September-Wochen bin ich 1913 [sic, tatsächlich 1912] alltäglich in der Kirche vor der Statue gestanden, habe sie studiert, gemessen, gezeichnet, bis mir jenes Verständnis aufging, das ich in dem Aufsatz doch nur anonym auszudrücken wagte.« Sigmund Freud, Brief an Edoardo Weiß, 12. April 1933, zitiert nach Ernest Jones, *Sigmund Freud. Leben und Werk, Bd. 2*, übers. von Gertrud Meili-Dworetzki, München 1984, S. 433. **3** Zu den Einzelheiten siehe Jones, *Sigmund Freud*, S. 428–433, sowie die grundlegende Studie von Ilse Grubrich-Simitis, *Michelangelos Moses und Freuds ›Wagstück‹. Eine Collage*, Frankfurt am Main 2002. **4** Grubrich-Simitis, *Michelangelos Moses*, S. 51, sowie Horst Bredekamp, »Michelangelos Moses als Gedankenfilm. Freuds Ambivalenz gegenüber der Kinematographie«, in Kristina Jaspers und Wolf Unterberger (Hrsg.), *Kino im Kopf. Psychologie und Film seit Sigmund Freud*, Ausstellungskatalog, Berlin 2006, S. 31–37, und Joseph Vogl, *Über das Zaudern*, Zürich/Berlin 2007, S. 7–24. **5** Carlo Ginzburg, *Spurensicherung. Die Wissenschaft auf der Suche nach sich selbst*, übers. von Gisela Bonz und Karl F. Hauber, Berlin 1995, S. 7–44. **6** Siehe Jones, *Sigmund Freud*, S. 428–433, sowie Grubrich-Simitis, *Michelangelos Moses*, S. 13–23. **7** Sigmund Freud, »Der Moses des Michelangelo« [1914], in ders., *Gesammelte Werke, chronologisch geordnet. Bd. X, Werke aus den Jahren 1913–1917*, London 1946, S. 172–201, hier S. 175 und S. 177. **8** *Die Bibel. Die Heilige Schrift des Alten und Neuen Bundes*, Vollständige Deutsche Ausgabe, 19. Aufl., Freiburg 1975, S. 91. **9** Theodor Reik, *Probleme der Religionspsychologie. I. Theil: Das Ritual*, Leipzig/Wien 1919, S. 261. Siehe dazu Grubrich-Simitis, *Michelangelos Moses*, S. 61. Siehe außerdem Ruth Mellinkoff, *The Horned Moses in Medieval Art and Thought*, Berkeley usw. 1970, S. 76–93, Christoph Dohmen, *Mose. Der Mann, der zum Buch wurde*, 2. Aufl., Leipzig 2013, S. 190–208, sowie Thomas Römer, *Les Cornes de Moïse. Faire entrer la Bible dans l'histoire*, Paris 2014. **10** Mellinkoff, *The Horned Moses*, S. 61–75. **11** Siehe dazu Christian Kiening und Ulrich Johannes Beil, *Urszenen des Medialen. Von Moses zu Caligari*, Göttingen 2012, S. 19–36. **12** Siehe dazu auch Jochen Hörisch, *Eine Geschichte der Medien. Vom Urknall zum Internet*, Frankfurt am Main 2004, S. 51–53. **13** Freud schließt sich damit der Auffassung des Kunsthistorikers Henry Thode an, dass die Gesamtkonzeption des Grabmals für Julius II. auf eine Repräsentation von »Charakterbildern«, von »Typen« des menschlichen Wesens gezielt und deswegen die »Vorstellung einzelner historischer Vorgänge« ausgeschlossen habe. Siehe Freud, »Der Moses des Michelangelo«, S. 182–184. **14** Walter Benjamin, »Das Kunstwerk im Zeitalter seiner technischen Reproduzierbarkeit« [Fünfte Fassung], in ders., *Das Kunstwerk im Zeitalter seiner technischen Reproduzierbarkeit*, hrsg. von Burkardt Lindner, Berlin 2012 (= *Werke und Nachlaß. Kritische Gesamtausgabe*; 16), S. 207–255, hier S. 211. **15** Jones, *Sigmund Freud*, S. 431, sowie R. Andrew

Paskauskas (Hrsg.), *The Complete Correspondence of Sigmund Freud and Ernest Jones, 1908–1939*, Cambridge/London 1993, S. 183–187. Jones hatte die Diskussion, die er mit Freud über die Michelangelo-Skulptur führte, in einem Brief vom Oktober 1912 begonnen (ebd., S. 165). Zur Geschichte des Gipsabgusses allgemein siehe Rune Frederiksen und Eckart Marchand (Hrsg.), *Plaster Casts. Making, Collecting, and Displaying from Classical Antiquity to the Present*, Berlin 2010. Zu den Gipsabguss-Sammlungen in Wien siehe Simon Weber-Unger (Hrsg.), *Gipsmodell und Fotografie im Dienst der Kunstgeschichte 1850–1900*, Wien 2011, sowie Andrea Domanig, »Was wurde aus Hansens Glyptothek? Zur Geschichte der Gipsabgusssammlung an der Akademie der bildenden Künste Wien«, in Beatrix Bastl, Ulrike Hirhager und Eva Schober (Hrsg.), *Theophil Hansen. Ein Resümee*, Weitra 2013, S. 75–96. **16** Benjamin, »Das Kunstwerk« [Fünfte Fassung], S. 216, sowie ders., »Kleine Geschichte der Photographie« [1931], in ders., *Gesammelte Schriften Bd. II/1*, hrsg. von Rolf Tiedemann und Hermann Schweppenhäuser, Frankfurt am Main 1977, S. 368–385, hier S. 381 f. **17** Hildebrand, *Problem der Form*, S. 19 f. **18** Freud, »Der Moses des Michelangelo«, S. 172–174 und S. 183. **19** Georg Simmel, »Die Großstädte und das Geistesleben«, in Theodor Petermann (Hrsg.), *Die Großstadt. Vorträge und Aufsätze zur Städteausstellung*, Dresden 1903, S. 185–230, hier S. 203. **20** Freud, »Der Moses des Michelangelo«, S. 173 und S. 177. **21** Ebd., S. 176 und S. 187. **22** Ebd., S. 186. **23** Die in der Erstveröffentlichung des Aufsatzes enthaltene Reproduktion einer Fotografie von Michelangelos Statue trägt den Vermerk: »Mit Genehmigung des Verlags Robert Langewiesche aus dem Band ›Michelangelo‹ der Sammlung ›Blaue Bücher‹.« Siehe *** [Sigmund Freud], »Der Moses des Michelangelo«, in *Imago* 3/1 (1914): S. 15–36, zwischen S. 16 und S. 17. Gemeint ist Max Sauerlandt, *Michelangelo*, Düsseldorf/Leipzig 1911, S. 12. **24** Freud, »Der Moses des Michelangelo«, S. 186. **25** Ebd., S. 186–189. **26** Ebd., S. 188 und S. 200. Siehe dazu und insgesamt Sigrid Weigel, *Literatur als Voraussetzung der Kulturgeschichte. Schauplätze von Shakespeare bis Benjamin*, München/Paderborn 2004, S. 15–38. **27** Sigmund Freud, *Die Traumdeutung*, in ders., *Gesammelte Werke chronologisch geordnet, Bd. II/III*, London 1948, S. 1–642, hier S. 142–150. In der Deutung des Traums »Freund R. ist mein Onkel« erörtert Freud die »unerfreuliche Farbenwandlung« des Barthaares zum Grau, die er auch bei sich »mit Mißvergnügen« bemerkt habe (S. 144). **28** Zur Semiologie und Epistemologie des Abdrucks siehe Ginzburg, *Spurensicherung*, sowie Georges Didi-Huberman, *Ähnlichkeit und Berührung. Archäologie, Anachronismus und Modernität des Abdrucks*, übers. von Christoph Hollender, Köln 1999. Mit Blick auf die Psychoanalyse siehe dazu Jacques Derrida, »Freud und der Schauplatz der Schrift«, in ders., *Die Schrift und die Differenz*, übers. von Rodolphe Gasché, Frankfurt am Main 1976, S. 302–350. **29** Freud, »Der Moses des Michelangelo«, S. 185. **30** Ernest Jones an Sigmund Freud, 23. Dezember 1912, in *The Complete Correspondence*, S. 184. **31** Freud, »Der Moses des Michelangelo«, S. 191. **32** Ebd., S. 194. **33** Ebd., S. 183. **34** Ebd., S. 198. **35** Ebd. **36** Ebd. Siehe dazu auch Derrida, »Freud und der Schauplatz der Schrift«, S. 323. **37** In den Briefen scheut Freud nicht davor zurück, sich direkt mit Moses zu vergleichen. Siehe dazu Grubrich-Simitis, *Michelangelos Moses*, S. 16 f. **38** Freud, »Der Moses des Michelangelo«, S. 190 (Hervorh. von mir, H. Sch.). **39** Ebd. **40** Der Gipsabguss der Moses-Statue in der Wiener Akademie (Sign.: GM-RE-5) wurde in den 1860er-Jahren bei der Gipsformerei Vanni in Frankfurt in Auftrag gegeben. Zu Vanni siehe Dagmar Stutzinger, »Das Geschäft mit der Antike. Die Gipsformer Marco, Antonio und Valentin Vanni«, in Marlene Herfort-Koch, Ursula Mandel und Ulrich Schädler (Hrsg.), *Begegnungen. Frankfurt und die Antike*, Frankfurt am Main 1994, S. 253–261. **41** Jones an Freud, 23. Dezember 1912, in *The Complete Correspondence*, S. 184. **42** Freud an Jones, 26. Dezember 2012, in *The Complete Correspondence*, S. 186, und Freud, »Der Moses des Michelangelo«, S. 192. **43** Grubrich-Simitis, *Michelangelos Moses*,

S. 29–34, sowie Georg Satzinger, »Michelangelos Grabmal Julius' II. in S. Pietro in Vincoli«, in *Zeitschrift für Kunstgeschichte* 64 (2001): S. 177–222. **44** Siehe Sauerlandt, *Michelangelo*, S. 13. Es ist unklar, warum Freud nicht gleich eine Reproduktion dieser Fotografie oder eines entsprechenden Ausschnitts in die Veröffentlichung seines Aufsatzes einbezogen hat. Erst die *Standard-Edition* und im Anschluss daran die *Studienausgabe* der Werke Freuds bringen im Text des Michelangelo-Aufsatzes Reproduktionen entsprechender Ausschnitte von Fotografien, auf denen das Horn an den Tafeln erkennbar ist. **45** Freud, »Der Moses des Michelangelo«, S. 185 und S. 190 (Hervorh. von mir, H. Sch.). **46** Ebd., S. 175. **47** Es umfasst 850 Titel. Siehe Walter Benjamin, *Das Passagen-Werk*, in ders., *Gesammelte Schriften Bd. V. 1/2*, 4. Aufl., Frankfurt am Main 1996, S. 1277–1323. Zur »Hauptstadt des XIX. Jahrhunderts« siehe ebd., S. 45–59. **48** Charles Péguy, »Un nouveau théologien M. Fernand Laudet«, in ders., *Œuvres en prose*, 1909–1914, Paris 1961, S. 893–1095, hier S. 951. Zu Benjamin und Péguy siehe Hella Tiedemann-Bartels, *Verwaltete Tradition. Die Kritik Charles Péguys*, Freiburg 1986. **49** Benjamin, *Das Passagen-Werk*, S. 580. **50** Karl Marx, »Ökonomisch-philosophische Manuskripte aus dem Jahre 1844«, in Karl Marx und Friedrich Engels, *Werke, Erg.bd.: Schriften, Manuskripte, Briefe bis 1844, Erster Teil*, Berlin 1990, S. 465–588, hier S. 542. 1932 wurden die Manuskripte erstmals veröffentlicht. **51** Walter Benjamin, *Einbahnstraße* [1928], in ders., *Gesammelte Schriften, Bd. IV.1*, hrsg. von Tilmann Rexroth, Frankfurt am Main 1974, S. 83–148, hier S. 103. **52** Benjamin, »Das Kunstwerk« [Fünfte Fassung], S. 209 f. **53** Willy Hellpach, *Nervosität und Kultur*, Berlin 1902, S. 33. **54** Benjamin, »Über einige Motive bei Baudelaire«, S. 630, ders., »Das Kunstwerk im Zeitalter seiner technischen Reproduzierbarkeit« [Erste Fassung], S. 39, sowie ders., »Das Kunstwerk« [Fünfte Fassung], S. 243. **55** Siehe dazu zum Beispiel Ernst H. Gombrich, *Kunst und Illusion. Zur Psychologie der bildlichen Darstellung*, übers. von Lisbeth Gombrich, 6. Aufl., Berlin 2002, S. 12–18, sowie die aktuellen Beobachtungen von Krois, *Bildkörper und Körperschema*, S. 210–231. **56** Zu Moholy und Benjamin siehe Herbert Molderings, »Fotogeschichte aus dem Geist des Konstruktivismus. Gedanken zu Walter Benjamins ›Kleiner Geschichte der Photographie‹«, in ders., *Die Moderne der Fotografie*, Hamburg 2008, S. 155–180, und György Markus, »Walter Benjamin and the German ›Reproduction Debate‹«, in Christine Magerski, Robert Savage und Christiane Weller (Hrsg.), *Moderne begreifen. Zur Paradoxie eines sozio-ästhetischen Deutungsmusters*, Wiesbaden 2007, S. 351–364. Zu Giedion und Benjamin siehe Heinz Brüggemann, »Walter Benjamin und Sigfried Giedion oder die Wege der Modernität«, in *Deutsche Vierteljahrsschrift für Literaturwissenschaft und Geistesgeschichte* 70 (1996): S. 443–474. Zu Benjamins Verbindungen zur Ästhetik des Konstruktivismus siehe insgesamt Detlev Schöttker, *Konstruktiver Fragmentarismus. Form und Rezeption der Schriften Walter Benjamins*, Frankfurt am Main 1999, besonders S. 148–172. **57** Benjamin, »Kleine Geschichte der Photographie«, S. 382 und S. 385. Das erste Zitat stammt aus Moholy-Nagy, *Malerei – Fotografie – Film*, S. 25, das zweite aus ders., »fotografie ist lichtgestaltung«, in *Bauhaus 2/1* (1928): S. 2–9, hier S. 5. Zur Stuttgarter Ausstellung »Film und Foto« (1929) siehe László Moholy-Nagy, »Die wichtigsten Epochen aus der Geschichte der Fotografie«, in *Das Werk 16* (1929): 260–267. **58** Moholy-Nagy, *Malerei – Fotografie – Film*, S. 23 f. **59** Moholy und Giedion hatten sich 1923 anlässlich der Bauhaus-Ausstellung in Weimar kennengelernt. Bis zu Moholys vorzeitigem Tod im Jahre 1947 verband die beiden eine kollegiale Freundschaft. Zu biografischen Hintergründen siehe Sibyl Moholy-Nagy, *Laszlo Moholy-Nagy, ein Totalexperiment* [1950], Mainz/Berlin 1972; Sokratis Georgiadis, *Sigfried Giedion. Eine intellektuelle Biographie*, Zürich 1989, sowie Iris Bruderer-Oswald, *Das neue Sehen. Carola Giedion-Welcker und die Sprache der Moderne*, Bern 2007. Speziell zu Giedion und Moholy siehe Andreas Haus, »Durchspültsein von Luft«, in Werner Oechslin und Gregor Harbusch

(Hrsg.), *Sigfried Giedion und die Fotografie. Bildinszenierungen der Moderne*, Zürich 2010, S. 74–87, sowie Olivier Lugon, »Le vieux pont, l'historien et le nouveau photographe«, in François Bon, Olivier Lugon und Philippe Simay (Hrsg.), *Le pont transbordeur de Marseille. Moholy-Nagy*, Paris 2013, S. 7–33. **60** Sigfried Giedion, *Bauen in Frankreich – Bauen in Eisen – Bauen in Eisenbeton*, Leipzig/Berlin 1928, S. 85, und Benjamin, »Das Kunstwerk« [Fünfte Fassung], S. 215. **61** Benjamin, »Das Kunstwerk« [Fünfte Fassung], S. 215. **62** Walter Benjamin, »Das Kunstwerk im Zeitalter seiner technischen Reproduzierbarkeit« [Zweite Fassung], in ders., *Das Kunstwerk im Zeitalter seiner technischen Reproduzierbarkeit*, hrsg. von Burkardt Lindner, Berlin 2012 (= *Werke und Nachlaß. Kritische Gesamtausgabe*; 16), S. 52–95, hier S. 89. Wie bei Riegl ist »taktisch« hier so wie »taktil« zu verstehen. **63** Benjamin, *Einbahnstraße*, S. 132. **64** Benjamin, »Das Kunstwerk« [Fünfte Fassung], S. 245, und ders., »Das Paris des Second Empire bei Baudelaire«, in ders., *Gesammelte Schriften, Bd. I/2*, hrsg. von Rolf Tiedemann und Hermann Schweppenhäuser, Frankfurt am Main 1974, S. 511–604, hier S. 556. **65** Benjamin, »Über einige Motive bei Baudelaire«, S. 618. Siehe auch ebd., S. 652: »Von der Menge mit Stößen bedacht worden zu sein, hebt Baudelaire unter allen Erfahrungen, die sein Leben zu dem gemacht haben, was es geworden ist, als die maßgebende heraus, als die unverwechselbare.« Zum Schock als Aufprall siehe auch Wolfgang Schivelbusch, *Geschichte der Eisenbahnreise. Zur Industrialisierung von Raum und Zeit im 19. Jahrhundert*, 5. Aufl., Frankfurt am Main 2011, S. 134–141. **66** Benjamin, »Über einige Motive bei Baudelaire«, S. 632. **67** August Strindberg, *Inferno. Legenden*, übers. von Emil Schering, 5. Aufl., München/Leipzig 1914, S. 75. **68** László Moholy-Nagy, *von material zu architektur*, München 1929, S. 24. Im Einzelnen siehe Luigi Russolo, »Die Geräuschkunst« [1913], sowie Filippo Tommaso Marinetti, »Der Taktilismus. Futuristisches Manifest« [1921], in Wolfgang Asholt und Walter Fähnders (Hrsg.), *Manifeste und Proklamationen der europäischen Avantgarde (1909–1938)*, Stuttgart/Weimar 1995, S. 30–32 und S. 219–223. **69** Benjamin, »Über einige Motive bei Baudelaire«, S. 630, sowie ders., »Das Kunstwerk« [Fünfte Fassung], S. 236 und S. 213. **70** Ebd., S. 212. Zur Haus-Pinakothek siehe Moholy-Nagy, *Malerei – Fotografie – Film*, S. 23 f. **71** Karl Marx, *Das Kapital. Kritik der politischen Ökonomie. Erster Band, Buch I: Der Produktionsprozess des Kapitals* [1867/1890], Berlin 1979 (= MEW; 23), S. 86 und S. 85, sowie ders., »Ökonomisch-philosophische Manuskripte«, S. 565. **72** Benjamin, »Das Kunstwerk« [Fünfte Fassung], S. 228 f., Anm. 1. **73** Ebd., S. 213. **74** Ebd., S. 236 und S. 246. **75** Ebd., S. 226, Anm. 1. **76** Ebd., S. 215, Benjamin, »Über einige Motive bei Baudelaire«, S. 645, sowie ders., »Kleine Geschichte der Photographie«, S. 372. **77** Jacques Lacan, »Das Spiegelstadium als Bildner der Ichfunktion, wie sie uns in der psychoanalytischen Erfahrung erscheint«, übers. von Peter Stehlin, in ders., *Schriften I*, ausgew. und hrsg. von Norbert Haas, Frankfurt am Main 1975, S. 61–70, sowie ders., *Das Seminar, Buch XI. Die vier Grundbegriffe der Psychoanalyse*, 1964, übers. von Norbert Haas, Olten/Freiburg 1980, S. 101 f. **78** Benjamin, »Über einige Motive bei Baudelaire«, S. 646 f. **79** Ebd., S. 646. **80** Benjamin, »Das Paris des Second Empire«, S. 558. **81** Charles Baudelaire, »Perte de l'Auréole/Verlust einer Aureole«, in ders., *Sämtliche Werke/Briefe, Bd. 8*, hrsg. von Friedhelm Kemp und Claude Pichois, München/Wien 1985, S. 284 f. **82** Walter Benjamin, »Haschisch Anfang März 1930«, in ders., *Gesammelte Schriften, Bd. VI*, hrsg. von Rolf Tiedemann und Hermann Schweppenhäuser, Frankfurt am Main 1985, S. 587–591, hier S. 588. **83** Benjamin, »Über einige Motive bei Baudelaire«, S. 650–653, ders., Brief an Max Horkheimer, 16. April 1938, in ders., *Gesammelte Schriften Bd. I/3*, hrsg. von Rolf Tiedemann und Hermann Schweppenhäuser, Frankfurt am Main 1974, S. 1072–1075, hier S. 1074, ders., *Passagen-Werk*, S. 51, ders., »Kleine Geschichte der Photographie«, S. 376, ders., »Das Kunstwerk« [Fünfte Fassung], S. 215, sowie ders., »Haschisch Anfang März 1930«, S. 588.

84 Benjamin, »Haschisch Anfang März 1930«, S. 588. **85** Benjamin, »Über einige Motive bei Baudelaire«, S. 647, Anm., sowie ders., »La Traduction – le pour et le contre« [ca. 1935], in ders., *Gesammelte Schriften, Bd. VI*, S. 157–160, hier S. 158. **86** Fritz Fränkel, »Protokoll des Meskalinversuchs vom 22. Mai 1934«, in *Gesammelte Schriften, Bd. VI*, S. 607–616, hier S. 609 und S. 614, sowie Aby Warburg, Sandro Botticellis »Geburt der Venus« und »Frühling« [1893], in ders., *Werke in einem Band*, hrsg. von Martin Treml, Sigrid Weigel und Perdita Ladwig, Berlin 2010, S. 39–123, hier S. 54. Siehe dazu Weigel, *Literatur als Voraussetzung der Kulturgeschichte*, S. 15–38, sowie Sabine Mainberger, »Tragödie der Verleibung. Zu Aby Warburgs Variante der Einfühlungstheorie«, in Jutta Müller-Tamm, Henning Schmidgen und Tobias Wilke (Hrsg.), *Gefühl und Genauigkeit. Empirische Ästhetik um 1900*, München 2014, S. 105–135. **87** Benjamin, »Haschisch Anfang März 1930«, S. 588. **88** Ebd. **89** Benjamin, »Über einige Motive bei Baudelaire«, S. 548. **90** Benjamin, »Das Kunstwerk« [Fünfte Fassung], S. 246, sowie ders., *Das Passagen-Werk*, S. 292. **91** Giedion, *Bauen in Frankreich*, S. 14. **92** Benjamin, »Über einige Motive bei Baudelaire«, S. 548. **93** Walter Benjamin, »Der destruktive Charakter«, in ders., *Gesammelte Schriften, Bd. IV/1*, hrsg. von Tillman Rexrodt, Frankfurt am Main 1972, S. 394–398, hier S. 397 f. **94** Sigfried Giedion, *Die Herrschaft der Mechanisierung. Ein Beitrag zur anonymen Geschichte* [1948], hrsg. von Henning Ritter, Frankfurt am Main 1987, S. 405. **95** Benjamin, »Das Paris des Second Empire«, S. 548. **96** Ebd., S. 549 f. **97** Ebd., S. 551. **98** Sigmund Freud, *Jenseits des Lustprinzips* [1920], in ders., *Gesammelte Werke chronologisch geordnet, Bd. XIII*, London 1955, S. 1–69, hier S. 25. **99** Benjamin, »Über einige Motive bei Baudelaire«, S. 614. **100** Ebd. **101** Ebd., S. 613, sowie Freud, *Jenseits des Lustprinzips*, S. 27. **102** Benjamin, »Über einige Motive bei Baudelaire«, S. 613. **103** Freud, *Jenseits des Lustprinzips*, S. 28. **104** Sigmund Freud, »Die Verneinung« [1925], in ders., *Gesammelte Werke, chronologisch geordnet, Bd. XIV*, London 1955, S. 11–15, hier S. 13. **105** Freud, *Jenseits des Lustprinzips*, S. 25. **106** Sigmund Freud, »Zur Einführung des Narzißmus« [1914], in ders., *Gesammelte Werke, chronologisch geordnet, Bd. X*, London 1949, S. 137–170, hier S. 141. **107** Ernst Haeckel, *Das Protistenreich. Eine populäre Übersicht über das Formengebiet der niedersten Lebewesen*, Leipzig 1878, S. 69. Siehe dazu ausführlich Henning Schmidgen und Judy Johns Schloegel, »Allgemeine Physiologie, experimentelle Psychologie und Evolutionstheorie. Einzellige Organismen in der psychophysiologischen Forschung, 1877–1918«, in Michael Hagner und Manfred D. Laubichler (Hrsg.), *Der Hochsitz des Wissens. Das Allgemeine als wissenschaftlicher Wert*, Zürich/Berlin 2006, S. 239–274. **108** Freud, *Jenseits des Lustprinzips*, S. 27. **109** Ebd., S. 26 f. (Hervorhebung von mir, H. Sch.). **110** Ebd., S. 27. **111** Benjamin, »Über einige Motive bei Baudelaire«, S. 616–618. **112** Freund, *Jenseits des Lustprinzips*, S. 25 f. **113** Sigmund Freud, »Notiz über den Wunderblock« [1924/25], in ders., *Gesammelte Werke chronologisch geordnet, Bd. XIV*, London 1955, S. 1–8, hier S. 8. **114** Freud, »Die Verneinung«, S. 15. **115** Benjamin, »Das Paris des Second Empire«, S. 549. **116** Reik, *Probleme der Religionspsychologie*, S. 264. **117** Marie Bonaparte, *Über die Symbolik der Kopftrophäen. Eine psychoanalytische Studie*, Leipzig/Wien/Zürich 1928, S. 17. **118** Serge Leclaire, *Der psychoanalytische Prozeß. Ein Versuch über das Unbewußte und den Aufbau einer buchstäblichen Ordnung*, übers. von Norbert Haas, Olten/Freiburg 1971, S. 89–108.

Kapitel 3 **1** Heinrich Popitz, *Epochen der Technikgeschichte*, Tübingen 1989, S. 15 f. **2** Robert Descharnes, *Dali de Gala*, Lausanne 1962, S. 22 f. **3** Im ersten Drittel des zusammen mit José Montes-Baquer gedrehten Fernsehfilms *Impressions de la Haute Mongolie – Hommage à Raymond Roussel* (1975) posiert Dalí neben der Moses-Skulptur in seinem Theatermuseum, während die Kamera immer näher an die in den Bart greifenden Finger der Skulptur heranfährt. **4** 1974 entwarf Dalí Druckgrafiken und den Umschlag für eine englische Ausgabe von Freuds *Der Mann Moses und die monotheistische Religion*. Der Umschlag greift Michelangelos Darstellung auf. Siehe Robert Descharnes und Nicolas Descharnes, *Dalí – The Hard and the Soft – Spells for the Magic of Form – Sculptures and Objects*, Azay-le-Rideau 2004, S. 225. **5** Zu Halsman siehe Jane Halsman Bello und Steve Bello (Hrsg.), *Philippe Halsman. Eine Retrospektive*, übers. von Thomas Bodmer, Zürich / New York 1998. Zur Zusammenarbeit von Dalí und Halsman siehe Anna Feldhaus, *Salvador Dalí und Philippe Halsman. Das gemeinsame Werk*, Heidelberg / Berlin 2015. **6** Siehe dazu Elliott H. King, »Winged Fantasy with Lead Feet. The Influence of Llullism and Hiparxiologi on Dalí's Mysticism«, in Hank Hine, William Jeffett und Kelly Reynolds (Hrsg.), *Persistence & Memory. New Critical Perspectives on Dalí at the Centennial*, Mailand 2004, S. 189–193, der in diesem Zusammenhang auf die wichtige Vermittlungsarbeit des katalanischen Philosophen und Schriftstellers Francesc Pujols hinweist. **7** Descharnes, *Dali de Gala*, S. 6. **8** Salvador Dalí, »Von der schaurigen und eßbaren Schönheit, von der Jugendstilarchitektur« [1933], in ders., *Unabhängigkeitserklärung der Phantasie und Erklärung der Rechte des Menschen auf seine Verrücktheit. Gesammelte Schriften*, übers. von Brigitte Weidmann und Tilbert Diego Stegmann, hrsg. von Axel Matthes und Tilbert Diego Stegmann, München 1974, S. 218–226, hier S. 225. **9** Anonymus, »Third Eye for Space Explorers«, in *Popular Electronics* 17/1 (July) 1962, S. 84. Siehe auch Anonymus, »TV Monocle gives Extra Eye to wearer«, in *Radio-Electronics* 33/9 (September) 1962, S. 50, wo weitere Anwendungsmöglichkeiten, u. a. in der Chirurgie, diskutiert werden. **10** Robert Descharnes und Gilles Néret, *Salvador Dalí, 1904–1989. Das malerische Werk*, Köln u. a. 2003, S. 207. **11** Alain Bosquet, »Gespräche mit Dalí«, übers. von Schuldt, in Richard P. Hartmann (Hrsg.), *Hommage à Dali*, München 1974, S. 1–104, hier S. 24 und S. 88. **12** Salvador Dalí, »Manifest der Antimaterie. Vorwort zum Katalog der Ausstellung in der Carstairs Gallery, New York, Dezember 1958–Januar 1959«, übers. von Jutta und Theodor Knust, in *Salvador Dalí. Retrospektive 1920–1980*, München 1980, S. 366, und Helen Sainsbury, »Chaos and Creation, 1960«, in Matthew Gale (Hrsg.), *Dalí & Film*, New York 2007, S. 206–213. Dalís Verhältnis zu den Wissenschaften ist bislang vor allem mit Bezug auf die moderne Physik untersucht worden. Siehe Frank Weyers, *Salvador Dalís Auseinandersetzung mit den Naturwissenschaften*, Aachen 1995, Astrid Ruffa, Phlippe Kaenel und Danielle Chaperon (Hrsg.), *Salvador Dalí à la croisée des savoirs*, Paris 2007, Michael R. Taylor, »The Dalí Renaissance« und »On the Road with Salvador Dalí. The 1952 Nuclear Mysticism Lecture Tour«, in ders. (Hrsg.), *The Dalí Renaissance. New Perspectives of His Life and Art after 1940. An International Symposium*, New Haven / London 2008, S. 1–31 und S. 53–70, Gavin Parkinson, »How Dalí Learned to Stop Worrying about Surrealism and Love the Bomb«, in *The Dalí Renaissance*, S. 71–85, sowie ders., *Surrealism, Art and Modern Science. Relativity, Quantum Mechanics, Epistemology*, New Haven / London 2008, S. 201–217. **13** Elliott H. King, »Rhinoceros Horn«, in Dawn Ades (Hrsg.), *Dalí. Die Jahrhundert-Retrospektive*, München 2004, S. 456, und Descharnes, *Dali de Gala*, S. 52. **14** Ian Gibson, *Salvador Dalí. Die Biographie*, übers. von Christiane Agricola, Stuttgart 1998, S. 501, Elliott H. King, »The Prodigious Story of the Lacemaker and the Rhinoceros«, in Michael R. Taylor (Hrsg.), *The Dalí Renaissance. New Perspectives of His Life and Art after 1940. An International Symposium*, New Haven / London 2008, S. 190–204, und ders., »Crazy Movies that Disappear«, in Matthew Gale (Hrsg.), *Dalí & Film*, New York 2007, S. 214–229. **15** Salvador Dalí, »Die Poesie des Massenverbrauchsgegenstandes« [1928], in ders., *Gesammelte Schriften*, S. 34–36, hier S. 34, sowie ders., »Der heilige Sebastian« [1927], in ebd., S. 52–57, hier S. 54. **16** Salvador Dalí, »Für das ›Meeting‹ von Sitges« [1928], in ders., *Gesammelte Schriften*, S. 19–21, hier S. 21, ders., »Die Wasser, in denen wir schwimmen« [1935], ebd., S. 268–270, hier S. 268, sowie ders., *Les cocus du vieil art* *moderne*, Paris 1956, S. 34 f. **17** Zu den Verbindungen zwischen Bachelard und dem Surrealismus siehe Parkinson, *Surrealism, Art and Modern Science*, S. 89–116. **18** Édouard Monod-Herzen, *Science et esthétique. Principes de morphologie générale*, Paris 1927, Salvador Dalí, »Anmerkungen zur Interpretation des Gemäldes ›Die Beständigkeit der Erinnerung‹«, übers. von Jutta und Theodor Knust, in *Salvador Dalí. Retrospektive 1920–1980*, S. 174, ders., »Glänzende Ideen« [1940], in *Gesammelte Schriften*, S. 295–299, hier S. 295 f., und ders., »Der gespenstische Surrealismus des Ewigweiblichen in der präraffaelitischen Kunst« [1936], in ebd., S. 230–234, hier S. 232. Zur Rezeption von Monod-Herzen im Surrealismus siehe Parkinson, *Surrealism, Art and Modern Science*, S. 86 f. Zur Wissenschaftsgeschichte von synthetischer Biologie und biologischer Morphologie siehe Evelyn Fox Keller, *Making Sense of Life. Explaining Biological Development with Models, Metaphors, and Machines*, Cambridge u. a. 2002. **19** Salvador Dalí, *50 magische Geheimnisse*, übers. von Brunhild Seeler, Köln 1986. Die erste Ausgabe erschien in englischer Sprache unter dem Titel *50 Secrets of Magic Craftsmanship*, übers. von Hakon M. Chevalier, New York 1948. Die französische Originalversion, *50 secrets magiques*, wurde erst 1974 veröffentlicht. Diesem Text folgt die deutsche Fassung. **20** Zu Roussel und Dalí siehe Astrid Ruffa, »Roussel lu par Dalí. Logiques imaginatives et figures du Génie«, in François Piron (Hrsg.), *Locus Solus. Impressions de Raymond Roussel*, Dijon 2012, S. 221–231. **21** Bosquet, »Gespräche mit Dalí«, S. 14. **22** Siehe David Lomas, ›Painting is dead – long live painting!‹ Notes on Dalí and Leonardo«, in Michael R. Taylor (Hrsg.), *The Dalí Renaissance. New Perspectives of His Life and Art after 1940. An International Symposium*, New Haven / London 2008, S. 153–189, besonders S. 165–169, sowie King, »The Prodigious Story of the Lacemaker and the Rhinoceros«, S. 220–222. **23** Salvador Dalí, »Mystisches Manifest« [1951], übers. von Rudolf Kimmig, in *Salvador Dalí. Retrospektive 1920–1980*, S. 372–374, hier S. 373. **24** Salvador Dalí, »Phänomenologische Aspekte der paranoisch-kritischen Methode« [1955], in ders., *Gesammelte Schriften*, S. 299–307, hier S. 299. **25** Ebd., S. 301 (Übersetzung leicht modifiziert). **26** Ebd. **27** Salvador Dalí, »Paranoisch-kritische Interpretation des zwanghaften Bildes ›Das Abendläuten‹ von Millet« [1933], in ders., *Gesammelte Schriften*, S. 196–202, hier S. 201. **28** Dalí, »Phänomenologische Aspekte der paranoisch-kritischen Methode«, S. 302. **29** Ebd., S. 304. **30** Ebd., S. 302. **31** Roland Barthes, *Die helle Kammer. Bemerkungen zur Photographie*, übers. von Dietrich Leube, Frankfurt am Main 2008, S. 35. **32** Dalí, »Phänomenologische Aspekte der paranoisch-kritischen Methode«, S. 302. **33** Ebd. **34** Ebd., S. 303. **35** Ebd., S. 303 f. **36** Ebd. **37** Michael R. Taylor, »Paranoiac-Critical Study of Vermeer's ›Lacemaker‹«, in Dawn Ades (Hrsg.), *Dalí. Die Jahrhundert-Retrospektive*, München 2004, S. 376. **38** Anonymus, »Dali marie pour se libérer une dentillère et un rhinocéros«, in *Paris Match*, Nr. 319, 7. bis 14. Mai 1955, S. 78. **39** Dalí, »Phänomenologische Aspekte der paranoisch-kritischen Methode«, S. 306, und Spencer R. Weart, *Nuclear fear. A history of images*, Cambridge, Mass. 1988, S. 402. **40** Dalí, »Phänomenologische Aspekte der paranoisch-kritischen Methode«, S. 306. **41** Ebd., S. 307 (Übersetzung leicht modifiziert). **42** Jacques Lacan, *Das Seminar, Buch III (1955–1956). Die Psychosen*, übers. von Michael Turnheim, Berlin 1997, S. 87. **43** Jacques Lacan, *Das Seminar, Buch I (1953–1954). Freuds technische Schriften*, übers. von Werner Hamacher, 2. Aufl., Weinheim / Berlin 1990, S. 227 f. **44** Gilles Deleuze und Félix Guattari, *Tausend Plateaus. Kapitalismus und Schizophrenie*, übers. von Gabriele Ricke und Ronald Voullié, Berlin 1992, S. 44 f. **45** Michel Tapié, »Die Dalísche Kontinuität« [1957], in *Salvador Dalí. Retrospektive 1920–1980*, München 1980, S. 362 f., hier S. 363, sowie Descharnes und Descharnes, *Dalí. The Hard and the Soft*, S. 64. **46** Salvador Dalí, *Dali sagt … Tagebuch eines Genies*, übers. von Rolf und Hedda Soellner, München 1968, S. 50. **47** Siehe Descharnes und Descharnes, *Dalí. The Hard and the Soft*, S. 68 f. **48** Dalí, *Les cocus du vieil art moderne*, S. 115. **49** King,

»Crazy Movies that Disappear«, S. 222. **50** Bosquet, »Gespräche mit Dalí«, S. 47. **51** Dalí, *Dali sagt …*, S. 50 f. **52** Matila Ghyka, *Esthétique des proportions dans la nature et dans les arts*, Paris 1927. **53** Matila Ghyka, *Heureux qui comme Ulysse*, Paris 1956, S. 176. **54** Ghyka, *Esthétique des proportions*, S. 165–219. Zur »Spiralomanie« bei Cook, Thompson, ähnlichen britischen Autoren (Henry Moseley, Arthur Church) und einigen zeitgenössischen Künstlern siehe Martin Kemp, *Structural Intuitions. Seeing Shapes in Art and Science*, Charlottesville/London 2016, S. 79–97. **55** Ghyka, *Heureux qui comme Ulysse*, S. 155 f. **56** Ebd., S. 156. **57** Ebd., S. 155. **58** Siehe Dalís Exemplar von Matila Ghyka, *The Geometry of Art and Life*, New York 1946, Centre d'Estudis Dalinians, Figueres, Fons documental, Biblioteca, Nr. 16074. **59** Jean-Louis Ferrier, *Dalí. Léda atomica*, Paris 1980. **60** Ghyka, *The Geometry of Art and Life*, S. 91 und S. 93. **61** Dalí, *50 magische Geheimnisse*, S. 151. **62** Ghyka, *The Geometry of Art and Life*, S. 152 und S. 149. Zu Dalí und Leonardo da Vinci siehe Lomas, ›Painting is dead – long live painting!‹, S. 153–189. **63** Matila Ghyka, Brief an Salvador Dalí, 13. August 1947, und ders., Brief an Dalí, 23. Januar 1948, Centre d'Estudis Dalinians, Figueres, Fons documental, Correspondència, Nr. 39748 und Nr. 41809. **64** Lomas, ›Painting is dead – long live painting!‹, S. 177. **65** Dalí, *50 magische Geheimnisse*, S. 149 und S. 75–77. **66** Ghyka, *The Geometry of Art and Life*, S. 33 und S. 96, sowie Dalí, *50 magische Geheimnisse*, S. 71, S. 139, S. 149 und S. 152. **67** Ghyka, *Esthétiquedes proportions*, S. xi. **68** Dalí, *50 magische Geheimnisse*, S. 157–160. Thompsons Ausdruck »splashes« wird in der deutschen Ausgabe das Dalí-Buches mit »Wasserstrahlen« übersetzt. Wir folgen der deutschen Fassung von Thompsons Text, sagen daher »Spritzer«. Siehe D'Arcy Wentworth Thompson, *Über Wachstum und Form*, übers. von Ella M. Fountain und Magdalena Neff, Frankfurt am Main 2006, S. 122. **69** Siehe Dalí, *50 magische Geheimnisse*, S. 81, sowie Thompson, *Über Wachstum und Form*, S. 120. Zum wissenschaftlichen Kontext von Thompsons Arbeit siehe Maurizio Esposito, »Problematic ›Idiosyncrasies‹. Rediscovering the Historical Context of D'Arcy Wentworth Thompson's Science of Form«, in *Science in Context* 27/1 (2014): S. 79–107. **70** Dalí, *50 magische Geheimnisse*, S. 151. **71** John G. Wood, *Animate Creation. Popular Edition of »Our Living World,« A Natural History by the Rev. J. G. Wood, Revised and Adapted to American Zoology by Joseph B. Holder*, Vol. III, New York 1885. **72** Ebd., S. 147 und S. 139. **73** Georges Canguilhem, »Réflexions sur la création artistique selon Alain«, in *Revue de métaphysique et de morale* 57 (1952): S. 171–186, hier S. 179. **74** Thompson, *Über Wachstum und Form*, S. 294 f. **75** James Bell Pettigrew, *Design in Nature*, London 1908. **76** Lancelot Law Whyte (Hrsg.), *Aspects of Form. A Symposium on Form in Nature and Art*, London/Bradford 1951. Die von Whyte zusammengestellte Bibliografie zu diesem Band weist auch auf die Arbeiten von Focillon, Ghyka und Hambidge hin (ebd., S. 247 f.). **77** Dalí, »Die ökumenische ›Chafarrinada‹ von Velázquez« [1961], in ders., *Gesammelte Schriften*, S. 311–313, hier S. 311. **78** Dalí, *50 magische Geheimnisse*, S. 132. **79** Descharnes, *Dali de Gala*, S. 207, siehe auch Descharnes und Néret, *Salvador Dalí, 1904–1989*, S. 547. **80** Dalí, *50 magische Geheimnisse*, S. 59. **81** Siehe dazu auch den Band von Robert Descharnes und Clovis Prévost, *Gaudi. The Visionary*, London 1989, der neben dem Vorwort von Dalí auch einen Text von Francesc Pujols über Gaudí enthält. **82** Moholy-Nagy, *von material zu architektur*, S. 80, und Vilém Flusser, *Für eine Philosophie der Fotografie*, Göttingen 2000, S. 8. Siehe dazu ausführlich Kapitel 4. **83** Edith Efron, »He prefers to watch TV upside down. Salvador Dali, a genius and ›madman‹, tells what he thinks of the medium«, in *TV Guide* 16/23 (June 8) 1968: S. 7–10, hier S. 8. **84** Bosquet, »Gespräche mit Dalí«, S. 87. **85** Ebd., S. 88 und S. 15. **86** Ebd., S. 89, S. 87 und S. 24.

Kapitel 4 **1** Friedrich A. Kittler, *Aufschreibesysteme 1800/1900*, München 1985, S. 230. **2** Marshall McLuhan, *Die magischen Kanäle*, S. 502, und ders., *Die Gutenberg-Galaxis. Die Entstehung des typogra-*

phischen Menschen [1962], übers. von Max Nänny, Hamburg/Berkeley 2011, S. 52. **3** Paul Nipkow, »Elektrisches Teleskop«, in *Kaiserliches Patentamt, Patentschrift Nr. 30105*, 18. Januar (1885): S. 1–4, hier S. 1 (Hervorhebung von mir, H. Sch.). Zu Nipkow und der frühen Geschichte des Fernsehens siehe Siegfried Zielinski, *Audiovisionen. Kino und Fernsehen als Zwischenspiele in der Geschichte*, Reinbek 1989. **4** Marshall McLuhan, Brief an Sheila Watson, 12. Juni 1968, in Matie Molinaro, Corinne McLuhan und William Toye (Hrsg.), *Letters of Marshall McLuhan*, Toronto/Oxford/New York 1987, S. 353. **5** Ebd., S. 354. **6** Marshall McLuhan, »Vorwort«, in ders., *Die innere Landschaft. Literarische Essays*, übers. von Donata Gräfin Finckenstein, Düsseldorf 1974, S. 11–13, hier S. 12 (Übers. leicht verändert). Siehe dazu auch den Kommentar von Peter Bexte, »Cadillac und Gebetsmatte. McLuhans TV-Gemälde«, in Derrick de Kerckhove, Martina Leeker und Kerstin Schmidt (Hrsg.), *McLuhan neu lesen. Kritische Analysen zu Medien und Kultur im 21. Jahrhundert*, Bielefeld 2008, S. 323–337. **7** Marshall McLuhan, *Understanding Me. Lectures and Interviews*, hrsg. von Stephanie McLuhan, Cambridge, Mass. 2003, S. 280. **8** McLuhan, *Die magischen Kanäle*, S. 124, sowie ders., »A Note on Tactility« in ders. und Harley Parker, *Through the Vanishing Point. Space in Poetry and Painting*, New York/Evanston/London 1968, S. 263–266. **9** McLuhan, *Die magischen Kanäle*, S. 493 f. **10** Benjamin, »Das Kunstwerk« [Fünfte Fassung], S. 243. Siehe dazu ausführlich Kapitel 2. **11** McLuhan, *Die magischen Kanäle*, S. 473 und S. 27. **12** Ebd., S. 473 (Übers. modifiziert). Die entsprechenden Zitate finden sich in James Joyce, *Finnegans Wake*, London 1960, S. 349 (»the charge of a light barricade«) und S. 377 (»sobconscious inklings shadowed on soulskin«). In eigenen Worten fasst McLuhan das hier anklingende Verständnis der taktilen Aktivität des Fernsehens so zusammen: »Licht trifft durch das Bild auf den Zuschauer; der Zuschauer ist keine Kamera, sondern ein Bildschirm.« Siehe McLuhan und Parker, *Through the Vanishing Point*, S. 266, ähnlich auch McLuhan, *Die Gutenberg-Galaxis*, S. 52. **13** McLuhan, *Die magischen Kanäle*, S. 473. In der deutschen Fassung von *Understanding Media* wird »to scan« durchgängig mit »abtasten« übersetzt. Das ist insofern eine trügerische Abkürzung, als der englische Ausdruck nicht die Vorstellung der körperlichen Berührung konnotiert. Eigentlich heißt »scanning« nur »absuchen«. Um dennoch eine Idee von Taktilität zu vermitteln, spricht McLuhan von »scanning finger«. **14** Als Einführung in die theologischen Aspekte von McLuhans Medientheorie siehe Marshall McLuhan, *The Medium and the Light. Reflections on Religion*, Eugene, Oregon 2010. Zu McLuhans Medien-Katholizismus siehe beispielsweise Tom Wolfe, »McLuhan's New World«, in *The Wilson Quaterly* 28/2 (2004): S. 18–15, Janine Marchessault, *Marshall McLuhan*, London u. a. 2005, S. 35–41, sowie Warren A. Kappeler, *Communication Habits for the Pilgrim Church. Vatican Teaching on Media and Society*, New York u. a. 2009, S. 102–111. Zum *Renouveau Catholique* siehe etwa Frédéric Gugelot, *La conversion des intellectuels au catholicisme en France, 1885–1935*, Paris 1998, Stephen Schloesser, *Jazz Age Catholicism. Mystic Modernism in Postwar Paris, 1919–1933*, Toronto u. a. 2005, besonders S. 213–244 (über Rouault), sowie Wilhelm Kühlmann und Roman Luckscheiter (Hrsg.), *Moderne und Antimoderne. Der Renouveau catholique und die deutsche Literatur*, Freiburg 2008. **15** Siehe Pierre Teilhard de Chardin, *Der Mensch im Kosmos*, übers. von Othon Marbach, München 1959, wo es unter anderem heißt, »daß der Mensch, und sei er auch noch so isoliert erschienen, aus einer allgemeinen Tastbewegung der Erde hervorgegangen ist« (S. 191). **16** McLuhan, *Die magischen Kanäle*, S. 170. **17** Gombrich, *Kunst und Illusion*. Siehe dazu McLuhan, *Die magischen Kanäle*, S. 29, S. 290 und S. 379. Zur Frage der ›falschen Tiefe‹ siehe Hildebrand, *Problem der Form*, S. 40 und S. 51–53, Fußnote. Siehe dazu auch oben, Einleitung. **18** McLuhan, *Die magischen Kanäle*, S. 380 und S. 171. **19** Zum Bauhaus in Weimar siehe Marcel Franciscono, *Walter Gropius and the Creation of the Bauhaus in Weimar*, Urbana, IL u. a. 1971, Karl-Heinz Hüter, *Das Bauhaus in Weimar.*

Studie zur gesellschaftspolitischen Geschichte einer deutschen Kunstschule, Berlin 1976, sowie Elodie Vitale, *Le Bauhaus de Weimar, 1919–1925*, Liège / Bruxelles 1989. **20** Marshall McLuhan, [Besprechung von *Vision in Motion* von László Moholy-Nagy und *Mechanization Takes Comand* von Sigfried Giedion], in *The Hudson Review* 1/4 (1949): S. 599–602. Siehe dazu Richard Cavell, *McLuhan in Space. A Cultural Geography*, Toronto u. a. 2002, S. 114, sowie Gruber, »Taktile Medien«. **21** Zum Verhältnis von McLuhan und Giedion siehe Reto Geiser, »Erziehung zum Sehen. Kunstvermittlung und Bildarbeit in Sigfried Giedions Schaffen beidseits des Atlantiks«, in Werner Oechslin und Gregor Harbusch (Hrsg.), *Sigfried Giedion und die Fotografie. Bildinszenierungen der Moderne*, Zürich 2010, S. 142–157, sowie Michael Darroch, »Sigfried Giedion und die Explorations. Die anonyme Geschichte der Medien-Architektur«, in *Zeitschrift für Medienwissenschaft* 11/2 (2014): S. 144–154. Zu Moholy und McLuhan siehe Richard Kostelanetz, »A Mine of Perceptions and Prophecies« [1969], in ders. (Hrsg.), *Moholy-Nagy. An Anthology*, New York 1991, S. 206–214, sowie Jeannine Fiedler und Ben Buschfeld, »Von der Virtualität der Wahrnehmung im 20. Jahrhundert. Ein Gespräch zwischen László Moholy-Nagy und Marshall McLuhan«, in Gottfried Jäger und Gudrun Wessing (Hrsg.), *Über Moholy-Nagy. Ergebnisse aus dem Internationalen László Moholy-Nagy Symposium*, Bielefeld 1997, S. 181–188. **22** Explizite Bezüge auf das Bauhaus finden sich bei McLuhan vor allem in den *Magischen Kanälen*, S. 169, S. 171, S. 379 und S. 487. Auch in der Zeitschrift *Explorations* lassen sich vielfältige Referenzen finden. In Heft 8 von 1957 beschreibt McLuhan das Bauhaus etwa als Schule der Synästhesie, und Victor Papanek stellt es in den Kontext der europäischen Avantgarde-Bewegungen, wobei auch Moholys erstes Buch, *Malerei – Fotografie – Film*, diskutiert wird. **23** Marshall McLuhan, »Inside the Five Sense Sensorium«, in *The Canadian Architect* 6/6 (1961): S. 49–54, hier S. 50. **24** Schon Cavell hat darauf hingewiesen, dass »das Werk von Moholy-Nagy eine entscheidende Rolle in McLuhans Ästhetik gespielt hat«. Siehe Cavell, *McLuhan in Space*, S. 111. **25** Marshall McLuhan und Quentin Fiore, *Das Medium ist Massage* [1967], übers. von Max Nänny, Frankfurt am Main u. a. 1984, S. 75. **26** McLuhan bezieht sich in diesem Zusammenhang vor allem auf die Dissertation von Edmund Joseph Ryan, *The Role of the »Sensus Communis« in the Psychology of St. Thomas Aquinas*, Carthagena, Ohio 1951. Siehe McLuhan, *Die Gutenberg-Galaxis*, S. 139. Ryan diskutiert zwar die Rolle des *sensus communis* als einem »synthetischen Sinn«, hält sich aber in der Frage der Synästhesie deutlich zurück. **27** Pierre Teilhard de Chardin, *Die Zukunft des Menschen*, übers. von Lorenz Häflinger und Karl Schmitz-Moormann, Olten / Freiburg 1963, S. 209, sowie ders., *Mensch im Kosmos*, S. 246. Siehe die entsprechende Bezugnahme auf Teilhard in McLuhan, *Gutenberg-Galaxis*, S. 42. Zu den hier anklingenden Vorstellungen von Gleichzeitigkeit und Taktilität siehe auch Florian Sprenger, *Medien des Immediaten. Elektrizität – Telegraphie – McLuhan*, Berlin 2012, S. 371–378. **28** McLuhan, *Die magischen Kanäle*, S. 487. Moholy bezieht sich in seinen Ausführungen zum Vorkurs neben anderen Reformpädagogen (Pestalozzi, Fröbel, Wyneken) auf das Erziehungsprogramm von Maria Montessori, in dem der Tastsinn bekanntlich eine zentrale Rolle spielt. Siehe Moholy-Nagy, *von material zu architektur*, S. 17, sowie ders., *Sehen in Bewegung* [1947], übers. von Herwig Engelmann, Leipzig 2014, S. 23. **29** Siehe dazu insgesamt Rainer Wick, *Bauhaus-Pädagogik*, Köln 1982, S. 77–111 (zu Itten) und S. 112–148 (zu Moholy). **30** Zur experimentellen Ästhetik in der Sowjetunion siehe Margarete Vöhringer, *Avantgarde und Psychotechnik. Wissenschaft, Kunst und Technik der Wahrnehmungsexperimente in der frühen Sowjetunion*, Göttingen 2007, die auch die Rolle des späteren Bauhaus-Meisters Kandinsky diskutiert. **31** Moholy-Nagy, *von material zu architektur*, S. 24. **32** Siehe zu diesem Punkt auch T'ai Smith, »Limits of the Tactile and the Optical. Bauhaus Fabric in the Frame of Photography«, in *Grey Room* 25 (2006): S. 6–31. Das entscheidende Kriterium dieser Fotografien ist nicht Grobkörnigkeit, sondern Schärfe. Siehe dazu László Moholy-Nagy, »scharf oder unscharf?« [1929], in Krisztina Passuth (Hrsg.), *Moholy-Nagy*, Dresden 1987, S. 323–326. **33** Moholy-Nagy, *von material zu architektur*, S. 24. **34** Benjamin, »Das Kunstwerk« [Fünfte Fassung], S. 240. **35** Moholy-Nagy, *von material zu architektur*, S. 39. **36** Robert Hooke, *Micrographia. Or Some Physiological Descriptions of Minute Bodies Made by Magnifying Glasses, with Observations and Inquiries Thereupon* [1665], Reprint, New York 1995. Hookes Darstellungen unterschiedlicher Gewebe von Stoff und einzelner Insekten weisen eine schlagende Ähnlichkeit zu einigen Fotografien in den Büchern von Moholy auf. **37** Zur engen Beziehung zwischen Bauhaus und Konstruktivismus siehe zum Beispiel die Beiträge im Ausstellungskatalog *Konstruktivistische Internationale Schöpferische Arbeitsgemeinschaft, 1922–1927. Utopien für eine europäische Kultur, Ausstellungskatalog*, Stuttgart 1992. **38** Moholy-Nagy, *von material zu architektur*, S. 33. **39** Ebd. Zum Faktur-Begriff siehe Hubertus Gaßner, »Konstruktivisten. Die Moderne auf dem Weg in die Modernisierung«, in Bettina-Martine Walter und Bernhart Schwenk (Hrsg.), *Die Grosse Utopie. Die Russische Avantgarde, 1915–1932, Ausstellungskatalog*, Frankfurt am Main 1992, S. 109–149, hier S. 133. **40** Moholy-Nagy, *von material zu architektur*, S. 42 und S. 80. Zu Rodtschenko und dem Problem der Faktur siehe Gaßner, »Konstruktivisten«, S. 132–135. **41** McLuhan, [Besprechung von *Vision in Motion* und *Mechanization Takes Command*], S. 602. **42** Moholy-Nagy, *Sehen in Bewegung*, S. 134. **43** Ebd., S. 178. **44** Ebd., S. 69, S. 74, S. 58 und S. 220 f. **45** Moholy-Nagy, *von material zu architektur*, S. 42 und S. 29. **46** Moholy-Nagy, *Sehen in Bewegung*, S. 159. **47** McLuhan, *Die magischen Kanäle*, S. 474 und S. 486. **48** Ebd., S. 473 und S. 202 (dort übersetzt als »Wohnbau ohne Wände«). *Museum Without Walls* ist der Titel der 1949 erschienenen englischen Übersetzung von André Malraux, *Le musée imaginaire*, Genf 1947. **49** McLuhan, *Die magischen Kanäle*, S. 480 (Übers. leicht geändert), S. 190 (Übers. geändert) und S. 29 (Übers. leicht geändert). **50** Ebd., S. 484 f. und S. 497. **51** Moholy-Nagy, *Sehen in Bewegung*, S. 158. **52** McLuhan, *Die magischen Kanäle*, S. 503, S. 291 und S. 378, sowie ders. und Harper, *Through the Vanishing Point*, S. 181. **53** Stellt man die Herkunft des Ausdrucks »digital« aus »digitus«, Finger, in Rechnung, könnte man sogar sagen, dass in beiden Fällen digitale Bilder vorliegen. McLuhan kommt allerdings nicht zu diesem Schluss, obwohl er die Herkunft der Zahl (*digit*) aus dem entsprechenden Gebrauch der Finger ableitet (ebd., S. 167–185). Siehe dazu Till A. Heilmann, »Digitalität als Taktilität. McLuhan, der Computer und die Taste«, in *Zeitschrift für Medienwissenschaft* 3/2 (2010): S. 125–134. **54** Monroe Wheeler (Hrsg.), *Rouault. Retrospective Exhibition*, mit einem Essay von Jacques Maritain, New York 1953, sowie Jacques Maritain, »Visit at St. Ann's Chapel«, in Anonymus (Hrsg.), *André Girard*, New York 1953, S. 3–10. Zu Girards Arbeit an der St. Ann's Chapel siehe Father William J. Monihan, »The Catholic Art Forum, St. Mary's Cathedral, and André Girard«. An oral history conducted 1982 by Micaela DuCasse, in Regional Oral History Office/The Bancroft Library (Hrsg.), *Renaissance of Religious Art and Architecture in the San Francisco Bay Area, 1946–1968*, Berkeley, California 1985, S. 1–20. **55** Weitere Filme von Girard sind *Sermon on the Mount* und *The Passion and Resurrection*. Siehe The National Council of Catholic Men, Film Center/New York (Hrsg.), *Selected Catholic Films, 1962–1963*, New York 1963, S. 31. Zu den Experimentalfilmen von Girard siehe etwa Anonymus, »Painting on Light for TV. Artist Andre Girard readies CBS-TV film«, in *Broadcasting*, March 23 (1959): S. 101, und John F. Shanley, »Paintings on Light for the TV Screen«, in *New York Times*, December 13 (1959): S. X21. Zu den Vorträgen über Rouault siehe André Girard, »Georges Rouault. My Friend and Teacher«, in *The Critic* 20/2 (1961): S. 15–21. **56** McLuhan, »Inside the Five Sense Sensorium«, S. 49. **57** McLuhan, *Die Gutenberg-Galaxis*, S. 62 und S. 138. **58** Ebd., S. 138. Siehe dazu etwa Emmanuel Alloa, *Das durch-*

scheinende Bild. Konturen einer medialen Phänomenologie, Zürich 2011, sowie Renate Maas, *Diaphan und gedichtet. Der künstlerische Raum bei Martin Heidegger und Hans Jantzen*, Kassel 2015. **59** McLuhan, *Die Gutenberg-Galaxis*, S. 139, sowie ders., *Die magischen Kanäle*, S. 24. **60** McLuhan, *Die magischen Kanäle*, S. 486 und S. 202. **61** Siehe György Kepes, »Art and Science«, in *Explorations* 1 (1953): S. 77–84. **62** Moholy-Nagy, *Sehen in Bewegung*, S. 168. Zu den »reflektorischen Lichtspielen« von Ludwig Hirschfeld-Mack und Kurt Schwerdtfeger siehe Moholy-Nagy, *Malerei – Fotografie – Film*, S. 77–83. **63** Walter Gropius, »Programm des Staatlichen Bauhauses in Weimar« [1919], in Hans M. Wingler, *Das Bauhaus, 1919–1933. Weimar, Dessau, Berlin und die Nachfolge in Chicago seit 1937*, 6. Aufl., Köln 2009, S. 38–41, hier S. 40, sowie ders., »Ansprache an die Studierenden des Staatlichen Bauhauses, gehalten aus Anlaß der Jahresausstellung von Schülerarbeiten im Juli 1919«, in ebd., S. 45 f., hier S. 46. **64** Siehe dazu aus architekturhistorischer Sicht Rosemarie Haag Bletter, »The Interpretation of the Glass Dream-Expressionist Architecture and the History of the Crystal Metaphor«, in *Journal of the Society of Architectural Historians* 40/1 (1981): S. 20–43, und aus medienwissenschaftlicher Perspektive Michail B. Jampolski, »Die Utopie vom kosmischen Schauspiel und der Kinematograph«, übers. von Melitta Bailleu, in *Beiträge zur Film- und Fernsehwissenschaft* 29/34 (1988): S. 177–191. **65** McLuhan, *Die magischen Kanäle*, S. 379, sowie ders., *Die Gutenberg-Galaxis*, S. 85. **66** Zur Bibliothek des Weimarer Bauhauses siehe Michael Siebenbrodt und Frank Simon-Ritz (Hrsg.), *Die Bauhaus-Bibliothek. Versuch einer Rekonstruktion*, Weimar 2009. **67** Moholy-Nagy, *von material zu architektur*, S. 101. **68** Siehe Uwe Fleckner, »Der Kampf visueller Erfahrungen. Surrealistische Bildrhetorik und photographischer Essay in Carl Einsteins Zeitschrift Documents«, in Uwe M. Schneede (Hrsg.), *Begierde im Blick. Surrealistische Photographie*, Ausstellungskatalog, Ostfildern-Ruit 2005, S. 23–31. **69** Carola Giedion-Welcker, *Moderne Plastik. Elemente der Wirklichkeit, Masse und Auflockerung*, Zürich 1937, S. 81–85 und S. 92–95. Zu den Parallelen zwischen Giedion und Giedion-Welcker an dieser Stelle siehe auch Geiser, »Erziehung zum Sehen«, S. 151 f. **70** Sigfried Giedion, *Die Entstehung der Kunst* [1962], Köln 1964, S. 14. **71** Siehe ebd., beispielsweise S. 50 f. und S. 56 f. **72** McLuhan, *Die magischen Kanäle*, S. 474. **73** Sigfried Giedion, »Space Conception in Prehistoric Art«, in *Explorations* 6 (1956): S. 38–55, hier S. 50. Siehe auch ders., *Die Entstehung der Kunst*, S. 398 und S. 393. Zur Grundlegung dieser Ästhetik des »Neuen Sehens« bei Moholy-Nagy siehe Jan Sahli, *Filmische Sinneserweiterung. László Moholy-Nagys Filmwerk und Theorie*, Marburg 2006, S. 61–79. **74** McLuhan, *Die Gutenberg-Galaxis*, S. 87, sowie Deleuze und Guattari, *Tausend Plateaus*, S. 663 f., wo auf Edmund Carpenters Studie *Eskimo* verwiesen wird, die 1959 als Sondernummer von *Explorations* erschienen ist. **75** Die haptische Qualität von Giedions fotografisch gestützter Rekonstruktion der Prähistorie wird herausgestellt von Geiser, »Erziehung zum Sehen«, S. 147, und Spyros Papapetros, »Modern architecture and prehistory«, in *RES. Anthropology and Aesthetics* 63/64 (spring/autumn 2013): S. 173–189, hier S. 178. **76** Giedion, »Space Conception in Prehistoric Art«, S. 47. Siehe auch ders., *Die Entstehung der Kunst*, S. 396. Siehe ferner Heinrich Wölfflin, »Wie man Skulpturen aufnehmen soll«, in *Zeitschrift für bildende Kunst* NF 8/12 (1896): S. 294–297. **77** Giedion, »Space Conception in Prehistoric Art«, S. 47, sowie ders., *Die Entstehung der Kunst*, S. 396. **78** Sigfried Giedion, Brief an Hallam L. Movius Jr., 16. August 1952, ETH Zürich, Institut für Geschichte und Theorie der Architektur, gta Archiv, Nachlass Giedion, 43-T-10, S. 12, Mappe »Korrespondenz«. **79** Giedion, *Die Entstehung der Kunst*, S. 282–289. **80** Sigfried Giedion, Brief an Pierre Charon, 17. August 1953, gta Archiv, Nachlass Giedion, 43-T-10, S. 12, Mappe »Korrespondenz«. **81** Giedion, *Die Entstehung der Kunst*, S. 354. **82** Carola Giedion-Welcker, *Contemporary Scuplture. An Evolution in Volume and Space*, 3. Aufl., New York 1960, S. xxviii. **83** Sigfried Giedion, Mellon

Lecture ONE, »Art[,] a Fundamental Experience«, Washington, April 7 [1957], gta Archiv, Nachlass Giedion, 43-T-13, Hängemappe »Mellon Lectures«. Ähnliche Ausführungen finden sich auch in der Korrespondenz, die Giedion seit Beginn seines Projekts mit einer Reihe von international renommierten Prähistorikern, Archäologen und Kunstwissenschaftlern führte, um ein zentrales Archiv für die fotografische Dokumentation prähistorischer Kunst einzurichten. Siehe zum Beispiel Sigfried Giedion, Brief an Fernand Lacorre, 18. Oktober 1949, gta Archiv, Nachlass Giedion, 43-T-13, S. 12, Mappe »Prähist. Korrespondenz, 1949–1957«. **84** Giedion, *Die Entstehung der Kunst*, S. 391. Siehe dazu ders., »Space Conception in Prehistoric Art«, S. 44. **85** Giedion, *Die Entstehung der Kunst*, S. 354. **86** Ebd., S. 358 f. **87** Ebd., S. 402, sowie Giedion, »Space Conception in Prehistoric Art«, S. 48. **88** Giedion, *Die Entstehung der Kunst*, S. 402, sowie Giedion, »Space Conception in Prehistoric Art«, S. 51. **89** McLuhan, *Die Gutenberg-Galaxis*, S. 88 (Übers. leicht modifiziert). **90** Ebd. **91** McLuhan, *Die magischen Kanäle*, S. 379 (Übers. leicht modifiziert). **92** Giedion, *Die Entstehung der Kunst*, S. 359, und McLuhan, *Die magischen Kanäle*, S. 453. **93** Alexander Marshack, *The Roots of Civilization. The Cognitive Beginnings of Man's First Art, Symbol, and Notation,* Mount Kisco, NY 1991, S. 335, und Claudine Cohen, *La femme des origines. Images de la femme dans la préhistoire occidentale*, Paris 2003, S. 74. **94** McLuhan, *Die magischen Kanäle*, S. 288. **95** McLuhan, [Besprechung von *Vision in Motion und Mechanization Takes Command*], S. 601. Siehe Moholy-Nagy, *Sehen in Bewegung*, S. 132 f., S. 343 und S. 344–346. **96** McLuhan, [Besprechung von *Vision in Motion* und *Mechanization Takes Command*], S. 602. **97** Siehe etwa Rosalind Krauss, *Das Photographische. Eine Theorie der Abstände*, München 1998, S. 79. **98** Giedion, *Die Entstehung der Kunst*, S. 5.

Kapitel 5 **1** Anonymus, »ECRAN [Schirm; Leinwand]«, in *Le Da Costa Encyclopédique/Die Da Costa Enzyklopädie*, übers. von Ronald Voullié, hrsg. von Tom Lamberty und Ronald Voullié, Berlin 2008, S. 10. **2** Thomas Pynchon, *Die Versteigerung von No. 49*, übers. von Wulf Teichmann, 2. Aufl., Reinbek bei Hamburg 2008, S. 8–15. Obwohl die deutsche Übersetzung in vieler Hinsicht unbefriedigend ist, wird sie im Folgenden der Einfachheit halber als Zitatgrundlage benutzt. Der Sache nach bezieht sich die Argumentation auf Thomas Pynchon, *The Crying of Lot 49*, Philadelphia/New York 1966. **3** Pynchon, *Die Versteigerung*, S. 115–117, S. 37 und S. 8. **4** Ebd., S. 12 f. **5** Ebd., S. 170, S. 85 und S. 17. Vor allem in der *Gutenberg-Galaxis* verwendet McLuhan neben »Extension« die stärker psychologisch und prozessual konnotierten Begriffe der »Externalisierung« und »Exteriorisierung«. **6** McLuhan, *Die magischen Kanäle*, S. 73–83. Zu den Bezugnahmen auf McLuhan siehe Peter L. Abernethy, »Entropy in Pynchon's The Crying of Lot 49«, in *Critique* 14/2 (1972): S. 18–33, und Thomas H. Schaub, *Pynchon. The Voice of Ambiguity*, Urbana, Ill. 1981. Für eine Lektüre des Romans, die Verbindungen zur Medientheorie von Jean Baudrillard und zur Sprachtheorie von Jacques Lacan herstellt, siehe Hanjo Berressem, *Pynchon's Poetics. Interfacing Theory and Text*, Urbana/Chicago 1993, S. 82–118. **7** Das ist nur eine Parallele. In unterschiedlichen Kontexten und spezifischen Perspektiven haben sich Pynchon (in *Die Enden der Parabel*) und Kentridge (in *Black Box/Chambre noire*) auch mit dem Völkermord an den Herero auseinandergesetzt, der von der deutschen Kolonialmacht Anfang des 20. Jahrhunderts in Südwestafrika begangen wurde. Siehe dazu Andreas Selmeci und Dag Henrichsen, *Das Schwarzkommando. Thomas Pynchon und die Geschichte der Herero*, Bielefeld 1995, und Sandra T. J. Coumans, *Geschichte und Identität. »Black Box/Chambre Noire« von William Kentridge*, Berlin 2011. **8** Pynchon, *Die Versteigerung*, S. 196. **9** Ebd., S. 19. **10** Ebd. **11** Ebd., S. 12. **12** Ebd., S. 13. **13** Ebd., S. 13 und S. 16 f. **14** Zur Bezugnahme auf Remedios Varo, die in der deutschen Übersetzung der Versteigerung bis heute ein »schöner Exilspanier« ist (ebd., S. 20), siehe Georgiana M. M. Colvile, *Beyond and Beneath the Mantle. On Thomas Pynchon's The Crying of Lot 49*, Amsterdam 1988, S. 47–54, und Stefan Mattessich, *Lines of Flight. Discursive Time and Contercultural Desire in the Work of Thomas Pynchon*, Durham, NC 2002, S. 43–69. **15** Pynchon, *Die Versteigerung*, S. 26, und »Comments by Remedios Varo on some of her paintings«, in Ricardo Ovalle und Walter Gruen, *Remedios Varo. Catálogo razonado / Catalogue raisonné*, 4. Aufl., Mexico, D. F. 2008, S. 111–120, hier S. 119. **16** Konsistenzebene oder Immanenzfeld im Sinne von Deleuze und Guattari, *Tausend Plateaus*, S. 212. Siehe dagegen Mattessich, *Lines of Flight*, S. 55, der den Erdmantel als »kollektives Aussagengefüge« versteht. **17** Pynchon, *Die Versteigerung*, S. 20 f. Zur Sanduhr siehe auch Mattessich, *Lines of Flight*, S. 51. **18** Pynchon, *Die Versteigerung*, S. 23 f. **19** Ebd., S. 31. **20** Ebd., S. 54. **21** Ebd. (Übers. leicht geändert). **22** Ebd., S. 14 (»scharf«). **23** Siehe etwa Thomas Pynchon, *The Crying of Lot 49*, London 2000, S. 35 und S. 63. **24** Tatsächlich heißt es schon 1490 in der *Memminger Chronik*, dem frühesten Beleg für die offizielle Installierung der Post, dass der sich einer Station nähernde Reiter »ein hörnlin« blies, um dem dort wartenden seine Ankunft anzukündigen. Siehe Wolfgang Behringer, *Thurn und Taxis. Die Geschichte ihrer Post und ihrer Unternehmen*, München/Zürich 1990, S. 27. Zur Mediengeschichte der Post siehe die Studie von Bernhard Siegert, *Relais. Geschicke der Literatur als Epoche der Post, 1751–1913*, Berlin 1993, die Pynchons Roman zwar mehrfach erwähnt (S. 6, S. 37, S. 130 usw.), aber auf eine nähere Auseinandersetzung verzichtet. Siehe insgesamt auch Bernhard Siegert und Markus Krajewski (Hrsg.), *Thomas Pynchon. Archiv – Verschwörung – Geschichte*, Weimar 2003. **25** Pynchon, *Die Versteigerung*, S. 104. **26** Ebd. Zur Epilepsie siehe Colvile, *Beyond and Beneath the Mantle*, S. 61–76, sowie im Anschluss daran Ulrich Polednitschek-Veit, »Die epileptische Aura als zentrale Metapher in Thomas Pynchons *The Crying of Lot 49*«, in Dietrich von Engelhardt, Hansjörg Schneble und Peter Wolf (Hrsg.), *»Das ist eine alte Krankheit«. Epilepsie in der Literatur*, Stuttgart/New York 2000, S. 225–236. **27** Siehe zum Beispiel die einschlägigen Äußerungen über das Bild als »Dialektik im Stillstand« in Benjamin, *Passagen-Werk, Bd. V*, S. 576 f. **28** Brian Massumi, »The Autonomy of Affect«, in ders., *Parables for the Virtual. Movement, Affect, Sensation*, Durham/London 2002, S. 23–45. Den Zusammenhang von Affekt und Epilepsie erörtert Gary Genosko, *Félix Guattari. A Critical Introduction*, London/New York 2009, S. 158–173 (»Affect and Epilepsy«). **29** Pynchon, *Die Versteigerung*, S. 142. **30** Ebd., S. 53. **31** Siehe dazu ausführlich Henning Schmidgen, *Die Helmholtz-Kurven. Auf der Spur der verlorenen Zeit*, Berlin 2009. **32** Pynchon, *Die Versteigerung*, S. 129. Mattessich weist darauf hin, dass Oedipas Fähigkeit zur Erinnerung mit einer Suspension des Tastsinns einhergeht. Siehe Mattessich, *Lines of Flight*, S. 59 f. **33** François Rabelais, *Gargantua und Pantagruel*, hrsg. von Horst und Edith Heintze, Frankfurt am Main 1974, S. 655–657. »Alle Worte und alles Geschrei der Männer und Weiber, das Aneinanderschlagen der Schwerter [...], kurz, der ganze Lärm der Schlacht gefror damals. Jetzt, wo der harte Winter vorüber ist, taut das nun alles bei dem warmen, milden Wetter wieder auf und wird hörbar.« (S. 655). Zu diesem Motiv siehe beiläufig auch John Durham Peters, »Helmholtz und Edison. Zur Endlichkeit der Stimme«, übers. von Antje Pfannkuchen, in Friedrich Kittler, Thomas Macho und Sigrid Weigel (Hrsg.), *Zwischen Rauschen und Offenbarung. Zur Kultur- und Mediengeschichte der Stimme*, Berlin 2002, S. 291–312. **34** Gottfried August Bürger, *Wunderbare Reisen zu Wasser und Lande, Feldzüge und lustige Abenteuer des Freiherrn von Münchhausen* [1788], Zürich 1978, S. 71–73. **35** In der deutschen Ausgabe heißt es »WAGT NIEMALS, DAS HORN ANZUGREIFEN.« Siehe Pynchon, *Die Versteigerung*, S. 143. **36** Ebd., S. 121, S. 119 und S. 133. **37** Ebd., S. 126. **38** Siehe Rodney Gibbs, »A Portrait of the Luddite as a Young Man«, in *Denver Quarterly* 39/1 (2004): S. 35–42, sowie Kirkpatrick Sale, *Rebels Against the Future. The Luddites and Their*

War on the Industrial Revolution, Reading, Mass. u.a. 1995. **39** Pynchon, *Die Versteigerung*, S. 135 und S. 137. **40** Thomas Pynchon, »Is It O.K. To Be A Luddite?«, in *The New York Times*, 28. Oktober 1984, im Internet unter http://www.nytimes.com/books/97/05/18/reviews/pynchon-luddite.html (letzter Zugriff 27. April 2017). **41** Zur Installation in Kassel siehe William Kentridge und Peter Galison, *The Refusal of Time / Die Ablehnung der Zeit*, Ostfildern 2011 (= *100 Notes – 100 Thoughts / 100 Notizen – 100 Gedanken*; No. 9), sowie Margaret K. Koerner, »Tod, Zeit, Suppe. Ein Gespräch mit William Kentridge und Peter Galison«, in William Kentridge, *No It Is!*, Köln 2016, S. 106–120, hier S. 110. **42** Carolyn Christov-Bakargiev, »›Der Tanz war sehr frenetisch, rege, rasselnd, klingend, rollend, verdreht und dauerte eine lange Zeit‹«, in *Documenta 13. Das Buch der Bücher*, Ostfildern 2012, S. 30–46, hier S. 34. **43** William Kentridge, *Sechs Zeichenstunden. The Charles Eliot Norton Lectures, 2012*, übers. von Bernhard Geyer und Susanne Bosch-Abele, Köln 2016, Philip Miller, *The Refusal of Time* [CD mit dem Soundtrack zur Installation], Philip Miller 2012, William Kentridge, Peter Galison, Philip Miller, Catherine Meyburgh und Dada Masilo, *The Refusal of Time*, Paris 2012, und *The Refusal of Time*, Fernsehfilm, Deutschland 2012, 3sat, 15. September 2012. Mittlerweile ist die Installation an verschiedenen Orten gezeigt worden und ist von einzelnen Institutionen, z.B. dem Metropolitan Museum of Art, New York, erworben worden. Siehe dazu auch Michael Juul Holm, »Die Präsenz Poincarés«, in William Kentridge, *Thick Time. Installationen und Inszenierungen*, Salzburg 2016, S. 81–86. **44** Kentridge, *Sechs Zeichenstunden*, S. 52. Siehe ausführlich zu diesem Punkt ders., »Black Box. Zwischen Objektiv und Okular«, in ders., *Black Box / Chambre Noire*, Ostfildern-Ruit 2005, S. 43–51. **45** Peter Galison, *Einsteins Uhren, Poincarés Karten. Die Arbeit an der Ordnung der Zeit*, übers. von Hans Günter Holl, Frankfurt am Main 2003, S. 177–202. **46** Kentridge und Galison, *The Refusal of Time / Die Ablehnung der Zeit*, S. 41. **47** Rosalind Krauss, »›The Rock‹. William Kentridge's Drawings for Projection«, in *October 92* (2000): S. 3–35, hier S. 16. **48** Teilhard de Chardin, *Die Zukunft des Menschen*, S. 222. Zu McLuhans Anschluss an Teilhard siehe oben, Kapitel 4. **49** Kentridge, *Sechs Zeichenstunden*, S. 50 f. **50** Ebd., S. 188 (Übers. leicht geändert). **51** Ebd., S. 9 f. **52** Auch der Titel des entsprechenden Teils aus dem Soundtrack von Miller, »Shembe Death March«, zeigt es an. **53** Siehe etwa Galison, *Einsteins Uhren, Poincarés Karten*, S. 226–307. **54** In diesem Sinne erklärt Kentridge: »Ich bin nicht so sehr von der Idee des späten 19. Jahrhunderts fasziniert, sondern davon, dass es noch eine so ›sichtbare‹ Zeit war, und zwar auf eine Art, wie es das elektronische Zeitalter einfach nicht ist. Selbst wenn man über heutige Phänomene redet, ist eine ältere Darstellung sehr oft die bessere Art und Weise, sie nachzuzeichnen.« Koerner, »Tod, Zeit, Suppe«, S. 110. **55** Carolyn Christov-Bakargiev, »Über die Zerstörung von Kunst – oder Konflikt und Kunst, oder Trauma und die Kunst des Heilens«, in *Documenta 13. Das Buch der Bücher*, Ostfildern 2012, S. 301–314, hier S. 304. **56** Christov-Bakargiev, »›Der Tanz war sehr frenetisch‹«, S. 31. Siehe auch dies., »Brief an einen Freund«, in *Documenta 13. Das Buch der Bücher*, Ostfildern 2012, S. 80–87, wo es heißt, dass eine »*Neuinszenierung* der flüchtigen Schleier- und Entschleierungstänze [...] im Zeitalter allzu simpler Ein / Aus oder Verhüllt / Enthüllt-Dichotomien« durchaus angebracht sei (S. 83). **57** Siehe dazu Galison, *Einsteins Uhren, Poincarés Karten*, S. 160 f. **58** Kentridge, *Sechs Zeichenstunden*, S. 95. **59** Ebd., S. 94. **60** Achille Mbembe, *Postkolonie. Zur politischen Vorstellungskraft im Afrika der Gegenwart*, übers. von Brita Pohl, Wien / Berlin 2016, S. 66. **61** Gilles Deleuze und Félix Guattari, *Anti-Ödipus. Kapitalismus und Schizophrenie I*, übers. von Bernd Schwibs, Frankfurt am Main 1977, S. 7. Zum *Luft-Webstuhl* siehe Thomas Röske und Bettina Brand-Claussen (Hrsg.), *Air Loom. Der Luft-Webstuhl und andere gefährliche Beeinflussungsapparate*, Heidelberg 2006. Medien- und technikhistorisch betrachtet ist es die »Elefantenuhr«, die so aufgerufen wird, ein groß dimensionierter mittelalterlicher Automat, der mithilfe eines hydraulischen Systems ein komplexes Figurenspiel zur Anzeige der Zeit in Gang setzte und mit seiner aufwändigen Dekoration zugleich einen Anspruch auf globale Vernetzung formulierte. Siehe dazu etwa Siegfried Zielinski und Peter Weibel (Hrsg.), *Allah's Automata. Artifacts of the Arab-Islamic Renaissance (800–1200)*, Ostfildern 2015, S. 12–27 und S. 108 f. **62** Charles Dickens, *Harte Zeiten*, übers. von Paul Heichen, Frankfurt am Main 1986, S. 37. **63** Kate McCrickard, *William Kentridge*, London 2012, S. 95–103. **64** Carolyn Christov-Barkagiev, »In conversation with William Kentridge«, in Dan Cameron, Carolyn Christov-Barkagiev und J. M. Coetzee, *William Kentridge*, New York 1999, S. 7–35, hier S. 33, und McCrickard, *William Kentridge*, S. 95. **65** Siehe Galison, *Einsteins Uhren, Poincarés Karten*, S. 92–97. Siehe dazu auch Schmidgen, *Die Helmholtz-Kurven*, S. 134–139. **66** McLuhan, *Die magischen Kanäle*, S. 224–241. **67** Pynchon, *Die Versteigerung*, S. 136. **68** William Kentridge, *Everyone their own projector*, Valence 2008. **69** Siehe dazu etwa Bodo von Dewitz (Hrsg.), *Ich sehe was, was Du nicht siehst! Die Sammlung Werner Nekes*, Ausstellungskatalog, Göttingen 2002, und Laurent Mannoni, *The Great Art of Light and Shadow. Archaeology of the Cinema*, Exeter 2000. **70** Hugo Münsterberg, *Das Lichtspiel. Eine psychologische Studie [1916] und andere Schriften zum Kino*, übers. und hrsg. von Jörg Schweinitz, Wien 1996, S. 59. **71** Ebd., S. 59 und S. 35. **72** Kentridge, *Sechs Zeichenstunden*, S. 118. **73** Krauss, »›The Rock‹«, S. 5. **74** Siehe ausführlich zu diesem Punkt Rudolf Frieling, »Gehen/Sehen. Technologie und Handeln in William Kentridges filmischen Werken«, in Mark Rosenthal (Hrsg.), *William Kentridge. Fünf Themen*, Ostfildern/New Haven/London 2009, S. 154–169. **75** Félix Guattari, »Ritournelles et Affects existentiels«, in ders., *Cartographies schizoanalytiques*, Paris 1989, S. 251–267, hier S. 262. **76** Kentridge, *Sechs Zeichenstunden*, S. 121 (Übers. modifiziert). **77** Ebd., S. 22 und S. 85. **78** Ebd., S. 27. **79** Siehe McCrickard, *William Kentridge*, S. 104–109, sowie Elke Anna Werner, »Bilder auf Wanderung und in Verwandlung«, in Klaus Krüger, Andreas Schalhorn und dies. (Hrsg.), *Double Vision. Albrecht Dürer/William Kentridge*, München 2015, S. 80–90. **80** Kentridge, *Sechs Zeichenstunden*, S. 158. **81** Ebd. Siehe dazu die Ausführungen in Gombrich, *Kunst und Illusion*, S. 71 f., sowie den entsprechenden Kommentar zu Dürers Nashorn in Umberto Eco, *Einführung in die Semiotik*, übers. von Jürgen Trabant, 8. Aufl., München 1994, S. 209–212. **82** Siehe in diesem Sinn die grundlegende Arbeit von Karl Clausberg, *Zwischen den Sternen: Lichtbildarchive. Was Einstein und Uexküll, Benjamin und das Kino der Astronomie des 19. Jahrhunderts verdanken*, Berlin 2006. **83** Der entsprechende Teil von Millers Soundtrack heißt »A Universal Archive of Images«. Die Übersetzung des Texts wird hier nach der entsprechenden Untertitelung im Fernsehfilm *The Refusal of Time* zitiert. **84** Siehe dazu Clausberg, *Zwischen den Sternen*, S. 98–102. Noch in der Beobachtung von Barthes, dass die Fotografie eines Verstorbenen den Betrachter »wie das Licht eines Sterns berührt«, und in der von Deleuze entwickelten Vorstellung eines Kinos, das in ein »universelles Plätschern« der Bild-Materie eingebettet ist, hallen Ebertys Spekulationen nach. Siehe Barthes, *Die helle Kammer*, S. 91, und Gilles Deleuze, *Das Bewegungs-Bild. Kino 1*, übers. von Ulrich Christians und Ulrike Bokelmann, Frankfurt am Main 1997, S. 87. **85** Miller/Kentridge, »A Universal Archive of Images«. **86** Kentridge, *Sechs Zeichenstunden*, S. 28. **87** Ebd. **88** Mbembe, *Postkolonie*, S. 67.

Schluss **1** Eugène Ionesco, *Die Nashörner. Erzählungen, Erinnerungen, Gedanken über das Theater*, Zürich 1960, S. 25 und Tafel 2. **2** Siehe dazu insgesamt Anselm Franke, Stephanie Hankey und Marek Tuszyinski (Hrsg.), *Nervous Systems. Quantified Life and the Social Question*, Leipzig 2016. **3** Michel Foucault, *Überwachen und Strafen. Die Geburt des Gefängnisses*, übers. von Walter Seitter, Frankfurt am Main 1994, S. 251–292, Jonathan Crary, *Techniken des Betrachters. Sehen und Moderne im 19. Jahrhundert*, übers. von Anne Vonderstein, Dresden / Basel 1996, sowie Bruno Latour, »Drawing Things Together. Die Macht der unveränderlich mobilen Elemente«, übers. von Andréa Belliger und David J. Krieger, in Andréa Belliger und David J. Krieger (Hrsg.), *ANThology. Ein einführendes Handbuch zur Akteur-Netzwerk-Theorie*, Bielefeld 2006, S. 259–307. **4** Norbert Elias, *Über den Prozeß der Zivilisation. Soziogenetische und psychogenetische Untersuchungen*, Erster Band, Frankfurt 1997, S. 167–181, und Klaus Theweleit, *Männerphantasien*, Basel / Frankfurt am Main 1986. Als medienwissenschaftlich informiertes Plädoyer für eine Historiografie der taktilen Moderne siehe David P. Parisi, »Tactile Modernity. On the Rationalization of Touch in the Nineteenth Century«, in Colette Colligan und Margaret Linley (Hrsg.), *Media, Technology, and Literature in the Nineteenth Century*, London 2011, S. 189–213. **5** Oskar Negt und Alexander Kluge, *Geschichte und Eigensinn*, Frankfurt am Main 2001 (= *Der unterschätzte Mensch*; 2), S. 287. **6** McLuhan, *Die magischen Kanäle*, S. 379, sowie ders. und Parker, *Through the Vanishing Point*, S. 251. **7** Zu neueren Ansätzen in dieser Richtung siehe etwa Matthew Fuller, *Media Ecologies. Materialist Energies in Art and Technoculture*, Cambridge 2007, sowie Christiane Heibach (Hrsg.), *Atmosphären. Dimensionen eines diffusen Phänomens*, Paderborn 2012. **8** Schivelbusch, *Geschichte der Eisenbahnreise*. S. 148. **9** Freud, *Jenseits des Lustprinzips*, S. 8. **10** Schivelbusch, *Geschichte der Eisenbahnreise*, S. 148. **11** Sigmund Freud, *Das Unbehagen in der Kultur* [1930], in ders., *Gesammelte Werke, chronologisch geordnet. Bd. XIV, Werke aus den Jahren 1925–1931*, London 1948, S. 419–506, hier S. 451. **12** Warburg, *Werke*, S. 580 f. Sabine Mainberger reflektiert implizit unsere Problematik des Horns, wenn sie Warburgs Ausführungen kommentiert: »Geräte und Kleidung sind wie das Haar mit dem Körper zwar innigst verknüpft, aber dennoch etwas Anderes, ihm Fremdes, Nicht-Organisches, das der Mensch nicht lebendig fühlt: ›schmerzlose Körpertheile‹.« (Mainberger, »Tragödie der Verleibung«, S. 123). **13** Theodor W. Adorno, *Negative Dialektik*, Frankfurt am Main 1966, S. 180. **14** Benjamin, »Das Kunstwerk« [Fünfte Fassung], S. 213. **15** Benjamin, »Das Paris des Second Empire«, S. 551. **16** Benjamin, »Über einige Motive bei Baudelaire«, S. 611. **17** Peirces Auffassung indexikalischer Zeichen ist komplex und verändert sich im Laufe der Zeit. Unter den Beispielen, die er um 1910 für diese Art von Zeichen gibt, finden sich Uhren, Barometer und Metermaße, aber auch Legenden von geometrischen Figuren: »Geometricians mark letters against the different parts of their diagrams and then use these letters to indicate those parts.« Siehe Charles Sanders Peirce, »Logic as Semiotic. The Theory of Signs«, in ders., *Philosophical Writings*, hrsg. von Justus Buchler, New York 1955, S. 98–119, hier S. 108. Insofern greift es deutlich zu kurz, die analoge Fotografie als exemplarisches indexikalisches Zeichen zu verstehen, wie dies etwa der Fall ist bei Krauss, *Das Photographische*, S. 79 f.. **18** Jean-Paul Sartre, *Das Sein und das Nichts. Versuch einer phänomenologischen Ontologie*, übers. von Hans Schöneberg und Traugott König, Reinbek bei Hamburg 1993, S. 1041. **19** Flusser, *Für eine Philosophie der Fotografie*, S. 8, und ders., *Lob der Oberflächlichkeit*, S. 11, sowie Deleuze und Guattari, *Tausend Plateaus*, S. 657–693 und S. 481–585 (die explizite Bezugnahme auf McLuhan findet sich auf S. 494).

Abbildungen

Kapitel 1 **Abb. 1** Raymond Roussel, *Eindrücke aus Afrika*, übers. von Cajetan Freund, München: Matthes & Seitz, 1980, gegenüber S. 11. **Abb. 2** *Junge Hamburger Künstler*, Eine Ausstellung des Berufsverbandes Bildender Künstler e. V., Hamburg 1970 (ohne Paginierung). **Abb. 3** Raymond Roussel, *Locus Solus*, Paris: Jean-Jacques Pauvert, 1965, Anhang (ohne Paginierung). **Abb. 4** Henri Bergson, *Matière et mémoire. Essai sur la relation du corps à l'esprit*, 70. Aufl., Paris: Presses universitaires de France, 1965, S. 181. **Abb. 5/6** Rebecca Horn und Wulf Herzogenrath (Hrsg.), *Rebecca Horn. Zeichnungen, Objekte, Fotos, Videos, Filme*, Berlin: Haus am Waldsee, 1977, S. 40 und S. 37. **Abb. 7** Rebecca Horn und Germano Celant (Hrsg.), *Rebecca Horn*, New York / Ostfildern: Guggenheim Museum / Cantz, 1994, Nr. 4 (ohne Paginierung). **Abb. 8** https://fr.wikipedia.org/wiki/La_Dame_%C3%A0_la_licorne#/media/File:The_Lady_and_the_unicorn_Touch.jpg (letzter Zugriff am 13. Februar 2017). **Abb. 9** Screenshots (Privat). **Abb. 10** Laurent Mannoni, *Etienne-Jules Marey. La mémoire de l'oeil*, Mailand: Mazzozza, 1999, S. 188. **Abb. 11** E. Zimmermann, *Liste 36. Über Apparate für Anthropometrie, Sinnesempfindungen und Sinnestäuschungen*, Leipzig / Berlin: Zimmermann, 1923, S. 19. **Abb. 12** Rebecca Horn und Wulf Herzogenrath (Hrsg.), *Rebecca Horn. Zeichnungen, Objekte, Fotos, Videos, Filme*, Berlin: Haus am Waldsee, 1977, S. 29. **Abb. 13** Rebecca Horn und Germano Celant (Hrsg.), *Rebecca Horn*, New York / Ostfildern: Guggenheim Museum / Cantz, 1994, Nr. 19 (ohne Paginierung). **Abb. 14/15** Rebecca Horn und Wulf Herzogenrath (Hrsg.), *Rebecca Horn. Zeichnungen, Objekte, Fotos, Videos, Filme*, Berlin: Haus am Waldsee, 1977, S. 25 und S. 26 f. **Abb. 16** Anonymus, »Couverture réfrigérante«, *La Nature 359*, 17. April 1880, S. 319 f., hier S. 320. **Abb. 17** Rebecca Horn und Germano Celant (Hrsg.), *Rebecca Horn*, New York / Ostfildern: Guggenheim Museum / Cantz, 1994, Nr. 3 (ohne Paginierung). **Abb. 18** Rebecca Horn und Wulf Herzogenrath (Hrsg.), *Rebecca Horn. Zeichnungen, Objekte, Fotos, Videos, Filme*, Berlin: Haus am Waldsee, 1977, S. 98 f.

Kapitel 2 **Abb. 1** The J. Paul Getty Museum, Los Angeles. **Abb. 2** Ruth Mellinkoff, *The Horned Moses in Medieval Art and Thought*, Berkeley u. a.: University of California Press, 1970, Anhang, Nr. 47. **Abb. 3** Österreichische Nationalbibliothek, Bildarchiv und Grafiksammlung, Nr. 9471067. **Abb. 4** Max Sauerlandt, *Michelangelo*, Düsseldorf / Leipzig: Langewiesche, 1911, S. 12. **Abb. 5** Foto: Benjamin Prinz. **Abb. 6** Library of Congress, Washington, D. C., Manuscript Division, Sigmund Freud Papers. **Abb. 7** *** [Sigmund Freud], »Der Moses des Michelangelo«, in *Imago 3/1* (1914): S. 15–36, hier S. 27. **Abb. 8** Max Sauerlandt, *Michelangelo*, Düsseldorf / Leipzig: Langewiesche, 1911, S. 13. **Abb. 9** Montage: Johannes Hess. **Abb. 10** Werkbund Archiv in Zusammenarbeit mit dem museumspädagogischen Dienst Berlin (Hrsg.), *Bucklicht Männlein und Engel der Geschichte. Walter Benjamin, Theoretiker der Moderne*, Ausstellungskatalog, Gießen: Anabas, 1990, S. 61. **Abb. 11** Sigfried Giedion, *Bauen in Frankreich – Bauen in Eisen – Bauen in Eisenbeton*, Leipzig: Klinkhardt & Biermann, 1928, Umschlag. **Abb. 12** Sigfried Giedion, *Raum – Zeit – Architektur. Die Entstehung einer neuen Tradition* [1941], 5. Aufl., Basel / Boston / Berlin: Birkhäuser, 1996, S. 162. **Abb. 13** Sigfried Giedion, *Bauen in Frankreich – Bauen in Eisen – Bauen in Eisenbeton*, Leipzig / Berlin: Klinkhardt & Biermann, 1928, S. 21. **Abb. 14/15** Sigfried Giedion, *Die Herrschaft der Mechanisierung. Ein Beitrag zur anonymen Geschichte* [1948], hrsg. von Henning Ritter, Frankfurt am Main: Athenäum, 1987, S. 406 und S. 425. **Abb. 16** Ernst Haeckel, *Das Protistenreich.*

Eine populäre Übersicht über das Formengebiet der niedersten Lebewesen, Leipzig: Günther, 1878, S. 19. **Abb. 17** Sigmund Freud, *Gesammelte Werke, chronologisch geordnet. Bd. XIII, Jenseits des Lustprinzips, Massenpsychologie und Ich-Analyse, Das Ich und das Es*, London: Imago, 1947, S. 235–289, hier S. 252.

Kapitel 3 **Abb. 1** Robert Descharnes, *Dali de Gala*, Lausanne: Edita, 1962, S. 22. **Abb. 2** Anonymus, »TV Monocle gives Extra Eye to wearer«, in *Radio-Electronics* 33/9 (September) 1962, S. 50. **Abb. 3** Salvador Dalí, *50 Secrets of Magic Craftsmanship*, übers. von Haakon M. Chevalier, New York: The Dial Press, 1948, S. 92. **Abb. 4** *Dali*, Introduction de Michel Tapie, Paris: Editions du Chêne, 1957, Anhang. **Abb. 5** Salvador Dalí, »Aspects phénoménologiques de la méthode paranoïaque-critique. Conférence en Sorbonne«, in *La vie mentale*, Numéro spécial »Art et psychopathologie«, (Noël) 1956, S. 78–83, auf S. 83. **Abb. 6** Robert Descharnes und Gilles Néret, *Salvador Dalí, 1904–1989. Das malerische Werk*, Köln u. a.: Taschen, 2003, S. 479. **Abb. 7/8** *Paris Match*, Nr. 319, 7. bis 14. Mai 1955, S. 78. **Abb. 9** Robert Descharnes und Gilles Néret, *Salvador Dalí, 1904–1989. Das malerische Werk*, Köln u. a.: Taschen, 2003, S. 493. **Abb. 10** Jane Halsman Bello und Steve Bello (Hrsg.), *Philippe Halsman. Eine Retrospektive*, Tahlwil/Zürich: Stemmle, 1998, S. 56 f. **Abb. 11** Robert Descharnes, *Dali de Gala*, Lausanne: Edita, 1962, S. 53. **Abb. 12** Salvador Dalí, *Manifeste mystique*, Paris: Godet, 1951, gegenüber S. IX. **Abb. 13** Véronique Yersin (Hrsg.), *Chants exploratoires – Minotaure. La revue d'Albert Skira, 1933–1939*, Ausstellungskatalog, Zürich: Ringier, 2008, S. 19. **Abb. 14** Robert Descharnes und Gilles Néret, *Salvador Dalí, 1904–1989. Das malerische Werk*, Köln u. a.: Taschen, 2003, S. 424. **Abb. 15** Salvador Dalí, *50 Secrets of Magic Craftsmanship*, übers. von Haakon M. Chevalier, New York: The Dial Press, 1948, S. 178, sowie Matila Ghyka, *The Geometry of Art and Life*, New York: Sheed and Ward, 1946, S. 15. **Abb. 16** Matila Ghyka, *The Geometry of Art and Life*, New York: Sheed and Ward, 1946, S. 100. **Abb. 17** Theodore Andrea Cook, *The Curves of Life, Being an Account of Spiral Formations and their Application to Growth in Nature, to Science and to Art, with Special Reference to the Manuscripts of Leonardo da Vinci*, London: Constable & Constable, 1914, S. 210 f. **Abb. 18** Salvador Dalí, *50 Secrets of Magic Craftsmanship*, übers. von Haakon M. Chevalier, New York: The Dial Press, 1948, S. 83. **Abb. 19** John George Wood, *Animate Creation. Popular Edition of »Our Living World«, A Natural History by the Rev. J. G. Wood, Revised and Adapted to American Zoology by Joseph B. Holder*, Vol. III, New York: Selmar Hess, 1885, S. 545, und Salvador Dalí, *50 Secrets of Magic Craftsmanship*, übers. von Haakon M. Chevalier, New York: The Dial Press, 1948, S. 108. **Abb. 20** Robert Descharnes und Gilles Néret, *Salvador Dalí, 1904–1989. Das malerische Werk*, Köln u. a.: Taschen, 2003, S. 443. Montage: Benjamin Prinz. **Abb. 21** Salvador Dalí, *50 Secrets of Magic Craftsmanship*, übers. von Haakon M. Chevalier, New York: The Dial Press, 1948, S. 76. **Abb. 22** *Dali*, Introduction de Michel Tapié, Paris: Editions du Chêne, 1957, Tafel VIII. **Abb. 23/24** D'Arcy Wentworth Thompson, *On Growth and Form. A New Edition*, Cambridge/New York: Cambridge University Press/Macmillan Company, 1945, S. 913 und S. 914. **Abb. 25** Dallas Museum of Art, Gift of Lois and Howard B. Wolf, 1998.6.1. **Abb. 26** *TV Guide* 16/23 (June 8), 1968, Umschlag. **Abb. 27** Michel de Montaigne, *Essays*, Translated by Charles Cotton, Selected and Illustrated by Salvador Dalí, Garden City, NY: Doubleday, 1947, S. 161.

Kapitel 4 **Abb. 1/2** *Staatliches Bauhaus in Weimar*, 1919–1923, Katalog der Bauhaus-Ausstellung, Weimar/München: Bauhausverlag, 1923, S. 34, S. 42 (Reproduktion des Originalabzugs. Bauhaus-Universität Weimar, Archiv der Moderne). **Abb. 3–6** László Moholy-Nagy, *von material zu architektur*, München: Langen, 1929, S. 27, S. 39, S. 40 f. und S. 42. **Abb. 7** László Moholy-Nagy, *Vision in Motion*, 7. Aufl., Chicago: Theobald, 1965, S. 158. **Abb. 8** Anonymus, »Television«, in *Life*, 4. September 1944, S. 85–93, hier S. 90. **Abb. 9** Anonymus (Hrsg.), *André Girard*, New York: Carstairs Gallery, 1953, Umschlag. **Abb. 10** Anonymus, »Painting on Light for TV. Artist Andre Girard readies CBS-TV film«, in *Broadcasting. The Business Weekly of Television and Radio*, 23. März 1959, S. 101. **Abb 11** Hans M. Wingler, *Das Bauhaus, 1919–1933. Weimar, Dessau, Berlin und die Nachfolge in Chicago seit 1937*, 6. Aufl., Köln: DuMont, 2009, S. 38–41, hier S. 39. **Abb. 12/13** Sigfried Giedion, *The Beginnings of Art*, New York: Pantheon Books, 1962 (= *The Eternal Present. A Contribution on Constancy and Change*; 1), S. 52 f. und S. 389. **Abb. 14** Eckart von Sydow, *Die Kunst der Naturvölker und der Vorzeit*, Berlin: Propyläen, 1925, S. 417. **Abb. 15 / 16** ETH Zürich, Institut für Geschichte und Theorie der Architektur, gta Archiv, Nachlass Giedion, 43-T-10, Schachtel »Notizen Prähistorie« und Schachtel 3. **Abb. 17 / 18** Sigfried Giedion, *The Beginnings of Art*, New York: Pantheon Books, 1962 (= *The Eternal Present. A Contribution on Constancy and Change*; 1), S. 476 f. und S. 473.

Kapitel 5 **Abb. 1** Thomas Pynchon, *The Crying of Lot 49*, Philadelphia / New York: Lippincott, 1966. Privat. **Abb. 2** Ricardo Ovalle und Walter Gruen, *Remedios Varo. Catálogo razonado / Catalogue raisonné*, 4. Aufl., Mexico, D. F.: Ediciones Era, 2008, S. 253. **Abb. 3 / 4** Thomas Pynchon, *The Crying of Lot 49*, Philadelphia / New York: Lippincott, 1966, S. 52 und S. 84. **Abb. 5** Fritz Ohmann, *Die Anfänge des Postwesens und das Emporkommen der Taxis in Italien*, Leipzig: Duncker und Humblot, 1909, Anhang. **Abb. 6** Max Piendl, »Das fürstliche Wappen«, in *Thurn-und-Taxis-Studien* 10 (1978): S. 108–122, hier S. 111. **Abb. 7** Michael Geistbeck, *Der Weltverkehr. Seeschiffahrt und Eisenbahnen, Post und Telegraphie*, 2. Aufl., Freiburg: Herder, 1895, Beilage. **Abb. 8** William Kentridge, *Thick Time. Installationen und Inszenierungen*, Salzburg: Hirmer, 2016, S. 78 f. **Abb. 9** William Kentridge, *Sechs Zeichenstunden. The Charles Eliot Norton Lectures, 2012*, übers. von Bernhard Geyer und Susanne Bosch-Abele, Köln: Walther König, 2016, S. 201. **Abb. 10** William Kentridge, *Thick Time. Installationen und Inszenierungen*, Salzburg: Hirmer, 2016, S. 6. **Abb. 11** William Kentridge, *No It Is!*, Köln: Walther König, 2016, S. 130. **Abb. 12** William Kentridge, Peter Galison, Philip Miller, Catherine Meyburgh und Dada Masilo, *The Refusal of Time*, Paris: Barral, 2012, S. 305 f. (ohne Paginierung). **Abb. 13** Carolyn Christov-Bakargiev, *William Kentridge*, Brüssel: Société des Expositions du Palais des Beaux-Arts de Bruxelles, 1998, S. 54. **Abb. 14** Kate McCrickard, *William Kentridge*, London: Tate Publishing, 2012, S. 94. **Abb. 15** Jutta Schütt (Hrsg.), *Max Beckmann & Amerika*, Ostfildern: Hatje Cantz, 2011, S. 197. **Abb. 16** Luigi Russolo, *The Art of Noises* [1916], übers. von Barclay Brown, New York: Pendragon Press, 1986, S. 22. **Abb. 17** John Willett, *Explosion der Mitte. Kunst + Politik 1917–1933*, übers. von Benjamin Schwarz, München: Rogner + Bernhard, 1981, S. 36. **Abb. 18** William Kentridge, Peter Galison, Philip Miller, Catherine Meyburgh und Dada Masilo, *The Refusal of Time*, Paris: Barral, 2012, S. 42 f. (ohne Paginierung). **Abb. 19** William Kentridge, *Thick Time. Installationen und Inszenierungen*, Salzburg: Hirmer, 2016, S. 68. **Abb. 20** William Kentridge, *No It Is!*, Köln: Walther König, 2016, S. 135. **Abb. 21** Raymond Roussel, *Eindrücke aus Afrika*, übers. von Cajetan Freund, München: Matthes & Seitz, 1980, gegenüber S. 124.

Danksagung

In zwei früheren Büchern habe ich mich mit den Verbindungen zwischen Mensch und Maschine beschäftigt. *Das Unbewusste der Maschinen* war der Philosophie von Félix Guattari gewidmet, die die inneren Gemeinsamkeiten von Technik und Körper als kreative Ressource menschlichen Handelns begreift. *Hirn und Zeit* rekonstruierte die Wissenschafts- und Technikgeschichte der experimentellen Psychologie im 19. und frühen 20. Jahrhundert, um die Kombination und Konfrontation von Laborinstrumenten und Versuchspersonen als Triebfeder des epistemischen Prozesses zu zeigen.

Dieses Buch bleibt dem Thema treu, verschiebt den Fokus allerdings auf das Terrain der Medientheorie. Statt um die *Verbindungen* zwischen Mensch und Maschine geht es jetzt um das *Dazwischen*, die Oberflächen und Schnittstellen, die Körper und Technik voneinander trennen, um sie erneut, aber auf andere Weise in Kontakt zu bringen.

Ich danke der VolkswagenStiftung, die 2016 die Arbeit an diesem Projekt im Rahmen ihres Programms »Originalitätsverdacht? Neue Optionen für die Geistes- und Kulturwissenschaften« gefördert hat. Wo immer sie konnten, haben mir Frau Dr. Vera Szöllösi-Brenig und Herr Dr. des. Sebastian Schneider freundlich und unbürokratisch geholfen – selbst nachdem absehbar war, dass der Umfang dieser Arbeit das eigentlich ins Auge gefasste Format sprengen wird.

Die Förderung durch die VolkswagenStiftung hat es mir auch ermöglicht, die wesentlichen Ergebnisse dieser Arbeit im Oktober 2016 auf einem internationalen Workshop über die »Symmetrien des Taktilen« vorzustellen und sie mit Kolleginnen und Kollegen aus der Medienwissenschaft, Wissenschafts- und Kunstgeschichte, der Medieninformatik, der Literaturwissenschaft und der Soziologie zu diskutieren. Ich danke Hanjo Berressem, Lorenz Engell, Mechthild Fend, Andrew Goffey, Eva Hornecker, Rebekka Ladewig, David Parisi, Mark Paterson, Chris Salter,

Elisabeth von Samsonow, Max Stadler, Charles Wolfe und Siegfried Zielinski für ihre Beiträge und Stellungnahmen, die einen wesentlichen Anteil bei der Klärung meiner Gedanken gehabt haben.

Sodann danke ich allen Bibliotheken, Archiven, Museen und sonstigen Institutionen, die meine Recherchen unterstützt haben: dem Rebecca Horn Workshop in Bad König, der Gipsabgusssammlung der Gemäldegalerie der Akademie der bildenden Künste Wien, der Österreichischen Nationalbibliothek Wien, der Manuscript Division der Library of Congress in Washington, D. C., dem Centre d'Estudis Dalinians in Figueres, dem gta Archiv der ETH in Zürich sowie schließlich der Universitätsbibliothek und dem Archiv der Moderne an der Bauhaus-Universität Weimar.

Auch einer Reihe von Personen schulde ich Dank. Rebecca Horn hat mir freundlicherweise die Gelegenheit eingeräumt, einige ihrer ganz frühen Filme zu sehen. Andrew McLuhan und Ellen Fernandez-Sacco haben mir mit Auskünften zu André Girard geholfen. Für anregende Gespräche und kritische Diskussionen danke ich außerdem Bernhard Dotzler in Regensburg, Simon Frisch in Weimar sowie Pamela Kort in Berlin.

Besonders danken möchte ich meinen wissenschaftlichen Hilfskräften, die die Arbeit an diesem Buch mit der Beschaffung von Texten und Bildern, Recherchen, Korrespondenz, Korrekturen und Kritik unterstützt haben: Mariann Diedrich, Mathilde Gest, Johannes Hess, Benjamin Prinz und Isabella Triendl-Fügenschuh.

Robert M. Pirsig schreibt in *Zen und die Kunst ein Motorrad zu warten*: »Ein Motorradmechaniker, der das Horn betätigt, um festzustellen, ob die Batterie funktioniert, führt, wenn auch informell, ein echtes wissenschaftliches Experiment durch.« Ich hoffe, dass das Experiment, das hier dem Horn gewidmet wurde, eine Reihe von interessanten Einsichten vermittelt.

Erste Auflage Berlin 2018

Göhrener Str. 7 | 10437 Berlin
info@matthes-seitz-berlin.de

Umschlaggestaltung: Dirk Lebahn, Berlin
Layout und Satz: Laura Fronterré, Bielefeld
Druck und Bindung: Pustet, Regensburg

www.matthes-seitz-berlin.de
ISBN 978-3-95757-464-0